幼儿园课程研究
与实践方案丛书

学习品质培养关键在过程

——幼儿园优秀集体教育活动案例集

冯永建　霍力岩 /主编

北京师范大学出版集团
BEIJING NORMAL UNIVERSITY PUBLISHING GROUP
北京师范大学出版社

图书在版编目(CIP)数据

学习品质培养关键在过程：幼儿园优秀集体教育活动案例集/冯永建，霍力岩主编. —北京：北京师范大学出版社，2022.11(2023.11 重印)

ISBN 978-7-303-27442-0

Ⅰ. ①学… Ⅱ. ①冯… ②霍… Ⅲ. ①幼儿园—教学活动—教学设计 Ⅳ. ①G612

中国版本图书馆 CIP 数据核字(2021)第 240072 号

图书意见反馈：gaozhifk@bnupg.com 010-58805079
营销中心电话：010-58806880 58801876

出版发行：北京师范大学出版社 www.bnupg.com
北京市西城区新街口外大街 12-3 号
邮政编码：100088
印 刷：天津中印联印务有限公司
经 销：全国新华书店
开 本：787 mm×1092 mm 1/16
印 张：18.25
字 数：300 千字
版 次：2022 年 11 月第 1 版
印 次：2023 年 11 月第 2 次印刷
定 价：58.00 元

策划编辑：罗佩珍 责任编辑：肖 寒
美术编辑：陈 涛 焦 丽 装帧设计：陈 涛 焦 丽
责任校对：段立超 王志远 责任印制：马 洁

编委会

主　　　编：冯永建　霍力岩

副 主 编：冯　军　田　甜　刘睿文

主要参编作者：王晓鸿　孟庆华　杨　朔　孙　娜　徐溪瑶
朱　彤　李伟双　关金凤　孙东立　张福建
祁　静　王　颖　李美麒　刘海燕　冯东芳
王红超　阿森羽　张　玲　杨海君　郭立娜
杨丽群　吴冬梅　李桂芹　李玉秀　耿　兵
郭立春　王立君　王利利　单小红　叶春清
高军荣　肖亚利　魏　征　邓　贺　胡金波
孙海英　陈亚利　孙名悦　谭　超　马福新
白　菊　闫　洁　石　玉　霍东娜　蔺　永
黄　爽　高宏钰　房阳洋　孙蔷蔷　胡恒波
黄　双　龙正渝　谷　虹　史贝贝　魏灿星
刘　璐　孙亚男　李　金　刘祎玮　王冰虹
李文婧　杜宝杰　何　淼　张静漪　张　艺
张　昭　哈雨薇　李思妍　王　暄　曹琛霞
安凤佳　李柃霏　冀　晗　姚聪瑞　提　茗
贺暕琳　孙少康　陈昕璐

前　言

本书是北京市顺义区优秀幼儿园园长引领新教师专业成长的优秀成果集，是基于中国幼儿园教师的一项关键岗位任务——集体教育教学活动而写的实际操作指引与直接资源支持。在北京师范大学霍力岩教授及其团队以及顺义区教育部门的支持下，一大批新教师在优秀园长的引领下，对具有中国特色、适宜中国幼儿的中国式幼儿园课程模式——综合主题活动开展了深入的学习和探索，形成了具有原创性的案例成果。

百年大计，教育为本；教育大计，教师为本。学前教育的质量重在课程，课程实施的质量重在教师，教师的发展重在源于课程、通过课程、终于课程的专业化发展。面对我国大批幼儿园新教师岗位胜任力薄弱的情况，提升新教师队伍质量是新时期国家重视学前教育、提升学前教育质量，“办人民满意的学前教育”的必由之路。

一、推动新教师队伍质量提升的意义

（一）对国家发展的意义：“立德树人”，培养“可靠”且“合格”的接班人

2018 年颁布的《中共中央 国务院关于学前教育深化改革规范发展的若干意见》(以下简称《意见》)中明确指出“学前教育是终身学习的开端，是国民教育体系的重要组成部分，是重要的社会公益事业。办好学前教育、实现幼有所育，是党的十九大作出的重大决策部署”，要“认真落实立德树人根本任务，遵循学前教育规律……为培养德智体美劳全面发展的社会主义建设者和接班人奠定坚实基础”①。《意见》对我们深化改革新时代学前教育体制机制，规范发展“普及普惠安全优质”的学前教育提出了战略性定位，也为建构基于中国立场的新时代幼儿园课程指明了方向——学前教育要将“立德树人”的根本任务落到实处，必须建构基于中国立场、体现中国价值的幼儿园课程模式。进入新时代的中国特色社会主义事业需要具备“合格”能力的建设者和“可靠”品德的接班人。以“立德树人”为宗旨的学前教育，也必须符合儿童发展规律和教育科学规律，方可同时抓牢学前教育的方向和质量。

1. 通过“立德”培养“可靠”的接班人

德是人的根基，也是民族的根基，“立德”既是个人成长为合格公民的基石，也是中华民族走向伟大复兴的必要前提。教育培养社会主义事业的“可靠”接班人，关键就在于“立德”，而“立德”最重要的途径是“从娃娃抓起”，加强中华优秀传统文化教育，以及培育和践行社会主义核心价值观。基于幼儿独特的学习方式和思维特点，“立德”的途径重在“养”，对于幼儿而言，“养”并非直接的教授，而是要靠日积月累来形成良

① 中共中央、国务院：《关于学前教育深化改革规范发展的若干意见》，http://www.gov.cn/xinwen/2018-11/15/content_5340776.htm，2019-12-07。

好德行，“养德”的过程应遵循幼儿的学习与发展规律，采用由近及远、由小见大的路径。幼儿园教师是幼儿“养德”的培育者，因此教师具备良好师德以及中华优秀传统文化和社会主义核心价值观素养是“立德”的第一道关卡。在新教师成长和发展过程中，以底蕴深厚、目标明确、切实可行的幼儿园课程体系引领教师“养德”，是最为行之有效的中国化解决方案。

2. 通过科学保教培养“合格”的建设者

在“立德树人、奠基终身发展”的核心任务驱动和核心价值引领下，我们以幼儿园课程为抓手，促进幼儿园新教师的专业化成长，旨在通过科学保教改正当前学前教育的目标、内容、方法及评价中存在的一些错误，纠正学前教育中存在的拔苗助长的短视行为，支持幼儿园教师通过基于中国课程模式的课程设计与实施、儿童观察与评价、自我回顾与反思等，为培养能力“合格”的社会主义建设者和接班人奠定坚实基础。

学前教育阶段培养“合格”的社会主义建设者，关键在于涵养幼儿良好的学习品质和发展其关键经验。教育部 2012 年颁布《3-6 岁儿童学习与发展指南》(以下简称《指南》)。《指南》在说明部分明确指出，要“重视幼儿的学习品质……要充分尊重和保护幼儿的好奇心和学习兴趣，帮助幼儿逐步养成积极主动、认真专注、不怕困难、敢于探究和尝试、乐于想象和创造等良好学习品质”①。可见，国家对幼儿学习品质给予了关注和重视，虽然《指南》没有将学习品质划分为单独领域并设立分类分层的目标体系，但是培养积极学习品质是防止和克服“简单小学化”倾向和“表面游戏化”倾向的有效路径已经成为普遍共识。事实上，世界上很多发达国家，甚至部分发展中国家已经将学习品质作为早期儿童学习与发展研究的单独领域之一。同时，《指南》还从健康、语言、社会、科学、艺术五个领域描述幼儿学习与发展的目标与路径，分别对不同年龄段幼儿应该知道什么、能做什么，大致可以达到什么发展水平提出了合理期望，为幼儿的发展建构了关键经验体系及其发展路径。因此，幼儿园教师要想实施科学的保育和教育，促进幼儿身心全面和谐发展，培养“合格”的接班人，应重视幼儿的学习品质并将培养学习品质作为教育教学目标之一，为幼儿的终身学习与发展奠定基础，还必须以《指南》这一科学性的政策指导文件为抓手，积极支持幼儿在健康、语言、社会、科学、艺术五大领域获得有价值的关键经验，让幼儿具备终身学习与发展的能力，为中国特色社会主义建设培养“合格”的接班人。

(二)对教育发展的意义：“教”“育”“学”彼此联系的共融共生

本书建构了一套包含课程目标、课程内容、课程方法与教师发展等元素的综合主题活动案例集，旨在精准、有效地提升教师关键岗位能力，推动“教”“育”“学”之间互相联系和转化，实现“只教不育”向“教育一体”转变，“只教不学”向“好学不倦”转变。

1. 由“只教不育”到“教育一体”，构建“1＋5”关键经验指标体系

当前我国学前阶段的“教与育”存在“只教不育”现象，即过于重视教师主体的示范作用而忽视幼儿主体的“过程学习”，进而导致在教育内容上简单停留在对幼儿的知识

① 教育部：《3-6 岁儿童学习与发展指南》，http://www.moe.gov.cn/srcsite/A06/s3327/201210/t20121009_143254.html，2020-12-09。

训练上，而没有关注幼儿内在的发展规律和学习需求，在教育形式上过于强调教师的“直接授受”而没有关注幼儿在游戏活动过程中的“主动探究”，以至于“简单小学化”和“表面游戏化”现象层出不穷、屡禁不止，不利于幼儿的后继学习与终身发展。

本书聚焦帮助新教师获得能够支持学前儿童涵养积极学习品质并建构关键经验的岗位胜任能力，从“幼有所育”步入“幼有善育”。本书为实现学前阶段的“教育一体”，形成了基于《指南》又高于《指南》的“1＋5”六位一体的关键经验指标体系。首先，“1”的指标体系指向积极学习品质的涵养，即支持幼儿在学习过程中表现出好奇心和学习兴趣、积极主动、认真专注、不怕困难、敢于探究和尝试、善于分享与合作、乐于想象和创造等积极态度和良好行为倾向。其次，“5”的关键经验体系指向健康、语言、社会、科学、艺术五大领域，即从《指南》五大领域目标体系中汲取每一领域发展目标下3～4岁、4～5岁、5～6岁幼儿的典型行为表现建构分层分类的指标体系。

2. 由“只教不学”到“好学不倦”，形成目标导向下的五步进阶路径

只重视“课”，不重视“程”，是幼儿园课程走入“简单小学化”误区的重要原因。在“简单小学化”的教学模式中，教师用单一机械的方式直接灌输，缺乏对课程实施各个环节的教学策略的运用，幼儿只能被动地间接学习，无法实现有效的学习与发展。与“简单小学化”误区相对的是“表面游戏化”误区，表现为教师无所事事，幼儿无从发展，教学成了随意嬉戏的状态，显然这样也无法实现幼儿的有效学习与发展。为此，幼儿园课程要杜绝“简单小学化”误区，并尽快走出“表面游戏化”的泥沼，避免出现“只教不学”的现象，要根据幼儿独特的思维特点与学习方式，用“做中学、做中教、做中求进步”的方式规划课程实施过程，用一个又一个的适宜步骤，帮助幼儿逐步走向有意义的学习与发展。

（三）对幼儿发展的意义：“四视”“有效”且“有价值”的学习与发展

《指南》对于新教师的教学质量提升指明了方向——教师应做到正视幼儿学习的整体性与主题性、直视幼儿发展的差异性、重视幼儿学习方式的独特性、珍视幼儿积极学习品质的涵养性。只有这样，幼儿才能在快乐中达成有意义且有效的学习，实现有价值的发展。

1. 正视幼儿学习的整体性与主题性

《指南》中说明部分的第四条明确指出，落实《指南》需要注意四个问题：第一是要“关注幼儿学习与发展的整体性”，幼儿作为独立的个体其学习与发展是整体且全面的，分科教授使得幼儿发展片面、不均衡，因此教师应“注重领域之间、目标之间的相互渗透和整合”。因此，陷入“简单小学化”误区和“表面游戏化”误区的分科教学与直接教学，是对幼儿有效学习的“集体失明”。教师应正视幼儿学习的整体性特征，以主题性为导向实现领域之间、目标之间的相互渗透和整合，在活动设计与实施过程中实现由“基于知识逻辑”的分领域教学，转向基于“主题逻辑、话题逻辑或问题逻辑”的主题导向、任务驱动的综合教学或整体教学；由教授知识和技能导向的直接教学，转向教师引导并支架幼儿围绕“有准备的主题”，经由“有意图的环节”，达成“有意义的学习”的支架式教学。

2. 直视幼儿发展的差异性

落实《指南》需要注意的第二个问题是“尊重幼儿发展的个体差异”。每个幼儿都有其发展步调与发展优势，他们的学习与发展不会整齐划一地经历某一水平或阶段，因此教师应“充分理解和尊重幼儿发展进程中的个别差异”并提供适宜的支持和引导。教师需要充分认识到，每个幼儿作为独立的个体具有各自的发展步调与发展优势，每个幼儿在沿着相似进程发展的过程中，各自的发展速度和到达某一水平的时间不尽相同。这需要教师理解并尊重幼儿之间存在身体特点、认知能力、学习风格、人格特质等方面的个体差异，能够在幼儿的一日生活过程中准确识别、分析幼儿的兴趣和需要、发展水平、学习方式等，并且提供有针对性的教师支持，支架幼儿自主选择并按自己的方式和速度进行主动学习，采用不同的指导策略和评价标准促进每个幼儿走向“最近发展区”。

3. 重视幼儿学习方式的独特性

落实《指南》需要注意的第三个问题是“理解幼儿的学习方式和特点”。幼儿与其他学龄段儿童的学习方式和特点不同，幼儿思维具有的直觉行动性和具体形象性这两大特点，决定了幼儿需要在游戏和日常生活中“通过直接感知、实际操作和亲身体验获取经验”，因此教师应“创设丰富的教育环境，合理安排一日生活”，支持和满足其需要。教师需要充分认识到，3～6岁幼儿的学习方式不同于其他年龄段儿童的学习方式，幼儿的学习是以直接经验为基础，在游戏和日常生活中进行的。幼儿期思维发展的一般特点是以具体形象思维为主，但仍具有一定的直观行动性，并伴随着抽象思维的萌芽。幼儿思维的具体形象性决定了幼儿主要通过自主感知和操作等方式来获取学习内容，教师只有熟知幼儿思维发展的特点并理解幼儿学习方式的独特性，才能基于此，遵循幼儿身心发展特点和保教活动规律，提供更多的操作探索、交流合作、表达表现的机会，支持和促进幼儿主动学习，保障幼儿快乐健康成长。

4. 珍视幼儿积极学习品质的涵养性

落实《指南》需要注意的第四个问题是“重视幼儿的学习品质”，幼儿的“积极态度和良好行为倾向是其终身学习与发展所必需的宝贵品质”，而“忽视幼儿学习品质培养，单纯追求知识技能学习的做法是短视而有害的”，因此教师应“充分尊重和保护幼儿的好奇心和学习兴趣，帮助幼儿逐步养成积极主动……乐于想象和创造等良好学习品质”。教师需要充分认识到，幼儿的学习品质塑造了他们在所有领域的教育经历，积极的学习品质具有内在价值，是学习的基础，也是影响其他各个领域发展的重要因素。拥有积极学习品质的幼儿，能够以豁达的心态面对挑战，这种品质将伴随他们进入学校，甚至贯穿一生。基于积极学习品质的教育是“授人以渔”的、瞄向终身发展的教育，而注重知识与技能获得的教育是“授人以鱼”的、目光短浅的教育。因此，幼儿园教师培养的积极学习品质是其支持幼儿有意义学习过程的关键一步。只有厘清幼儿积极学习品质的结构及要素，聚焦幼儿积极态度和良好学习行为养成的有效路径，幼儿园教师才能迈出“无效支持”的被动境地，看到幼儿自身的学习能力，并实现针对幼儿核心经验与能力发展的有效支持，为其终身学习与发展打下坚实基础。

(四)对幼儿教师发展的意义："岗位胜任力""内生学习力"双轮驱动新教师业务能力提升

1. 提升幼儿园新教师的岗位胜任力

岗位胜任力是幼儿园教师集体教育教学活动的一项关键岗位任务，是指向幼儿园教师所具备的，能够出色完成岗位任务的综合行为表现。岗位胜任力发展是指特定岗位任务所需的关键特征的发展，本书所说的关键岗位任务，即为集体教育教学活动而提供的实际操作指引与直接资源支持。幼儿园新教师的岗位胜任力亟待提升，从教师岗位胜任力的角度来说，一方面，本书中综合主题活动教案可以帮助幼儿园新教师获得出色完成岗位任务的能力，帮助新教师注重幼儿学习与发展的整体性、个体差异性，理解幼儿的学习方式和特点，坚持以游戏为基本活动，重视幼儿的学习品质，科学实施保育和教育；另一方面，本书所介绍的方法有助于幼儿园新教师从理论、实践、反思三个层面在设计与实施综合主题活动岗位任务中的胜任力发展。

2. 提升幼儿园新教师的内生学习力

党的十九大报告强调要"优先发展教育事业……办好继续教育，加快建设学习型社会，大力提高国民素质"[①]，构建终身学习的社会是国家和社会培养人才共同指向的一个重要目标。终身学习是指社会每个成员为适应社会发展和实现个体发展的需要，贯穿于人的一生的、持续的学习过程。国家越来越重视教师队伍的建设，提高教师群体的自身素质。为了促进幼儿园教师专业发展，建设高素质幼儿园教师队伍，2012 年教育部颁发了《幼儿园教师专业标准(试行)》(以下简称《专业标准》)[②]，其中"终身学习"作为与师德、教育理念和专业能力同一层面的内容被放进对幼儿园教师专业素养的衡量中。

本书以集体教育教学活动为指引，为幼儿园新教师提供实际操作指引与直接资源支持，使新教师在自身的实践经验中自主地学习和建构自我的教育经验。教师通过学习本书中的综合主题活动教案所获得的间接经验，为其在实践中实施活动提供了解决问题的视角，提供了辅助其进行自主思考和探究的框架，是教师后续发展的动力源泉。本书为教师提供持续的学习意识与动力，能够对教师的实践进行指向性和实操性相结合的指导，是教师真正展开自身后续学习和探究的关键，可以不断提升新教师的专业能力与专业素养，这正是终身学习的内涵所在。

二、促进新教师业务能力提升的 UDK[③] 教研模式设计

(一)顺义区集体教育活动案例是基于 UDK 教研模式的整区推动

党的十九大报告明确要求，要"办好学前教育""努力让每个孩子都能享有公平而有质量的教育"。而办好学前教育，提高保教质量，关键在于建设一支高素质的幼儿园教

---

① 习近平：《决胜全面建成小康社会　夺取新时代中国特色社会主义伟大胜利——在中国共产党第十九次全国代表大会上的报告》，http://www.gov.cn/zhuanti/2017-10/27/content_5234876.html，2018-03-04。

② 教育部：《幼儿园教师专业标准(试行)》，http://www.moe.gov.cn/srcsite/A10/s6991/201209/t20120913_145603.html，2018-11-24。

③ UDK：University-District-Kindergarten，即大学—区域—幼儿园。

师队伍。幼儿园教师教研能力是影响幼儿园教师专业发展水平、决定教师专业素质高低的重要因素。当前，幼儿园教研的主要形式包括园本教研和片区教研两种，但两种形式的教研工作存在诸多问题，突出表现在幼儿园教师被动参与，研究活动过程流于形式；教研活动缺少专家专业引领，教研主题缺乏系统性与针对性，研究质量层次不高；教研资源获取途径有限，研究资料良莠不齐；研究成果难以有效梳理与扩散等方面。

2018年《中共中央 国务院关于学前教育深化改革规范发展的若干意见》要求"完善学前教育教研体系""健全各级学前教育教研机构，充实教研队伍，落实教研指导责任区制度，加强园本教研、区域教研，及时解决幼儿园教师在教育实践过程中的困惑和问题"。新时代幼儿园教研工作需要新思路。U(大学)—D(区域)—K(幼儿园)教研模式能链接高校专家团队顶层指引、区域协调推进、幼儿园基地实践探索，建构协同共生的学习共同体。大学(U)专家服务组织主要由来自高校的从事学前教育教研工作的专家、学者及学术团体组成，主要任务是为幼儿园教研提供智力支持与教研引领，以解决幼儿园教师本身知识结构不合理、教研经验不丰富、时间压力比较大等突出问题，进一步发挥高校教师教学服务、科研服务和社会服务能力。区域(D)是推动区域内学前教育均衡、优质发展的重要手段。在UDK教研模式中，区域是连接高校与幼儿园实践基地的重要"中间人"，起到承上启下的作用，推动学前教育区域教研深入开展。在区域范围内选出优秀的幼儿园作为教研实践集体，结合高校专家的顶层指引以联合行动来开展教学研究，以点带面，最终促进区域内所有幼儿园教师教研能力的均衡发展，帮助不同层级幼儿园形成具有特色的教研制度和教研文化。幼儿园(K)作为教师教研最前沿和主阵地，是UDK联动教研模式的重要一环，在实际的教学活动当中，幼儿园一线教师结合高校专家指导与区域教研室的整体规划在园内开展教学活动，在实践中发现问题、解决问题，通过一课多研的研讨方式，梳理整理切实可行的幼儿园优秀活动案例研究成果，给基层园教师起带头辐射的作用，提升区域幼儿教师课堂教学的有效性。

顺义区作为国家学前教育示范区，长期以来，始终坚持把学前教育作为一项基础性、惠民性工作纳入全区总体规划中。在面对传统的教师培训出现的诸多问题时，为进一步提升全区学前教育教研质量，促进教师专业发展，积极参与新型的大学—区域—幼儿园教研模式。在全区实践基地幼儿园，以综合主题活动为抓手开展了多轮多次的案例设计与实施，以行动研究的方式反复进行活动案例研究，让一线教师在实际的教学教研中发现问题、研讨问题、解决问题。结合专家与区域教研室的引领，以点带面，将好的案例成果和经验从实践基地幼儿园扩散至全区幼儿园，有效提升了全区幼儿园的课程质量与教师专业能力。本书凝聚了11位实验园园长自身参与项目的过程、经验、困惑，讲述了园长专业领导力提升的故事和教师专业胜任力发展模型构建的过程，汇集了来自幼儿园一线的实践案例成果，以此为幼儿园教师开展综合主题活动提供借鉴，为幼儿园园长提供指导综合主题活动的有力抓手。

（二）顺义区新教师集体教育活动案例是园长领导力提升的成果

为了构建适宜中国国情的幼儿园教师培训模型，迈向发展适宜性的幼儿园新教师培训样态，促进新教师质量的全面有效提升，我们进行了基于UDK合作和PLC[①]园本教研共同体建设的“园长专业领导力和新教师专业成长一体化”的总体构想。UDK模型是“大学专业推动”“区域行政发动”和“幼儿园发展主动”的学习共同体、研究共同体、发展共同体、命运共同体。幼儿园园长作为UDK模型中K的灵魂人物，是履行幼儿园的领导和管理工作职责的专业人员，对幼儿园的发展起着举足轻重的作用[②]。园长领导力是幼儿园管理与发展的核心问题[③]，能够直接影响幼儿园的发展方向、幼儿园教师的专业发展、幼儿园的教育教学质量，并最终影响到幼儿的发展[④]。

幼儿园园长的专业领导力主要体现在对幼儿园课程的领导和基于课程领导的教师领导上。一方面，对幼儿园课程的领导主要是说，园长为提升幼儿园课程品质，引领课程改革[⑤]，在课程实践过程中所体现出来的判断[⑥]、规划、开发、执行、监控[⑦]及建设的综合能力，主要表现为对幼儿园课程现状的判断力，对幼儿园课程理念目标的规划，对幼儿园课程内容的开发，对幼儿园课程实施环节的执行，对幼儿园课程评价的监控，对幼儿园课程资源的建设。《幼儿园园长专业标准》对园长在课程建设领导力方面做出明确规定，即园长应“具备较强的课程领导和管理能力，指导幼儿园教师根据每个幼儿的发展需要，制定个性化的教育方案，组织开展灵活多样的教育活动”。

另一方面，基于课程领导的教师领导主要是说以课程为抓手，引领推动教师的岗位胜任力发展。园长应以先进的教学理念来引导教师队伍实施课程计划，为教师实施课程创造一个和谐的、自由的、合作的教学氛围，从而将教师队伍凝聚在一起，实现课程教学有序推进。园长要注意发挥教师课程实施中的“头雁”作用，善于通过幼儿园课程建设介入教师专业发展领域，增强教师对幼儿园课程的清晰认识、对课程实施方案的理解力和自觉执行力，以“头雁带动群雁”，发挥雁阵效应，促进教师们的专业自主且有效发展。[⑧] 也就是说，园长在新教师专业胜任力发展中应该扮演引领者、支持者、陪伴者的角色，走在园本课程建设的前沿，陪在教师们的身边，跟在教师们的后边，通过PLC园本教研共同体的建设，围绕幼儿园课程这一园所核心竞争力逐步凝聚共识—分布领导—个人实践—集体反思，并有效提供精神支持和物质支持，尤其是精神支持，促进园所整体教育教学质量的提升。

---

① PLC指专业学习共同体(Professional Learning Community)。PLC园本教研是以建设专业学习共同体为依托开展的园本教研活动。

② 易凌云：《幼儿园园长专业标准的构建原则与基本内容》，载《学前教育研究》，2014(5)。

③ 罗丽，洪秀敏：《园长领导力的现状调查与分析》，载《幼儿教育》，2012(Z6)。

④ 冯国芳等：《园长专业化发展及其管理对策的思考》，载《上海教育科研》，2007(5)。

⑤ 蒋艳红：《文化视角：园长课程领导力提升的全新路径》，载《教育视界》，2018(21)。

⑥ 姚伟，吴秋融：《幼儿园园长保育教育领导力现状调查研究》，载《现代教育管理》，2019(6)。

⑦ 王怡：《对幼儿园园长课程领导力的理性思考》，载《陕西教育学院学报》，2012(1)。

⑧ 高敬，周洪飞，陈雪：《上海市幼儿园课程领导力的现状与思考》，载《上海教育科研》，2014(11)。

总而言之，本书以落实《幼儿园园长专业标准》中提出的“突出园长的领导力和执行力，坚持在不断的实践与反思过程中，提升自身的专业能力”的理念为准则，以五段式综合主题活动优秀案例为抓手，设计并开发了促进一线园长专业领导力提升，特别是园长课程领导力和教师领导力提升的实践方案——具引领性、实操性、园本性的“园长为纲 纲举目张”的幼儿园园长专业领导力提升新范式与切实支持幼儿园园长凝聚共识、分布领导、个人实践、集体反思和有效支持的园本教研新范式，首要目标为建设一支业务精湛的园长队伍，共同目标为建立帮助园长提升专业领导力的培训模型——以PLC园本教研共同体为抓手促进领导力提升，希望能够回答“园长培训的内容如何设置”“园长培训的方式如何选择”“园长培训质量如何保障”的实际问题，走出“精选培训内容、改进培训方式、强化监管评价”的园长培训道路，真正做到“以人为本，以质量为纲”，通过提升园长和教师的专业能力，促进课程和区域质量的提升，实现“UDK合作共同体”成员的整体发展和共同成长。

（三）顺义区新教师集体活动案例的成果离不开学前科的力量

顺义区教委学前科在切实推动教师质量提升，构建发展适宜性的幼儿园教师培训模型，促进园长专业领导力提升与新教师专业胜任力发展一体化的教师教育新形态中发挥了重要作用，主要体现在以下六方面：摸现状，促合作，搭桥梁，同陪伴，勤沟通，建平台。

1. 摸现状

摸清教师专业发展现状是构建教师培训模型的首要环节，也是在培训教师的过程中，特别是通过培训提升新教师专业胜任力情况下的关键。在培训之前，项目组发现新教师面对培训内容，会产生不自信的心理状态，活动设计产生偏差等；在进行培训后，学前科发现区里很多培训结束后学习者不能很好地将所学知识应用于实践当中，培训效果的可持续性不强，急需理论层面可以“顶天”、实践过程可以“立地”的解决方案。而通过改变教研策略，学前科发现由骨干教师进行第一轮活动展示，一路打磨、完善活动之后再由新教师进行组织实施之后，骨干教师具有较强的反思意识，并且能够针对教研活动后同伴的质疑及建议进行活动的调整与改进，能让新教师“知其然，知其所以然”。而且有了良好的范例之后，新教师可以模仿实施。照搬照学也是一种学习方式，可以将学到的策略进行尝试。同时，活动组织相对成功，对新教师也是一种鼓舞。可以说，学前科摸清现状对于整体目标的深度达成起着关键性的作用。

2. 促合作

发展适宜性的幼儿园教师培训模型是基于UDK合作模式，幼儿园形成了与北京师范大学的合作研究项目——“园长专业领导力和新教师专业成长一体化”项目。这种促合作的良性学习共同体得到了教师、园长的广泛认可。这一项目是依托自主游戏促进幼儿的个性发展，通过开展户外体育游戏和自主游戏，教师培养幼儿自信、坚持、专注、不怕困难等学习品质，而五段式综合主题活动所追求的就是幼儿学习品质的培养。有园长提到这种合作模式具有提升教师专业发展和幼儿主动、深度学习的重要作用，

“借助‘五段式综合主题活动’的先进教育理念和项目组专家资源，与我园的‘生活化课程’相结合，我们正在进行积极探究，实践自主、高效、充满活力的生活化、游戏化教学，提升教师的专业成长，促进幼儿主动、健康、快乐发展”。

3. 搭桥梁

搭桥梁是指学前科协助搭建起高校对实验园的指导桥梁，组建起北京师范大学指导、实验园参与、学前科跟进与协调的项目研究团队。2014 年 7 月 12 日，顺义区“园长专业领导力和新教师专业成长一体化”合作项目动员大会开幕，顺义区教委组织全区幼儿园园长及骨干教师共同听取霍力岩教授的讲座，集体学习项目中的核心概念，项目开展方式等内容。而学前科将参与意向明确，能够与项目达成共识，形成共同愿景的 11 所实验园与北京师范大学指导团队之间搭建起桥梁，同时，学前科安排了专人负责该项目的持续跟进、沟通与协调等工作，教育研究和教师研修中心的各位教研员也与项目幼儿园形成拉手，实现“园园有指导，园园有依靠”。

4. 同陪伴

在 UDK 三方的合作模式中，学前科在转达高校对实验园参与项目的要求后，陪伴并支持实验园按照任务要求持续跟进研究，为实验园提供了有力的支持与陪伴。尤其是最初教师面对新的内容出现了畏难情绪、发出了质疑的声音，但是学前科、教育研究和教师研修中心定期下园、下班和教师一起备课、说课、研课。在区级行政教研的带动下，教师越来越多地去尝试综合主题课程，想法和思考越来越多，教案修改的幅度越来越大，研讨的氛围越来越浓厚，教师在感受到陪伴的温暖的同时也解决了问题，得到了有效指导。并且感受到学前科陪伴的力量，园内形成了多种陪伴模式或层次，为教师在培训过程中提供了极大的情感支持。顺义区学前科及教育研究和教师研修中心在项目过程中的陪伴和支持，使得园长们更深刻地明白了区域学前教育发展的目标和方向。

5. 勤沟通

学前科在发现问题后与高校和实验园进行积极沟通，寻求适宜的解决方案，保障研究项目的顺利进行，真正推进了项目的有效实施。在培训过程中，学前科发现各个园所的推进力度、推进方法和实施效果存在差异，表现出来的收获和困惑也大相径庭。再继续使用区级层面统一推进的方法已经不适宜，因此调整了项目活动的方式，采用“按需进园、个性指导”的方法推进，分别由四名博士组成专家指导小组，根据困惑需求进行个性化的进园指导，指导的时间上更加灵活，指导的内容更加聚焦，指导的方法更加贴切。沟通是项目持续推动的基础，在这一过程中，学前科及时发现问题，沟通两方，最终确保了项目的有效推动。

6. 建平台

建立起区级展示平台，既对教师专业胜任力水平提升具有促进与激励作用，同时又为实验园所的进一步发展提供支持，通过与项目团队的交流研讨提升了实验园所的办园质量。有园长表示：“教师在活动中发挥自己的优势，研讨交流，互动沟通，贡献智慧，建构了共同学习、共同提高的平台，提升教师的研究意识及教学能力。”“通过借助园内分享平台、研究团队的展示平台和实验园之间的交流平台，教师将个人的实践进行展示、分享经验，同时借鉴同伴的经验与实践，进一步完善自己的教育实践。通过分享经验，昭显彼此寻找共鸣，以便在教育实践中找到自己的坐标。”有园长表示虽然压力很大，但是正是因为学前科搭建起桥梁与创造的平台，使得教师们的教学实践能力有了飞跃性的提升。可见，区级展示平台的建立，充分调动了实验园所教师已有的专业能力，并且在所搭建的区级平台的研讨与展示中，真正提升了教师的专业发展水平。

在促进新教师质量提升的UDK教研模式中，学前科具有中介桥梁的关键性作用，其力量不可忽视，正是学前科作为桥梁紧密连接起U与K，并通过了解现状、沟通陪伴、合作鼓励，发挥着区域性的引领与协调作用，构建与完善了发展适宜性的幼儿园教师培训模型，从而实现了园长专业领导力提升与新教师专业胜任力发展提升一体化的教师教育新形态。

三、新教师质量提升的UDK教研模式设计与提前布局的意识

本研究基于发展“普及普惠安全优质”学前教育的背景，通过五年的艰苦奋斗，在大学专业推动、区域行政发动和幼儿园发展主动的UDK联动效应的背景下，在U—D的合力联动、U—K的高位促动、D—K的评比拉动、K—K的借鉴行动的基础上，基本完成了“目标引领，任务驱动”的幼儿园园本课程的建构、幼儿园教师教育课程的建构、幼儿园园长课程领导力发展模式的建构和区域学前教育质量管理模式的建构。通过幼儿园园长课程领导力、幼儿园园本课程和幼儿园教师教育课程三位一体的整体架构，实现了教师和园长专业能力的提升，促进了课程和区域教育质量的提升，体现了UDK合作共同体成员的整体发展和共同成长。UDK教研模式是立足整体格局的，也是具有提前布局意识的，切实达到了提升新教师的岗位胜任力，打造顺义区的优质学前教育的目的。

(一)U：整体设计意识——了解动向，凝聚共识

“大学之道，在明明德，在亲民，在止于至善。”大学作为UDK教研模式的排头兵和先行军，一直以来承担着了解国内外学前教育发展最新动态的关键责任，同时也肩负着将政策信息转化为顶层设计的重要使命。如何既“顶天”又“立地”地、准确而有效地发挥引领作用，让大学、区域及幼儿园联动开展学前教育质量提升工作，是北京师范大学霍力岩教授团队多年来扎根于北京市顺义区这片沃土上所不懈追求的“至善”。

为贯彻落实《国务院关于当前发展学前教育的若干意见》《中共中央 国务院关于全面深化新时代教师队伍建设改革的意见》以及《中共中央 国务院关于学前教育深化改革规范发展的若干意见》，积极建设顺义区“高素质专业化创新型”的幼儿园教师队伍，切实提升幼儿园新教师的岗位胜任力，北京师范大学霍力岩教授团队提前布局，整体设计，结合顺义区学前教育教师队伍发展现状，提出了以“整县推动”为基调、以“UDK教研模式”为抓手、以“关键岗位任务”为焦点的顺义区幼儿园新教师质量提升系统方案。该系统方案为有效解决学前教育一线工作者的实际问题，深入研究了学前教育政策的内

涵与幼儿园教师教育的模式，还实地调研了顺义区幼儿园新教师入职后的“工作痛点”和“操作难点”，基于理论研究与实证研究的碰撞，实现了直指幼儿园关键岗位任务的“以专题推动学前教育课程模式建构、以培训引动幼儿园教师教育模式建构、以任务驱动园长领导力发展模式建构、以节点牵动区域学前教育质量管理模式建构”的 UDK 教研模式，真正地将大学、区域和幼儿园三方紧密捆绑在了一起，形成了学习共同体、发展共同体，特别形成了与顺义区教委学前科、各所幼儿园“同呼吸、共命运”的命运共同体。

(二)D：长远规划意识——分别领导，整区推动

随着学前教育改革的深入实施和总体要求，顺义区多渠道加大对师资力量的补充，夯实教育发展的基础。但与此同时，还需进一步增强教师的实践经验意识和基于实践的教师专业岗位胜任力的发展，尤其要采取多种措施，促进新入职教师的发展。

顺义区自 2014 年开始，与北京师范大学霍力岩教授团队密切合作，在多次研讨中达成项目合作共识，开展了“幼儿园园长专业领导力项目”和“基于 11 位园长专业领导力发展的幼儿园教师专业胜任力的提升研究”，积极推动构建 UDK 合作模式，筑牢双方学习共同体、合作共同体和发展共同体的共同体意识，发挥高校专家在理论与实践的一体化引领作用。在项目推进过程中，积极探索系统化解决问题的实践路径，组建全区幼儿园园长与骨干教师参与的项目团队，稳妥推进顺义区的区域领导力，进而加快推进幼儿园园长和骨干教师的领导力发展。以园长和骨干教师组建的项目团队为核心，以 11 所基地园为示范园，发挥实验基地园对全区的 99 所幼儿园(教育部门办园 53 所，部门办园 1 所，村办园 27 所，民办园 18 所；其中示范幼儿园 9 所)的引领辐射作用，最终增进了幼儿园教师对课程的理解与运用，提升了新教师专业岗位胜任力。这些项目的成功实施，是顺义区新教师培训长远规划的起点，特别是对新教师培训体系的构建有了重要推进。顺义区教委与霍力岩教授团队合作的项目是顺义区面临新教师发展机遇与挑战时，勇当先行者，创新引领新教师发展所做的战略部署。在幼儿园教师专业胜任力发展与提升方面取得的有效研究成果，使新教师培训有了基础条件，是指导、展望当前和今后一段时期内新教师培训的重要抓手，也是落实新教师培训的总体设计要求、调整与完善新教师培训设计的重要依据，推动了新教师培训在新的更高起点上高质量地发展。

(三)K：主动行动意识——立足实际，组织实践

在“园长专业领导力和新教师专业成长一体化”项目开展的五年中，双方立足实践、面向实践，切实推动了旨在“构建适宜中国国情的幼儿园教师培训模型迈向发展适宜性的幼儿园新教师培训样态”的基于 UDK 合作和 PLC 园本教研共同体的建设。

本书是在打造 UDK 联动模式背景下的幼儿园集体智慧的结晶。

第一，组建以园长为核心的项目团队，凝聚各自园所课程建设的共识。

“火车跑得快，全凭车头带。”园长作为提升幼儿园质量的“火车头”和“领头羊”，深知幼儿园发展缺少什么、幼儿园孩子渴望什么和幼儿园教师需要什么——毋庸置疑，

是课程。幼儿园的发展需要以课程质量的提升为基础，幼儿的有效学习需要以高质量的课程为支架，幼儿园教师的成长需要以适应性广、实操性强的课程为抓手。

本书正是参与项目的 11 所幼儿园园长经过五年的集体努力，在了解各自园所的发展方向、幼儿有效学习的需求和教师专业成长的基础上编制而成，旨在以实现幼儿园教师专业胜任力切实提升的教案推动各自园所的长远发展。

第二，构建以教师为中坚力量的实践团队，分别领导各园所，层层落地。

“一人走快，众人走远。”园长作为核心凝聚了课程建设的共识，明确了园所发展的方向，指引了正确的道路，实现了园所发展的“快人一步”，但要将目标落地、道路踩实仍然需要以各园所的教师为中坚力量。教师是了解幼儿的人，也是与课程、活动产生交集最多的人，幼儿是否获得发展、课程组织与实施是否有效，教师最有发言权。

本书正是通过园长对共识的传达，推动教师先从理论上对文本(即教案)进行打磨，然后从实践上对文本(即教案)进行应用，最后再返回到理论层面上对文本(即教案)进行完善。现在呈现在大家面前的教案都是经过层层筛选，经过理论与实践的碰撞，经过教师们共享思维过程、共享行动过程以及共享思维过程和共享行动过程的知行合一的集体智慧的成果。

本书是北京市顺义区教育研究和教师研修中心与北京师范大学的合作项目——“园长专业领导力和新教师专业成长一体化”的阶段性成果之一。项目实施前期，北京师范大学霍力岩教授的团队不仅给参与项目的各实验园提供了综合主题活动的模板，而且提供了综合主题活动小、中、大班的全部课例。之后，北京师范大学霍力岩教授的团队，对参与项目的实验园园长及教师进行了有关综合主题活动的培训，通过讲解综合主题活动“是什么”“为什么”“如何做”，帮助参与项目的各实验园增强对综合主题活动课程模型的理解。在模型理解的基础上，参与项目的各实验园分别展开对于综合主题课程模型的落实模仿。项目实施中期，在各实验园对综合主题课程模型模仿的基础上，霍力岩教授及其团队分组对各实验园进行了入园指导，通过再次指导综合主题活动“如何做”帮助各实验园的教师及园长加深对综合主题课程模型的理解，并在理解的基础上帮助各园展开对综合主题活动课程模型的练习。之后，在顺义区教育研究和教师研修中心搭建的区级平台上，霍力岩教授及其团队帮助各实验园进行反思，主要反思综合主题活动“是什么”“为什么”以及“如何做”。霍力岩教授及其团队在进行设计后，帮助实验园从研究文本到依据文本进行行动，又从行动回归文本，在回归文本的过程中，各实验园对提供的课例模板进行改编，改编过程中霍力岩教授及其团队又提供了几轮的修订意见，最终形成本成果。

从“办好学前教育”到“普及普惠安全优质”发展学前教育的转变，进入新时代的学前教育正稳步由为解决“入园难，入园贵”问题的数量目标向实现“幼有所育、幼有善育、育有所成”追求的质量目标迈进。课程与教学是教育的核心地带，是教育质量的关键指标，要努力实现学前教育“普及普惠安全优质”的发展目标，则必须先关注学前教育的课程与教学的发展。本书正是对落实“幼有所育、幼有善育、育有所成”质量目标的一次尝试。我们将一直行进在路上！

目　　录

第一章　自　护

第一节　小班——自护

我不上你的当

一、活动设计

观测点

1. 健康：具备基本的安全知识和自我保护能力。
2. 艺术：具有初步的艺术表现能力与创造能力。
3. 学习品质：具有坚持性，能够在活动中集中注意力。

活动目标

1. 学习品质：能够认真观看视频，积极参与活动。
2. 知识经验：知道不能吃陌生人给的东西，不能跟陌生人走。
3. 能力：能在遇到危险时大声呼救。

引导要点

1. 引导幼儿学会自我保护。
2. 使幼儿遇到陌生人时能够不跟着走。
3. 提高幼儿的自我保护能力。

活动准备

1. 经验准备。

(1)教师：了解小班幼儿年龄特点，掌握本班幼儿智力发展水平，具备支持幼儿积极参与活动的经验和理论知识储备。

(2)幼儿：阅读过图画书《小兔乖乖》、听过故事《不懂安全的大灰狼》、会跳小律动《我不上你的当》。

2. 物质准备。

视频《我不上你的当》、大灰狼的头饰、狐狸的头饰、音乐《森林狂想曲》。

活动过程

(一)导入：教师与幼儿进行小律动《我不上你的当》表演，激发幼儿参与兴趣。(2～3分钟)

引导语：小朋友们，让我们一起听着音乐，做一个小律动。

(二)感知体验：教师播放视频《我不上你的当》。(4～5分钟)

引导语：老师这里有一个小视频，我们来看一看视频里都有谁。它们去干什么了？都说了些什么？

(三)模仿探索：教师引导幼儿根据记忆和想象，鼓励幼儿大胆表达自己的想法。(当幼儿因急于表达而表达不清时，引导幼儿清楚地表达)(3～4 分钟)

引导语 1：如果你是小老虎，一个人在路边等妈妈，遇到陌生人，你会怎么做？

引导语 2：(结合生活实际，进行提问)如果在去幼儿园的路上，你遇到一个陌生的叔叔，他想要带你走，你怎么办？

(四)自由表现：两名配班教师分别扮演大灰狼和小狐狸，带幼儿离开教室。(2 分钟)

引导语：小朋友们，我们来玩一个小游戏。老师是鸡妈妈，你们都是鸡宝宝，现在跟着鸡妈妈一起去森林里找虫子吃。

配班教师：我是大灰狼。我的肚子好饿啊！咦，那边有很多小鸡。××(可以用衣服颜色来称呼)小鸡，我这里有好玩的玩具，你快跟我走吧，一起去玩玩具。(主班教师观察幼儿的反应)

幼儿：我不认识你，不能跟你走。

另一名配班教师(佩戴狐狸的头饰)：小鸡小鸡，我是小狐狸。我这里有棒棒糖，你跟我走，棒棒糖就送给你。(主班教师观察幼儿的反应)

幼儿：我不认识你，不能跟你走。(教师可以多跟几个小朋友互动)

(五)结束：教师总结幼儿表现，奖励不上当的幼儿。(1 分钟)

引导语：宝宝们，刚才你们和鸡妈妈一起去找虫子吃，你们都遇到谁了？(大灰狼、小狐狸)它们对你们说什么啦？你们又是怎么说的？你们可真棒，遇到自己不认识的人不跟他走，也不吃他给的东西。

延伸活动

集体教学活动	区域活动	一日生活	家园共育
健康：“我不上你的当”	表演区：“小兔乖乖” 美工区：制作表演使用的一些简单道具 图书区：《不要吃陌生人的东西》《不和陌生人多说话》等安全内容安全故事讲述	过渡环节：小组故事情节表演，说说活动里的儿歌	亲子活动：家长在家和幼儿说一说自己家的地址、家长的电话号码等

附录

我不上你的当

我不上 不上 我不上你的当
我不上 不上 我不上你的当
星期天的早上 我陪妈妈买菜
妈妈说我真听话 我越来越乖
妈妈有事儿离开

叫我在原地等待
过了一会儿 一个叔叔向我走来
(叔叔)小朋友 叔叔给你糖吃
你跟叔叔去玩好不好
呵呵 我不上 不上 我不上你的当
我们之间没有什么话好讲
我不上 不上 我不上你的当
我看你是传说中的大灰狼
我不上 不上 我不上你的当
我不上 不上 我不上你的当

二、活动反思

小班幼儿爱模仿，所以，小班幼儿需要教师经常与他们一起游戏，满足他们爱模仿的心理需求。莹莹、凡凡通过与教师扮演的大灰狼、小狐狸等角色的互动，都能完成“不吃陌生人给的东西，不跟陌生人走”的教学设计，通过这两个幼儿的示范引领，其他幼儿因为喜欢模仿，也实现了此目标。多数幼儿通过认真观看视频，积极参与活动，知道了在遇到危险时要大声呼救。本次活动符合小班幼儿的年龄特点和学习方式。游戏化、情境化的活动符合幼儿在小班阶段身心发展的需求。如果教师可以重新组织一次教育活动，建议请来一位陌生人扮演大灰狼和小狐狸的角色，帮助幼儿更加真实地体验与陌生人沟通和交流的过程，提高自我保护意识。

三、设计导读

该活动基于《3-6 岁儿童学习与发展指南》(以下简称《指南》)提出的幼儿需要“具备基本的安全知识和自我保护能力”的目标而设计。通过童话剧表演和观看视频的活动形式，教师让幼儿懂得遇到陌生人要保护自己，不跟陌生人走，使幼儿养成自我保护的意识。

活动设计：北京市顺义区金汉绿港幼儿园　董海娇
设计导读：北京市顺义区怡馨幼儿园　阮子东

小兔子历险记

一、活动设计

观测点

1. 健康：具有一定的适应能力。
2. 语言：能认真听并能听懂常用语言和理解较复杂的语言。
3. 学习品质：能在活动中充满好奇心。

活动目标

1. 学习品质：在活动过程中，充满好奇心，乐于了解自我保护的方法。
2. 知识经验：能够在成人引导下，识别出行中的危险。
3. 能力：初步掌握乘车、过十字路口的自我保护的方法。

引导要点

1. 通过师幼互动，引导幼儿发现外出时危险的因素。

2. 引导幼儿树立自我保护的意识。

活动准备

1. 经验准备。

(1)教师：教师统计梳理幼儿外出路上会遇到的安全问题。

(2)幼儿：家长和教师平时注意帮助幼儿积累相关的经验。

2. 物质准备。

(1)故事图片。

图片一：兔妈妈、小兔子以及生病的兔奶奶。

图片二：一只小狗把手伸到窗外，把头探出窗外。大家都有序地坐在座位上。

图片三：下车后，过马路和十字路口。小狗不走人行横道和闯红灯；大家在人行横道上按照交通规则通过十字路口。

图片四：和兔奶奶快乐相聚。

(2)乘车及过马路的正确做法和错误做法的图片。

(3)纸箱做的车厢、红绿灯，呼啦圈做的方向盘等。

活动过程

(一)导入：教师提问调动幼儿听故事的兴趣。(2 分钟)

引导语：兔奶奶生病了，兔妈妈和小兔子都很担心，准备去看望兔奶奶，它们怎么去的兔奶奶家？路上会发生什么呢？请小朋友们认真听一听。

(二)感知体验：教师展示图片，按照图片内容完整讲述故事，幼儿回答问题。(5～6 分钟)

按照图片讲述故事，并请幼儿回答在导入环节中提出的问题。

引导语 1：小兔子是怎么去兔奶奶家的？它们在路上遇到了谁？它们都在干什么？

引导语 2：小狗在干什么？它这样做对吗，为什么？

引导语 3：小兔子在干什么？小兔子站在十字路口的人行横道边上，这个时候可以过十字路口吗，为什么不可以？(红灯，不能通过)什么情况下可以通过？(绿灯)

引导语 4：过十字路口时需要注意的事项——行人走人行横道，一慢、二看、三通过。

(三)模仿探索：教师提供正误做法的图片，引导幼儿进行判断。引导幼儿表达在乘车及过马路时的正确做法。(2～3 分钟)

引导语：刚才小朋友们听故事都特别认真，现在老师邀请小朋友们来看看这些图片上的做法对不对。

(四)自由表现：在游戏中体验正确的过马路和坐车的规则，提高幼儿的安全意识。

引导语：(教师创设游戏环境：用纸箱做的车厢、人行道、红绿灯等)小朋友们，我们来玩一个坐车的游戏。×××老师、×××老师和×××老师是司机，我们都是要去乘车的小朋友。但是要想去乘车，需要过马路，我们一起来试一试吧！

根据幼儿的情况，游戏可以进行一两次。

(五)结束：教师总结，活动结束。(1 分钟)

引导语：今天我们知道了外出路上需要注意的安全知识，以后小朋友们在和爸爸妈妈出门的时候，要注意安全，保护好自己。

延伸活动

集体教学活动	区域活动	一日生活	家园共育
语言：“开火车”	建筑区：将制作的活动材料投放到建筑区，幼儿进行搭建游戏——“我们的大马路”	在园所的各项活动中，增强幼儿安全意识，提高幼儿的自我保护能力	建议家长在日常生活中随时引导幼儿观察路上潜在的危险因素，提醒幼儿注意安全，丰富相关经验，提高幼儿的自我保护能力

二、活动反思

3～4 岁幼儿正处于对色彩的敏感期。色彩能够吸引幼儿的眼球，激发幼儿参与活动的兴趣。小班幼儿对动态的物体都比较感兴趣，多媒体课件集色彩与动态于一身。因此，在本次活动中，教师用多媒体课件为幼儿展示了小黄狗在乘坐公交车时，把头伸到车窗外，差点被小汽车撞伤的动态情景，帮助幼儿初步掌握乘车、过十字路口的自我保护的方法。最后幼儿通过亲自体验过马路的环节，在成人引导下，能够识别出行中的危险，很好地实现了本次活动的目标。多数幼儿在与教师以及教师精心准备的环境的互动中，充满好奇心，乐于了解自我保护的方法。

三、设计导读

该活动基于《指南》健康领域“具备基本的安全知识和自我保护能力”中的“在成人提醒下能注意安全，不做危险的事”的目标而设计。通过观看图片、听故事，教师帮助幼儿了解外出路上会遇到的危险。在幼儿与教师及道具的互动过程中，活动达到了引导幼儿初步掌握乘车、过十字路口自我保护的方法的效果。

活动设计：北京市顺义区港馨幼儿园　单晔纯
设计导读：北京市顺义区怡馨幼儿园　阮子东

食物的安全

一、活动设计

观测点

1. 健康：具有良好的生活与卫生习惯，不吃过期的食物。
2. 语言：能认真听并能听懂常用语言，注意听他人说话并做出回应。
3. 学习品质：能够积极主动地参与活动。

活动目标

1. 学习品质：能够积极参与活动并乐在其中。

2. 知识经验：了解过期食物的危害。

3. 能力：通过比较，发现新鲜食物与变质食物的不同特征。

引导要点

1. 引导幼儿通过观察，发现过期食物和新鲜食物之间的不同。

2. 引导幼儿了解过期食物的危害，从而树立良好的饮食习惯。

活动准备

1. 经验准备。

(1)教师：了解食物过期后，会发生哪些不同的变化。了解识别食物过期的方法。

(2)幼儿：知道什么是“过期”。

2. 物质准备。

小熊与蛋糕的故事图片(自制)，新鲜食物与过期食物的对比图片及实物。

活动过程

(一)导入：教师讲故事导入，引出“食物安全”的主题，激发幼儿参与兴趣。(3 分钟)

引导语 1：小熊的好朋友几天前送了它一块蛋糕。小熊把蛋糕收了起来，忘记吃了。过了好几天，小熊才想起来。于是，它吃掉了蛋糕。不一会儿，小熊就开始拉肚子，可难受了。

引导语 2：小朋友们猜一猜，小熊为什么会拉肚子呢？看一看小熊吃的蛋糕怎么啦？(发霉了)哦，原来是小熊吃的蛋糕过期了，已经发霉了，所以小熊会拉肚子。通过这件事，你想对小熊说些什么呢？

引导语 3：小熊的故事告诉我们，不能吃过期食物，因为过期食物已经坏掉了。

引导语 4：可是我们怎样才能知道食物是不是过期了，能不能吃呢？

(二)感知体验：教师出示图片，引导幼儿观察新鲜的蛋糕、水果、蔬菜与过期的蛋糕、腐烂的水果、腐烂的蔬菜的不同。(5 分钟)

引导语：小朋友们，小熊的家里还有许多食物，请大家帮助小熊判断一下，这两个蛋糕有什么不同呢？哪个能吃，哪个不能吃？

(三)模仿探索：教师提问，引导幼儿寻找分辨不安全食物的方法。(4 分钟)

引导语：小朋友们，我们除了用眼睛看食物表面发生的变化，还可以怎么判断食物是否安全呢？(看一看、闻一闻、摸一摸，还可以问大人等)

(四)自由表现：教师提供实物，引导幼儿分辨食物。(2 分钟)

引导语：老师给每组准备了两种不同的食物，你们仔细观察一下，用自己的方法来分辨一下，哪种食物是可以食用的，哪种食物是过期食物？

(五)结束：教师总结，提醒幼儿吃新鲜、健康的食物。(1 分钟)

引导语：小朋友们，小熊因为吃了过期的蛋糕，拉肚子了，很难受。今天大家学会了分辨食物的好坏，可不能像小熊一样随便吃东西了！

注意事项

教师选择过期食物图片和实物时，注意要突出其外部特征，方便幼儿分辨。

延伸活动

集体教学活动	区域活动	一日生活	家园共育
健康："吃健康食物" 科学："食物的分类" 体育："小兔子去买菜" 美术："给食物穿衣服"	科学小实验：教师将一个蛋糕分成两半，一半放在窗台上，另一半放入冰箱冷冻。让幼儿观察窗台上食物的霉变过程。几天后，将两块蛋糕拿出来向幼儿展示，请幼儿谈谈它们有什么不一样	开放式提问，引发幼儿的思考和讨论： (1)为什么食物会过期呢？ (2)为什么爸爸妈妈要把买回来的菜放进冰箱？	鼓励幼儿和家人一起寻找其他分辨过期食物的方法

二、活动反思

幼儿的学习是以直接经验为基础在日常生活中进行的，所以在本次活动中，教师创设了丰富的教育环境，为幼儿提供了实物，引导幼儿看一看、闻一闻、摸一摸；通过比较，发现新鲜食物与变质食物的不同特征，最大限度地支持和满足幼儿通过直接感知、实际操作获取关于不吃过期食物的相关经验。本次活动中，通过与幼儿谈话、观看多媒体课件等途径，教师帮助幼儿了解过期食品的危害，大部分幼儿能够积极参与活动，并乐在其中。

三、设计导读

该活动基于小班幼儿在饮食习惯上存在许多不合理、分辨能力差和生活常识比较匮乏的特点而设计，通过故事引入的活动形式，引导幼儿感受安全与不安全食物之间的区别，使幼儿在活动中学习一些分辨安全与不安全食物的方法，从而培养幼儿吃健康及新鲜的食物的习惯。

活动设计：北京市顺义区金汉绿港幼儿园　许　赛
设计导读：北京市顺义区怡馨幼儿园　阮子东

小手流血了

一、活动设计

观测点

1. 健康：生活习惯与生活能力；基本的安全知识和自我保护能力；在提醒下能注意安全；不做危险的事。

2. 语言：愿意讲话并能清楚地表达。

3. 学习品质：能在活动中乐于尝试与探索。

活动目标

1. 学习品质：能够专注地看图、读图，抓住画面重点。

2. 知识经验：知道手划破后简单的处理方法。

3. 能力：在生活中能够识别危险，保护好小手。

引导要点

1. 引导幼儿观察图片细节，从图片中获取相关信息。

2. 引导幼儿积极分享保护小手的方法。

活动准备

1. 经验准备。

(1)教师：了解幼儿关于简单的伤口处理方法的前期经验；教师知道简单处理伤口的方法。

(2)幼儿：在生活中有保护小手的经验。

2. 物质准备。

小手流血的图片、保护小手方法的图片、危险物品及小药箱。

活动过程

(一)导入：教师以玩手指游戏的形式导入，激发幼儿参与兴趣。(1分钟)

引导语：我们的小手可以做游戏，还可以做些什么呢?

(二)感知体验：观察图片，让幼儿说一说小手流血的原因。(5分钟)

引导语1：这个小朋友的小手怎么了?

引导语2：哪些危险的物品会让我们的小手受伤?

(三)模仿探索：通过情境表演让幼儿了解手划破后的简单处理方法，并请幼儿看一看、说一说。(3分钟)

引导语1：你的手划破过吗?

引导语2：小手受伤后，我们应该怎么去做?

(四)自由表现：教师把幼儿的手进行包扎，让幼儿尝试做一些日常活动，体验不方便的地方。(4分钟)

引导语1：我们分成三组来亲身体验一下，小手受伤后有什么不便。

引导语2：谁来说一说小手受伤后有什么不方便?

(五)结束：总结保护小手的方法。(2分钟)

引导语1：我们的小手特别重要，我们应该怎样保护小手呢?

引导语2：小手如果受伤要及时告诉老师和家长，不要紧张，先进行消毒再包扎；伤势严重的话，要及时去医院进行治疗。

二、活动反思

受认知水平及生活经验的限制，小班幼儿好奇心强，喜欢探索，自控能力差，缺乏对危险事物或行为的认识和判断能力，使得这一时期成为意外事故的高发阶段。因此，教师设计了本次活动，帮助幼儿识别生活中的危险，保护好小手。活动中，教师可以将危险物品及小药箱等实物带到活动中来，幼儿通过看一看、说一说、试一试，在多感官体验中，了解手被划破后简单的处理方法。如果再进行一次这个活动，教师可以将语速适当调慢，减少“好不好”“是不是”等封闭性问题。

三、设计导读

该活动基于小班幼儿自我保护的意识和能力欠佳的特点而设计，通过幼儿交流分享及情景剧的活动形式，引导幼儿探索小手受伤后的不方便及手划破后的简单处理方法，培养幼儿爱护小手的意识及保护小手的能力。

活动设计：北京市顺义区怡馨幼儿园　刘　颖

设计导读：北京市顺义区后沙峪第一幼儿园　云　静

白白的牙齿

一、活动设计

观测点

1. 健康：具有良好的生活与卫生习惯；每天早晚刷牙。

2. 科学：喜欢探究；喜欢问问题。

活动目标

1. 学习品质：乐于参与刷牙的活动，并感到有趣。

2. 知识经验：知道刷牙的好处，养成刷牙的好习惯。

3. 能力：学会刷牙。

引导要点

1. 引导幼儿知道保护牙齿的重要性，以及如何保护牙齿。

2. 引导幼儿学会正确刷牙的方法。

活动准备

1. 经验准备。

(1)教师：知道正确的刷牙步骤。

(2)幼儿：有初步的刷牙意识。

2. 物质准备。

牙齿模型、牙刷、刷牙步骤图、儿歌《刷牙歌》，等等。

活动过程

(一)导入：出示小新的图片，以情境导入激发幼儿参与活动的兴趣。(2 分钟)

引导语 1：小朋友们，老师给你们带来了一位新朋友。

引导语 2：他叫小新。他说他一点也不开心，因为他的嘴很疼很疼。你们猜猜这是为什么呢？

(二)感知体验：出示小新的牙齿图片，引导幼儿观察发现小新牙疼的原因。(5 分钟)

1. 看一看，来求医。教师引导幼儿观察小新的牙为什么是黑牙齿。

引导语：“小新，你怎么了？”小新不说话，那我们来看看他的牙齿为什么疼。我们让他把嘴张开看一看，呀！怎么都是黑色的牙齿呢？

2. 说一说，来诊断。教师引导幼儿观察并说出小新牙疼的原因。

引导语 1：小朋友们，知道是怎么回事吗？原来是小新的牙齿被细菌给“咬”坏了。医生告诉老师这叫作龋齿，也叫蛀牙。

引导语 2：你们的牙是什么颜色的？是不是和小新的牙一样也是黑的？

(三)模仿探索：幼儿观察小新的牙齿，知道有蛀牙会牙疼，从而引导幼儿明白刷牙的重要性。(4 分钟)

1. 引导幼儿回忆自己是否有过牙痛的时候，说一说感受。

引导语：其他小朋友有牙疼过吗？你们牙疼的时候会怎么样？

2. 请幼儿观察牙齿、认识蛀牙，引导幼儿明白刷牙的重要性。

引导语 1：你们看看这些牙齿是什么样子的，是怎么变成这个样子的？

小结：你们看，这些牙齿都黑了，都是牙细菌捣的鬼，它们还在牙齿上蛀了很多的洞，所以牙齿会很疼。

引导语 2：我们应该怎么来帮助他呢？……对了，要好好刷牙。

(四)自由表现：引导幼儿按照刷牙步骤演示正确刷牙方法。(3 分钟)

引导语：小朋友们，让我们一起来看看刷牙步骤图，一起学学正确的刷牙动作吧。

(五)结束：出示牙具，进一步演示正确刷牙的方法。(1 分钟)

引导语：小朋友们真的学会了刷牙的正确方法了吗？老师给小朋友们准备了牙齿模具，请小朋友们给这个牙齿刷刷牙。

附录

刷牙歌

上牙从上往下刷，
下牙从下往上刷；
咬合面来回刷，
里里外外都要刷。

二、活动反思

幼儿健康教育的出发点与归宿是培养幼儿的健康行为，即养成幼儿健康的生活方式。幼儿健康教育的根本目的是提高幼儿期的生活乃至生命的质量。基于目前幼儿龋齿现象较为普遍，教师设计了本次活动。在活动中，教师可以通过出示小新牙齿的图片，情境导入，激发幼儿参与活动的兴趣，引导幼儿观察发现小新牙疼的原因；活动以幼儿感兴趣的卡通人物贯穿始终，使幼儿知道刷牙的好处，初步养成刷牙的好习惯。大部分幼儿乐于参与刷牙的活动，并感到有趣。

三、设计导读

本活动基于《指南》提出的幼儿要“具有良好的生活与卫生习惯”的目标而设计。在导入环节，教师以“小新嘴里很疼”的案例引入，激发幼儿的活动兴趣，调动幼儿参加活动的积极性；在观察感知环节，教师引导幼儿观察小新坏掉的牙齿，了解正确的保护牙齿的方法；最后环节，教师给幼儿提供了动手的机会，让幼儿在学学、做做中学会了正确的刷牙方法，培养了良好的卫生习惯。

活动设计：北京市顺义区后沙峪第一幼儿园　白　茹
设计导读：北京市顺义区后沙峪第一幼儿园　李玉秀

第二节 中班——自护

尖尖的东西我不碰

一、活动设计

观测点

1. 健康：具备基本的安全知识和自我保护能力；知道主动躲避危险。
2. 语言：愿意讲话并能清楚地表达自己的所见所闻。
3. 学习品质：能在活动中表现出好奇心和探究欲。

活动目标

1. 学习品质：有好奇心，愿意参与自护活动。
2. 知识经验：有基本的安全知识，能够保护自己。
3. 能力：能够清楚完整地表述自己的所见所闻。

引导要点

1. 引导幼儿发现生活中尖尖的物品。
2. 引导幼儿学习正确的自我保护方法。

活动准备

1. 经验准备。

(1)教师：了解生活中幼儿经常会接触的具有一定危险隐患的物品。

(2)幼儿：有使用筷子、剪刀、笔等尖尖的物品的经验。

2. 物质准备。

手偶、图片、生活中常见的尖尖的物品。

活动过程

(一)导入：教师出示手偶，讲故事，激发幼儿兴趣。(3 分钟)

引导语 1：今天动物幼儿园发生了一件事。当大家都在画画时，小兔子边画边拿着笔乱挥，一不小心笔尖划到了小猴子的眼睛。小猴子疼得哇哇直叫，长颈鹿老师急忙把它送到医院。

引导语 2：小猴子为什么会受伤？什么东西使它受伤了？

(二)观察感知：出示生活中尖尖的物品的图片，说明它们的危险性。(5 分钟)

引导语 1：你知道这是什么吗？它是做什么用的？

引导语 2：这些东西危险吗？怎么样避免危险？

(三)探索发现：出示幼儿常见的尖尖的物品，探索它们的安全使用方法。(5 分钟)

引导语 1：它们是做什么用的？

引导语 2：在使用的时候应该注意什么？

引导语 3：请小朋友们分组试一试它们该怎么用。

(四)展示表现：请幼儿演示尖尖的物品的使用方法，学习保护自己。(10 分钟)

引导语：哪位小朋友来演示一下这些东西怎么使用？在使用过程中应该怎样保护自己？

(五)结束：教师总结使用尖尖的物品的方法。(2分钟)

引导语：小朋友们，今天我们知道了尖尖的东西容易对我们造成伤害，要用正确的方法使用它们。使用时要注意安全。

注意事项

幼儿在操作尖尖的物品时，教师要关注幼儿安全。

二、活动反思

在日常生活中，幼儿总有玩笔的现象。为了提升幼儿的自我保护能力，增强幼儿在使用尖尖的物品时的安全意识，设计了此活动。活动为幼儿提供了真实的物品，让幼儿亲自体验和操作，更能让幼儿感知尖尖的物品很危险，从而使幼儿未来能安全地使用。幼儿积极思考，并能从不同角度说出使用时的安全方法。用图片展示生活中尖尖的物品不够真实，教师可以直接提供实物，先让幼儿表达安全使用的方法，再让幼儿进行探索，这会更加贴近幼儿的生活。

三、设计导读

该活动基于《指南》中幼儿要“具备基本的安全知识和自我保护能力”的目标而设计。活动中，结合中班幼儿好奇心强、活泼好动、自我保护意识和能力随年龄增加而逐渐增强的特点，通过故事表演，图片、实物展示等多种活动形式，引导幼儿了解生活中尖尖的物品具有危险性，并结合生活实际对幼儿进行安全教育，使幼儿能够正确使用常见的尖尖的物品，从而培养了幼儿基本的自护能力。

活动设计：北京市顺义区怡馨幼儿园　刘　颖

设计导读：北京市顺义区怡馨幼儿园　马福新

安全过马路

一、活动设计

观测点

1. 健康：具备基本的安全知识并学会自我保护，遵守安全规则。
2. 艺术：具有初步的艺术表现与创造能力。
3. 学习品质：能积极主动地参与活动。

活动目标

1. 学习品质：能够主动参与自护活动。
2. 知识经验：认识红绿灯和斑马线等常见的交通标志。
3. 能力：知道并遵守基本的交通规则。

引导要点

1. 引导幼儿遵守交通规则。
2. 引导幼儿跟唱交通规则相关的儿歌。

活动准备

1. 经验准备。

(1)教师：知道生活中常见的交通标志。

(2)幼儿：见过红绿灯和斑马线，有过马路的生活经验。

2. 物质准备。

自制红绿灯、斑马线，幼儿过马路的图片，两段人们过马路的视频(将安全过马路与不安全过马路的视频做对比)，等等。

活动过程

(一)导入：儿歌导入。(1分钟)

引导语：我们一起来唱一唱《过马路》这首儿歌。(边唱边做动作)

(二)观察感知：教师播放幼儿过马路的PPT图片，引起幼儿的注意。(5分钟)

引导语1：小朋友们，图片中的小朋友们都在干什么呢?

引导语2：谁来说一说，你们过马路的时候是怎么做的呢?

(三)探索发现：教师先播放两段人们过马路的视频，将安全过马路与不安全过马路的视频做对比，让幼儿知道过马路的正确方法。(8分钟)

引导语1：小朋友们说得都非常好！那接下来我们看一段视频，看看他们都是怎么过马路的。

引导语2：谁来说一说这段视频里人们是怎样过马路的?

引导语3：我们再来看看第二段视频。他们是怎么过马路的?

引导语4：第一段视频中，人们过马路的方法很安全，他们遵守了交通规则。第二段视频中，人们过马路的方法很危险。小朋友们说该怎么过马路呢?

(四)展示表现：教师引导幼儿进行过马路的情境表演。(5分钟)

引导语：我们来玩一个过马路的游戏吧。(教师创设具体的游戏情境，也可以和户外活动相结合)

(五)结束：教师总结安全过马路的方法。(2分钟)

引导语：小朋友这么快就学会了怎么过马路，真是太棒了!

小结：我们在过马路的时候，一定要先看一看有没有车。红灯停，绿灯行。有人行道时，要走人行道；没有人行道时，要看过往车辆，等到没有车的时候再过，或者跟着大人一起走。

延伸活动

1. 幼儿可以让爸爸妈妈拍下自己过马路的照片，带到幼儿园来，做一面本班的“安全过马路”展示墙。

2. 让幼儿回家后和爸爸妈妈分享儿歌《过马路》。

附录

过马路

大马路，宽又宽，
条条白线站中间，
红灯停，绿灯走，
交通规则要遵守。

二、活动反思

《指南》结合幼儿的年龄特点，针对幼儿的生活和环境中的发展需要，从交通安全的角度指出，4～5岁幼儿应当认识常见的安全标志，并能遵守交通安全规则。开展此活动就是为了增强幼儿的交通安全意识。通过参与活动，幼儿知道了过马路要走人行横道，绿灯行，红灯停；也可以走地下通道。幼儿能从视频中找到相应的交通标志，活动目标就达成了。教师用过马路的视频请幼儿观察正确过马路的方法，教育幼儿遵守交通规则。有部分幼儿在对比观察时有些困难，没有发现更多的交通标志。在幼儿分享交流时，教师可以定格视频，让幼儿观察交通标志的颜色、形状和位置，更深刻地理解交通标志的含义，引导幼儿能按交通规则过马路，促进幼儿健康发展。

三、设计导读

本活动基于《指南》中健康领域“生活习惯与生活能力”中所定目标“认识常见的安全标志，能遵守交通规则”而设计。此次活动利用视频、图片等方式，让幼儿直观地了解过马路要遵守的规则；并通过两个视频的对比，引导幼儿积极主动地参与情境表演互动环节，体验过马路的正确方式，从而培养幼儿自觉遵守基本交通规则的习惯。

活动设计：北京市顺义区龙湾屯中心幼儿园　古雪娜

设计导读：北京市顺义区怡馨幼儿园　马福新

学会保护自己

一、活动设计

观测点

1. 语言：能清楚地表达自己的感受和想法。

2. 健康：知道基本的安全知识，学会保护自己；掌握简单的求助方式。

3. 学习品质：能积极尝试和探究。

活动目标

1. 学习品质：能积极主动参与活动。

2. 知识经验：了解遇到不同危险时，应正确使用“119”“120”“110”等相应的求救电话，知道自我保护的重要性。

3. 能力：愿意讲话并能清楚地表达自己的所见所闻。

引导要点

1. 在情境表演中引导幼儿使用正确求救电话的方法，加深幼儿对求救知识的了解。

2. 引导幼儿清楚地表达自己的所见所闻。

活动准备

1. 经验准备。

(1)教师：知道发生危险时拨打对应的求救电话。

(2)幼儿：知道警车、急救车、消防车的特点，对“110”“120”“119”号码应在何时拨打有一定的了解。

2. 物质准备。

“学会保护自己”的 PPT，玩具电话、危险事件、车等图片。

活动过程

(一)导入：听警笛声，激发幼儿参与兴趣。(2 分钟)

引导语 1：小朋友，今天在来幼儿园的路上，老师听到了一种声音。现在让我们一起来听一听吧。

引导语 2：你听到的是什么车的声音？

(二)观察感知：依次展示消防车、救护车的声音，使幼儿了解不同的求救号码对应的不同车和工作人员。(5 分钟)

引导语 1：再听听这个是什么声音？看看什么车开来了。

引导语 2：还有一种声音我们一起听听。看看什么车开来了。

引导语 3：当你拨打什么号码时，这三种车会分别出动？请你说一说，打完求救电话谁会来帮助你呢？

(三)探索发现：知道遇到危险时正确拨打“110”“120”“119”求救的电话。(8 分钟)

引导语 1：当遇到坏人时，你该怎么办，会怎么说？

引导语 2：着火了，你该怎么办，会怎么说？

引导语 3：当有人受伤了，你该怎么办，会怎么说？

引导语 4：小朋友，咱们刚才认识了“110”“119”“120”三种不同的急救号码，现在老师要考考你们，看看谁记清楚了哪种车对应了哪种号码，哪种号码代表了哪种救护方法。(出示图片 1-1，让幼儿进行连线)

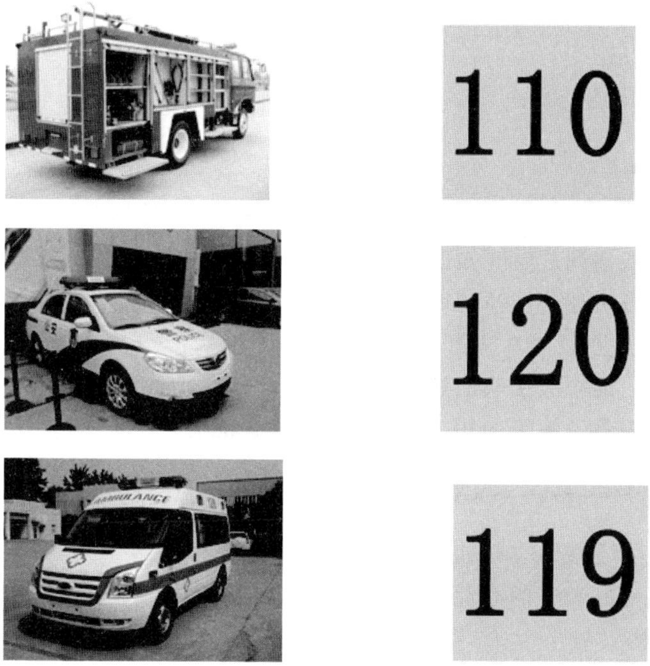

图 1-1　三种急救电话

(四)展示表现：幼儿分组进行情景表演，加深印象。(8分钟)

引导语：哪组小朋友愿意为大家表演一下？他们的求助方法对吗？

(五)结束：教师引导幼儿总结求救的方法。(2分钟)

引导语：小朋友们，我们遇到危险的时候不要惊慌，要正确地拨打相应的求救电话，向能帮助我们的人求助。我们还可以尝试记住爸爸妈妈的电话号码、自己家的住址，学会更多求救的方式。

二、活动反思

《指南》中指出，4～5岁的幼儿应知道简单的求助方式，教育建议中也提到："遇到火灾或其他紧急情况时，知道拨打'110''120''119'等求救电话。"本次活动中，教师巧妙地利用声效引出不同的特种车辆，这能引发幼儿探究的兴趣，增加幼儿对特种车不同特征的了解。在连线的环节，幼儿争先恐后地参与活动，调动了幼儿活动的积极性和主动性。整个过程中，教师抓住了幼儿的好奇心，引领幼儿逐步认识"110""120""119"等特殊电话号码，提升了幼儿拨打相应求救电话的能力。

三、设计导读

本活动基于《指南》健康领域"知道简单的求助方法"的目标而设计。活动设计采用了综合性、趣味性、直观性较强的音频、图片及角色扮演等多种教学形式，充分调动了孩子的各种感官，让他们更直观地了解身边的危险及求救方法。教师设置了三种情境，以提问的方式引导幼儿说出求救方法，帮助幼儿进行方法的梳理，从而使幼儿获得知识经验。

活动设计：北京市顺义区西辛幼儿园　崔艳丽

设计导读：北京市顺义区后沙峪第一幼儿园　白　菊

地震了，我不怕

一、活动设计

观测点

1. 健康：具备遇到危险时知道躲避、会呼喊求救的能力，知道简单的求助方法。
2. 语言：愿意讲述并能清楚地表达。

活动目标

1. 学习品质：能积极主动地参与活动。
2. 知识经验：具备地震的相关知识和自我保护能力。
3. 能力：能清楚地表达自己的想法和感受。

引导要点

1. 引导幼儿学习在地震时如何保护自己。
2. 引导幼儿克服恐慌的心理，提高其自救自护的能力。

活动准备

1. 经验准备。

(1)教师：掌握地震自救的方法。

(2)幼儿：通过网络、报纸等，了解汶川、台湾等地发生过的地震情况；有参与地震逃生演练的生活经验。

2. 物质准备。

地震发生时的视频、地震前后的对比图片、地震逃生的图片及逃生视频。

活动过程

(一)导入：教师以提问形式导入，激发幼儿参与兴趣。(1分钟)

引导语：小朋友们，地球有着强大的力量，能让大地都摇晃，你们知道这是什么现象吗？

(二)观察感知：幼儿观看地震视频，观察、交流地震前后的变化，了解地震是一种自然灾害。(5分钟)

引导语1：刚才我们看到的是什么画面？

引导语2：地震前和地震后有什么不一样？

(三)探索发现：与幼儿一起讨论在园内、家里、户外时应如何避震逃生。(10分钟)

引导语1：在幼儿园发生地震时，应该怎么办？

引导语2：在家里发生地震时，应该怎么办？

引导语3：在户外发生地震时，应该怎么办？

引导语4：这里有地震逃生的图片和视频，请大家看一看、说一说，哪些做法是对的，哪些做法是错的？为什么？

(四)展示表现：幼儿听教师的信号进行地震逃生演练，互相交流逃生的想法。(7分钟)

引导语：参加完地震逃生演练，你的心情怎么样？演练中你是怎样逃生的？

(五)结束：梳理总结正确的地震逃生方法。(2分钟)

引导语：地震发生时不要恐慌，要找到安全的地方躲避，保护好自己的头部。

二、活动反思

通过视频和图片的展示，帮助幼儿了解地震逃生的正确方法。在演练过程中，幼儿能够学习到逃生的方法，完成本次活动的目标。地震前后的两张图片同时出现，更加便于幼儿进行对比观察，发现不同。在活动中，幼儿回答问题的积极性和主动性不强，可能与相关经验不丰富有关。日常可多进行地震逃生演练，也可将地震相关图片放到墙饰上，供幼儿进行观察和了解。在活动开始部分，播放的视频不够清晰，画面较小，不方便幼儿观察。可以播放电视新闻报道地震的真实画面，这样更贴近幼儿生活，易于幼儿理解。

三、设计导读

该活动基于《指南》健康领域“生活习惯与生活能力”中的目标“能主动躲避危险”而设计。活动通过观看图片视频、谈论、演习等多种方式，让幼儿仔细观察、认真讨论、亲身体验，从而使幼儿懂得在发生地震时不要慌张，要到安全的地方躲避。该活动让幼儿了解了地震的基本知识，增强了幼儿的安全意识。

整个活动层层递进，将以往枯燥的安全教育变成了以幼儿为主导的自主探讨和学习，发挥了幼儿的积极性和主动性，最终达成了活动的目标。

活动设计：北京市顺义区怡馨幼儿园　张博飞

设计导读：北京市顺义区教育研究和教师研修中心　祁　静

安全乘坐电梯

一、活动设计

观测点

1. 社会：能遵守基本的行为规范。
2. 语言：认真听并能听懂常用语言。
3. 健康：认识常见的安全标志，并能遵守安全规则。

活动目标

1. 学习品质：能主动参与学习内容的讨论。
2. 知识经验：了解乘坐电梯的基本注意事项，文明乘坐电梯。
3. 能力：认识电梯安全标志，能遵守安全规则。

引导要点

1. 引导幼儿发现乘坐电梯的不文明行为。
2. 帮助幼儿养成文明乘坐电梯的习惯。

活动准备

1. 经验准备。

(1)教师：掌握乘坐电梯的安全知识。

(2)幼儿：有乘坐自动扶梯、厢式升降电梯的经验，知道要和大人一起乘坐电梯。

2. 物质准备。

乘坐电梯安全标志图片若干，幻灯片，彩笔等手工材料若干。

活动过程

(一)导入：出示电梯图片，认识电梯的种类。(3 分钟)

引导语 1：小朋友们，老师带来了一张图片，你们看看这是什么？

引导语 2：你们在哪里见过它，有什么作用？

引导语 3：这两部电梯有什么不同，分别叫什么？

(二)观察感知：出示电梯安全标志，幼儿认真观察并说出标志的意义。(6 分钟)

引导语 1：请小朋友观察电梯安全标志，说说它是什么意思。

引导语 2：请小朋友观察老师手中的图片，说说哪些是安全的，哪些是不安全的。

引导语 3：请小朋友绘制一张提醒大家安全乘坐电梯的图画。

(三)探索发现：幼儿自主设计并分享安全标志。(6 分钟)

引导语 1：请小朋友分享自己设计的安全标志。

引导语 2：有的小朋友还和爸爸妈妈一起制作了安全标志，请小朋友介绍一下。

(四)展示表现：播放动画《电梯里有只大熊》，让幼儿知道一个人乘坐电梯的危险。(5 分钟)

引导语 1：你认为一个人乘坐电梯时会有哪些危险呢？需要注意什么？

引导语 2：有一只红袋鼠独自乘坐电梯，我们一起来看看发生了什么。

(五)结束：教师总结安全乘坐电梯的重要性。(1分钟)

引导语：电梯是我们生活中经常接触到的物品。我们在乘坐的时候要注意：当电梯快要关门时，千万不要强行冲进电梯，不要随便按应急按钮；小朋友不要一个人乘坐电梯。希望我们大家都做一个能安全乘坐电梯的小公民。

二、活动反思

电梯是幼儿生活中常见的物品。幼儿有很丰富的乘坐电梯的经验，但对于乘坐电梯时应注意什么还不是很清楚。为了提升幼儿安全乘坐电梯的意识，特进行此活动。幼儿通过辨别安全乘坐电梯的方法，形成了自己的新经验。教师提供安全与不安全乘坐电梯的图片让幼儿贴到相应的栏内。但这个环节只有个别幼儿有参与的机会，所以可以将其调整为，图片以游戏的方式让全体幼儿进行自主选择，并把它贴在相应的一栏内。这样就没有其他幼儿消极等待的现象了，同时也给了每位幼儿表达想法的机会，活动氛围也会活跃起来。

三、设计导读

本活动选材生活化。近几年，电梯安全问题成为大家关注的焦点。教师依据《幼儿园教育指导纲要(试行)》(以下简称《纲要》)健康领域中要“密切结合幼儿的生活进行安全、营养和保健教育，提高幼儿的自我保护意识和能力”这一教育要求，设计组织了此活动。

活动开展环环相扣。教师设计了认识电梯、辨析乘坐行为、制作安全标志等环节，让幼儿在听故事、动手制作等过程中，学习和探讨有关安全乘坐电梯的方法。

整个活动层层递进，将以往枯燥的安全教育变成了以幼儿为主导的自主探讨和学习，发挥了幼儿的积极性和主动性，最终达成了活动的目标。

活动的开展是为了丰富幼儿的生活经验，提高他们解决生活中实际问题的能力，所以活动将重点放在了让幼儿掌握真实的生活技能上。同时，活动充分利用了幼儿周围的人力资源、物质环境等，拓展了幼儿学习的空间。

活动设计：北京市顺义区金汉绿港幼儿园　贺晓丽

设计导读：北京市顺义区教育研究和教师研修中心　祁　静

第三节　大班——自护

独自在家的日子

一、活动设计

观测点

1. 健康：具有基本的自我保护能力，知道不给陌生人开门。
2. 语言：愿意与他人讨论问题，敢在众人面前说话。
3. 学习品质：能积极主动、认真专注地参与活动。

活动目标

1. 知识经验：知道家里哪些东西是危险的，是不可以接触和玩耍的。

2. 能力：提高安全意识和自我保护能力。

引导要点

1. 帮助幼儿掌握自我保护的方法。

2. 引导幼儿不去做危险的事情。

活动准备

1. 经验准备。

(1)教师：了解幼儿是否有独自在家的情况。

(2)幼儿：知道家长有事外出时，要在家等待，不能随便给陌生人开门。

2. 物质准备。

图片、美工用具。

活动过程

(一)导入：教师请幼儿观察图片，激发幼儿参与的兴趣。(2 分钟)

引导语：图片里的小朋友遇到什么事情了？

(二)观察感知：教师出示图片，引导幼儿集体讨论不给陌生人开门的原因。(5 分钟)

引导语 1：自己独自在家时，如果是你认识的人来敲门，要不要把门打开？

引导语 2：为什么熟悉的人也不能开门呢？

引导语 3：如果只有小朋友一个人在家，不管谁敲门我们都不能随便开门。即便是认识的人也不能开，因为大人来家里找爸爸妈妈有事情，小朋友是不能帮忙解决的，所以还是告诉门外的人“晚上等爸爸妈妈下班再来吧！”这样才是最安全的。

(三)探索发现：教师出示图片，引导幼儿集体讨论独自在家的其他危险。(5 分钟)

引导语 1：不给别人开门是保障我们安全的第一步。其实在家中还有许多物品存在着安全隐患，谁来说一说你独自在家时，哪些物品是不可以随便乱动的？

引导语 2：大家都说得很好，除了小朋友们说的这些家用电器以外，其实还有其他危险因素隐藏在我们身边，谁来说一说？

(四)合作交流：教师引导和鼓励幼儿尝试制订一份独自在家时的计划书。(10 分钟)

引导语 1：我们排除了独自在家的危险。那如果真的独自在家时，我们可以做些什么呢？

引导语 2：既然大家有这么多的事情可以做，那请你把想做的事情画下来，制订一份独自在家时的计划书。

(五)结束：教师引导和鼓励幼儿分享计划书。(5 分钟)

引导语：下面请小组发言人来介绍一下本组的计划书，看看有没有安全隐患存在，大家帮忙发现问题并及时改正。

延伸活动

集体教学活动	区域活动	家园共育
音乐：《不上你的当》	美工区绘画安全提示标志	将安全提示标志贴在明显位置；家长可以安排一次让幼儿短暂独自在家的机会

二、活动反思

大班小朋友随着年龄的增加，独自在家的机会也逐渐增多，教师基于这一现象及幼儿的年龄特点，开展此次活动。幼儿独自在家中的时候，存在较多的安全隐患。教师通过活动和幼儿共同讨论家里有哪些地方是不能碰的，哪些东西是需要小心使用，从而提高幼儿的安全意识。同时，天真、善良是幼儿的本性，在日常生活中容易信任他人，没有防备之心，但是社会是复杂的，在幼儿园开展不随便给别人开门的教育是非常有必要的。如果再次开展这次活动，可以将问题聚焦在独自在家应该如何保护自己，在家可以做什么事情上面。

三、设计导读

该活动基于《指南》健康领域“具备基本的安全知识和自我保护能力”的目标要求而设计，通过结合大班幼儿“合作化的共同学习”的学习特点，同伴之间分享自己的计划书，帮助幼儿建立自我保护的意识。活动过程中，教师借助幼儿已有生活经验，追随幼儿的思维，引导幼儿自己思考、自己发现、自己解决问题；幼儿借助同伴之间的相互学习模式，提升生活经验，懂得一些必要的安全常识，并以做一份独自在家时的计划书形式培养幼儿的自理能力。

活动设计：北京市顺义区石园北区幼儿园　郭亚静

设计导读：北京市顺义区教育研究和教师研修中心　祁　静

冬天我最棒

一、活动设计

观测点

1. 健康：能够养成良好的生活与卫生习惯。
2. 语言：能清楚地表达自己的想法，敢在众人面前说话。
3. 学习品质：能主动参与并对活动感兴趣。

活动目标

1. 学习品质：能够积极主动地找出预防传染病的措施。
2. 知识经验：知道常见传染病的传播途径。
3. 能力：能说出常见传染病的预防措施。

引导要点

1. 引导幼儿学习常见传染病的预防措施。
2. 引导幼儿养成良好的卫生习惯。

活动准备

1. 经验准备。

(1)教师：知道常见的幼儿传染病的相关知识。

(2)幼儿：知道常见的传染病有哪些。

2. 物质准备。

有关常见传染病预防的视频，白纸4张，水彩笔4支。

活动过程

(一)导入：教师打电话慰问生病的幼儿，激发幼儿活动的兴趣。(2分钟)

引导语：小朋友们，咱们班张小小一直没来幼儿园，你们知道他怎么了吗？我们打电话问一问吧！

(二)观察感知：教师播放常见传染病预防的视频，请幼儿带着问题观看视频，丰富幼儿对传染病的认知。(3分钟)

引导语1：你们知道的传染病有哪些呢？

引导语2：这些传染病是怎样传播给他人的？我们可以怎么预防传染病呢？

(三)探索发现：教师引导幼儿分组交流讨论，根据传染病的传播途径找出相应的预防措施。(8分钟)

引导语：我们刚刚学习了预防传染病的知识，可是怎样才能让更多的人知道呢？请幼儿分组将传染病预防办法记录下来。

(四)合作交流：教师请幼儿将传染病预防记录进行分享。(8分钟)

引导语：小朋友想出了这么多的办法，现在请你将这些办法与其他小朋友分享。

(五)结束：教师总结，结束活动。(1～2分钟)

引导语：今天小朋友们都很厉害，不仅知道了传染病的传播途径，还知道了要勤洗手、多喝水、常通风、晒衣被、多锻炼、种疫苗，还把这些方法告诉了更多的人。你们是最棒的！

注意事项

提醒幼儿注意在园的生活卫生习惯。

延伸活动

集体教学活动	区域活动	一日生活	家园共育
音乐：《一起来运动》 故事：《天冷也要锻炼身体》	图书区：阅读“健康的习惯”系列丛书	关注幼儿的盥洗环节，引导幼儿关注幼儿园里的预防传染病的措施	亲子共读：《好习惯从小养成》 培养幼儿良好的卫生习惯

二、活动反思

冬季是传染病的高发期，教师通过与幼儿讨论传染病的来源、传播途径及预防方式等，引导幼儿了解传染病并通过多种方式预防传染病，保护自己不生病。大部分幼儿都能达成活动目标。在幼儿分享时，可以引导幼儿进行大致分类，如生活卫生方面，要勤洗手、多喝水、勤换衣服、晾晒被褥等；运动防护方面，要多做体育运动、注意运动卫生等；医学防护方面，要接种疫苗；饮食方面，要多吃水果蔬菜等；出行方面，要少去人多的地方等。

三、设计导读

该活动基于《指南》健康领域“具有一定的适应能力”中的“天气变化时较少感冒”的目标要求而设计。通过观看视频，活动丰富了幼儿对传染病的认知。幼儿分组讨论的活动形式，使幼儿知道了常见传染病的传播途径。幼儿能说出常见传染病的预防措施，积极主动地预防传染病。

活动设计：北京市顺义区石园北区幼儿园　牛　牧

设计导读：北京市顺义区教育研究和教师研修中心　祁　静

着火了，怎么办？

一、活动设计

观测点

1. 健康：具备初步的自我保护意识和能力，知道一些基本的防灾知识。

2. 语言：愿意讲话并能清楚地表达。

3. 学习品质：能积极主动地参与活动。

活动目标

1. 学习品质：主动学习火灾时自我保护的方法，增强防火意识。

2. 知识经验：知道火警电话“119”，了解火灾发生的几种原因，知道生活中不能玩火。

3. 能力：掌握几种火场逃生的方法。

引导要点

1. 引导幼儿了解火灾发生的原因，知道火警电话“119”，并会正确拨打。

2. 引导幼儿掌握几种火场逃生的方法。

活动准备

1. 经验准备。

(1)教师：熟练掌握几种火场逃生的方法。

(2)幼儿：认识常见的消防标志，消防演习时能有序撤离。

2. 物质准备。

火灾视频、水盆3个、毛巾、模拟电话、PPT课件。

活动过程

(一)导入：播放火灾视频，引出活动主题。(3分钟)

引导语1：小朋友们看看视频中发生了什么事情。

引导语2：小朋友们想一想，在什么情况下会发生火灾。

(二)观察感知：教师引导幼儿正确拨打火警电话。(5分钟)

引导语1：如果发生火灾，你会怎样做？

引导语 2：你知道怎么正确地拨打火警电话吗？

引导语 3：请你用模拟电话来拨打“119”。注意声音要沉着、冷静，清楚、快速，说出发生火灾具体地址、姓名和电话。

(三)探索发现：组织幼儿寻找消防标志和消防器材。(15 分钟)

引导语 1：请小朋友们在活动室、楼道寻找消防标志和消防器械，并进行交流。

引导语 2：老师已经将小朋友们的活动过程进行拍照，请你根据照片说一说在那儿找到了什么。

引导语 3：请小朋友们观看你们和爸爸妈妈在公共场所寻找到的标志，并说说这些标志的作用。

(四)展示表现：播放火灾警报，组织幼儿进行防火、自护演习。(3 分钟)

引导语：着火了，快跟着老师迅速撤离。

(五)结束：教师总结提升。

引导语：刚才小朋友们听到火灾警报，能快速逃离现场。请你们回家后，和爸爸妈妈分享今天学到的自护本领吧。

二、活动反思

本活动通过观看视频的方式使幼儿了解了火警电话“119”，以及火灾发生的几种原因，并知道了生活中不能玩火，同时掌握了几种火场逃生的方法和技能。由于幼儿园定期组织这种类型的消防演习，如果重新组织这次活动，可以将其调整到 11 月，并请幼儿开展情境表演活动。可请幼儿先做，再结合情境表演情况开展相应的讨论和交流。

三、设计导读

本活动基于《指南》健康领域“具备基本的安全保护和自我保护能力”中的“知道一些基本的防灾知识”的目标要求而设计。活动的内容和主题贴近幼儿生活，实用性强。各环节设计巧妙，环环相扣。通过视频直观学习的方式，幼儿了解了火灾原因和火灾的危害，掌握了拨打“119”进行报警的方法。活动通过交流分享消防标志及消防器材的使用方法，增强了幼儿自我保护的能力。通过实战环节，巩固幼儿的防灾技能。

活动设计：北京市顺义区后沙峪第一幼儿园　白　茹
设计导读：北京市顺义区后沙峪第一幼儿园　白　菊

食品袋上的秘密

一、活动设计

观测点

1. 健康：具有良好的生活与卫生习惯。
2. 科学：具有初步的探究能力，能够认真观察和比较事物。
3. 学习品质：能主动参与探究活动。

活动目标

1. 学习品质：能主动参与探究，积极参与讨论。
2. 知识经验：知道食品袋上标有保质期，不同食品的保质期不同，不能吃过期食品。

3. 能力：能够将食品袋上的生产日期和保质期记录在表上，并按照保质期从短到长进行排序。

引导要点

1. 引导幼儿观察食品包装袋上的保质期，引导幼儿发现不同食品的保质期不同。

2. 引导幼儿不吃过期食品。

活动准备

1. 经验准备。

(1)教师：掌握判断食品保质期的方法。

(2)幼儿：能够认识食品的生产日期。

2. 物质准备。

不同种类的食品包装袋、记录表、笔、音频、图片。

活动过程

(一)导入：教师播放音频，引出主题，激发幼儿思考。(2分钟)

引导语1：你们知道图片上的小朋友为什么肚子疼吗？我们来听一听，说一说。

引导语2：今天我们就来了解一下食品的保质期吧。

(二)观察感知：教师引导幼儿观察发现食品包装上的“秘密”。(3分钟)

引导语：请小朋友们仔细观察食品包装袋上的生产日期和保质期。

(三)探索发现：教师和幼儿一起找找不同食品的保质期并记录。(10分钟)

引导语：老师有一张表格，上面有姓名、食品、生产日期和保质期。现在请你们来做“食品检察官”。每个小朋友找到你拿到的食物包装袋上的保质期，并记录在表格里。

(四)合作交流：引导幼儿根据表格内容，将食品保质期从短到长进行排序并分享。(10分钟)

引导语1：请各小组将记录表中的食品保质期从短到长进行排序。

引导语2：请小组代表分享检查结果。哪种食物的保质期比较长，是多长时间？哪种食物的保质期比较短，是多长时间？

(五)结束：教师提醒幼儿注意饮食安全。(2分钟)

引导语：今天我们发现了不同的食品保质期是不一样的。保质期时间短的食物存放的时间短，所以我们就应该尽快把它吃完。

二、活动反思

通过此次活动，大班幼儿了解到不同食品的保质期是不同的。通过把不同食品的保质期记录下来，观察对比其不同，幼儿知道了应该尽快吃完保质期短的食品。同时，幼儿能够按照不同食品的保质期从短到长的顺序进行排序，活动目标基本达成。这一活动还可以根据不同食物保质期的长短，简单梳理哪种类型的食品保质期较长，哪些类型的保质期较短；引导幼儿在生活中买东西时，应注意先看食物是否在保质期内。

三、设计导读

本活动基于《指南》健康领域“具有良好的生活与卫生习惯”的目标要求而设计。活动引导幼儿通过观察，找到食品生产日期和保质期，探索藏在食品袋上的“秘密”。通过将食品袋上的生产日期和保质期记录在表格上，按照保质期从短到长进行排序等环节，幼儿能知道不同食品的保质时间是不同的。活动培养了幼儿观察比较事物的能力，引导幼儿知道了不能吃过期的食品。

活动设计：北京市顺义区馨港幼儿园　田佳琪

设计导读：北京市顺义区教育研究和教师研修中心　祁　静

第二章　体　育

第一节　小班——体育

好玩的球

一、活动设计

观测点

1. 健康：动作协调、灵敏。
2. 科学：具有初步的探究能力，能够尝试球的多种玩法。
3. 学习品质：在游戏中敢于探究和尝试。

活动目标

1. 学习品质：喜欢玩球，体验玩球带来的乐趣。
2. 知识经验：感知、探索球的多种玩法。
3. 能力：在玩球的过程中，尝试用拍、抛、滚等方式玩球。

引导要点

1. 引导幼儿参与玩球游戏。
2. 引导幼儿自主探索球的多种玩法。

活动准备

1. 经验准备。

(1)教师：了解小班幼儿年龄特点；知道球的多种玩法。

(2)幼儿：玩过球，对球有初步的感知。

2. 物质准备。

(1)不同大小、颜色的球若干个。

(2)音乐《我的身体》《小孩小孩真爱玩》。

(3)不同颜色的球筐(箱子)。

(4)其他辅材。

活动过程

(一)导入：谜语引发活动主题。(2 分钟)

1. 热身准备：播放音乐《我的身体》进行游戏前的热身。

引导语：小朋友们，让我们听音乐做动作，身体活动起来吧！

2. 用谜语导入。

引导语 1：今天有位小客人要和我们一块儿玩，猜猜它是谁。“小肚皮，圆又圆；拍一拍，跳一跳；踢一踢，跑得远。”

引导语 2：对，是大皮球！你们都是爱动脑筋的孩子！

(二)感知体验：出示 3 种颜色的球，支持幼儿选择并探索球的多种玩法。(5 分钟)

引导语 1：看，大皮球来了。今天，老师请来了 3 种颜色的球宝宝，你最喜欢和谁做游戏，就去它家把它请出来，和它一起玩游戏吧！

引导语 2：请你和大皮球玩一玩。

(三)模仿探索：教师出示球，运用儿歌的形式启发幼儿说出球的玩法，引导幼儿模仿学习。(5 分钟)

引导语 1：大皮球，圆又圆，拍一拍，跳一跳。轻轻拍，跳得低；重重拍，跳得高。

引导语 2：大皮球，圆又圆，推一推，跑一跑。轻轻推，跑得慢(近)；重重推，跑得快(远)。

(四)自由表现。(2 分钟)

引导语：请你和大皮球玩一玩。

(五)结束：教师总结评价、以游戏“送球宝宝回家”结束活动，并以儿歌《小孩小孩真爱玩》进行放松活动。(1 分钟)

引导语 1：孩子们，今天你们想出许多玩球的方法，不仅会拍球和抛球，而且会自己滚球、夹球……现在小朋友和球宝宝都累了，我们把球宝宝送回家吧(见图 2-1)。

引导语 2：小朋友们，今天我们和球宝宝玩得很开心，让我们带着快乐的心情唱着儿歌放松一下身体吧！

图 2-1　游戏“送球宝宝回家”

注意事项

注意幼儿玩球过程中的冲突处理和安全问题。

延伸活动

集体教学活动	区域活动	一日生活	家园共育
科学：“圆形大变身”“滚动的球” 健康：“球与器材之间发生的好玩的事”	益智区：“圆形大变身” 美工区：“毛毛虫爬爬爬”	寻找生活中的球形物品	与家长分享玩球的方法和感受

二、活动反思

该教学活动中，教师通过运用游戏情境和生活化的游戏材料，对户外场地设计、材料摆放进行了构思。运用幼儿生活活动中常见的材料：主材——皮球；辅材——曲棍球棒、球拍、报纸棍、彩色石头、平衡木等，为幼儿在宽松的氛围内自由探索提供了环境，发挥了幼儿活动的主体作用。教师在活动中能根据幼儿的活动情况及时进行引导及调整，以活动的引导者、合作者等不同的身份参与活动，语言生动活泼，动作夸张，能激发幼儿参与活动的积极性。幼儿在活动过程中的模仿探索环节情绪高涨，尝试探索球的不同玩法。在开放的氛围中，幼儿用拍球、抛球、踢球、转球、两人合作传球等多种方法进行玩球；幼儿能主动与同伴交流分享、和教师合作玩球、勇敢地表达玩球的不同玩法。幼儿的控球能力有强有弱，在以后组织此类活动时，难点突破方面要注意采取由易到难逐步推进的方法，针对不同幼儿采取不同的支持策略。

三、设计导读

基于小班幼儿喜欢玩球的现状，结合幼儿的学习特点，本活动运用游戏情境、生活化的游戏材料，激发幼儿探索球的多种玩法。玩球游戏可以满足幼儿的兴趣，提高幼儿参与体育活动的积极性，促进幼儿神经系统对肌肉的控制与调节、视觉与大肌肉动作的协调。该活动能在宽松、愉悦的活动氛围中启发幼儿积极探究，尝试体验拍球、抛球、踢球、转球、滚球等多种玩法，锻炼手眼协调能力、反应能力以及手指的灵活性。

活动设计：北京市顺义区馨港幼儿园　杜　妍

设计导读：北京市顺义区后沙峪第一幼儿园　白　菊

小蚂蚁运粮

一、活动设计

观测点

1. 健康：能够手脚着地、自然协调地向前爬。
2. 社会：能够遵守游戏规则。
3. 学习品质：能在活动中积极主动，并能坚持完成任务。

活动目标

1. 学习品质：喜欢参与体育活动，体验手脚着地爬带来的快乐。
2. 知识经验：学习手脚着地爬的基本动作。
3. 能力：能完成任务要求，并进行有序的爬行。

引导要点

1. 创设游戏情境引导幼儿手脚着地爬。
2. 引导幼儿根据游戏规则进行有序的爬行。

活动准备

1. 经验准备。

(1)教师：了解幼儿爬行的已有经验。

(2)幼儿：幼儿对小蚂蚁的特点及生活习性有初步了解。

2. 物质准备。

(1)海洋球、小筐 3 个、轮胎、单杠。

(2)由垫子铺成的 3 条不同难度的小路。

学习品质培养关键在过程

活动过程

(一)导入：教师以蚂蚁妈妈带着蚂蚁宝宝去散步的情境自然引入。(2分钟)

引导语1：宝宝们，冬天到了，我们要开始把粮食储存到家里，准备过冬了！你们就随妈妈一起外出找粮食吧。

引导语2：我们先活动活动身体，好有力气搬粮食。

幼儿和教师一起做热身活动。(重点活动手腕、脚腕及颈部等部位)

(二)感知体验：教师准备了3条不同的小路，请幼儿观察。(3分钟)

引导语：去找粮食一共有3条路，小蚂蚁，你想选哪一条呢？

小路1：单杠下用垫子铺成的小路。

小路2：高低不同的垫子铺成的小路。

小路3：平坦的垫子铺成的小路。

(三)模仿探索：幼儿探索不同的小路。教师引导幼儿大胆尝试，引导幼儿使用手脚着地爬的方法，可以侧着爬、倒着爬。(5～7分钟)

引导语1：选择你们喜欢的小路去试一试吧。

引导语2：小蚂蚁×××运粮的方法和大家都不一样，我们一起看看他是怎么做的。

引导语3：×××是怎么过的小路？

引导语4：原来他是用手脚着地，膝盖离开地，仰头向前看，快速向前爬。大家也试试他的方法吧。

引导语5：除了手脚着地向前爬，还可以怎么爬？

(四)自由表现：以小蚂蚁运粮食的游戏情境引导幼儿参与游戏。(5分钟)

引导语：现在我们像小蚂蚁一样手脚着地爬过去，一个一个爬过去，用我们的"小触角"(两个手指)告诉后边的伙伴哪里有食物，顺便给好朋友加加油。被后面的小蚂蚁的小触角碰一下，就可以出发了。

游戏规则：

(1)小蚂蚁手脚着地爬。

(2)小蚂蚁一个一个地爬。

(3)每只小蚂蚁每次只能运一颗豆子。

(4)返回时可以尝试不同的道路。

(5)模仿小蚂蚁的情境放松，扭一扭身体，放松一下。

(五)结束：与幼儿简单地交流游戏内容，做放松活动，自然结束。(2分钟)

引导语：今天我们的小蚂蚁特别棒！搬了很多粮食。让我们动一动身体，扭一扭，放松一下。

二、活动反思

教师能够根据小班幼儿的年龄特点创设幼儿感兴趣的小蚂蚁运粮食的情境，铺设不同的小路，让幼儿进行选择、探索和尝试。整个活动幼儿的参与积极性较高，教师能在活动过程中，引导幼儿掌握手脚爬行的技能，难度层层递进，让幼儿循序渐进地掌握动作。在活动过程中，大部分幼儿都能掌握手脚爬行的动作要领，但是教师忽略了个别幼儿，没能及时去关注他们。在以后组织活动中，教师要兼顾不同幼儿的反应，可以适当调整和改变预设活动方案，促进每个幼儿的健康发展。

三、设计导读

该活动旨在促进小班幼儿在健康领域中身体协调、平衡能力的发展，提高幼儿的大肌肉运动能力。整节活动通过“小蚂蚁爬行送粮食”的情境创设，引导幼儿领会手脚着地爬的动作要领，并通过铺设不同的“小路”，让幼儿自主探索和练习手脚爬的动作。在不同层次的游戏设计中锻炼幼儿腿部大肌肉动作，训练幼儿的平衡能力。同时，通过“触角”接力游戏规则的设置，让幼儿在体育游戏中进一步具备游戏规则意识。

活动设计：北京市顺义区西辛幼儿园　曾立明

设计导读：北京市顺义区建南幼儿园　阿森羽

小青蛙跳荷叶

一、活动设计

观测点

1. 健康：具有一定的力量和耐力。
2. 社会：喜欢参加户外体育活动。
3. 学习品质：能在游戏中保持认真专注并能坚持完成任务。

活动目标

1. 学习品质：喜欢参与跳荷叶的游戏，体验群体游戏带来的快乐。
2. 知识经验：学习立定跳远的正确方法。(双臂前后摆动，屈膝)
3. 能力：学会立定跳远。

引导要点

引导幼儿练习、掌握立定跳远的动作要领进行跳跃游戏。

活动准备

1. 经验准备。

(1)教师：了解小班幼儿的发展特点；掌握立定跳远的动作要领。

(2)幼儿：做过《小青蛙》模仿操，玩过跳跃游戏。

2. 物质准备。

溜溜布、呼啦圈等。

活动过程

(一)导入：游戏导入，引起兴趣。(2分钟)

教师播放儿歌《小青蛙》引起幼儿兴趣。

引导语：今天青蛙妈妈带着小青蛙学习一首好玩的儿歌。当青蛙妈妈说完跳跳，小朋友要一边说呱呱，一边做出小青蛙跳的动作，“一只小青蛙，要呀要回家，跳跳——呱呱，跳跳——呱呱，跳跳跳——呱呱呱，跳跳跳——呱呱呱，小青蛙回到家”。

教师第二次播放儿歌《小青蛙》时，提示幼儿小青蛙回到家的时候要蹲起向上跳。

(二)感知体验：探索玩法。(3分钟)

“过河”游戏：幼儿学习立定跳远的动作要领。

引导语1：青蛙妈妈今天带宝宝们去朋友家做客，看你们穿得多漂亮！今天一定不能游泳啊，不然衣服会湿的。

引导语2：小青蛙们要跟着妈妈一起跳过这条小河了。在跳的时候，一定要注意不要掉到河里啊。

(三)模仿探索：幼儿进行模仿和练习。(5分钟)

幼儿尝试自己练习，教师引导幼儿前后摆臂，两腿向下弯曲。

引导语：你们觉得刚才哪只“小青蛙”跳得远？你们一定发现了，跳得远的“小青蛙”双腿弯曲，手臂摆向身体的前方。准备跳的时候身体下蹲，双臂向后甩双脚用力一蹬，身体向前跳。

(四)自由表现：比比谁跳得轻、跳得远。(2分钟)

根据幼儿的活动情况，改变“荷叶”的间距。

引导语：看看我们小朋友谁可以挑战距离最远的荷叶？

(五)结束：放松运动，结束活动。(1分钟)

教师与幼儿一起进行脚拍地游戏。

引导语：我们一起来玩一个小游戏进行小腿放松。当老师说“123，起立”的时候看看哪只小青蛙最先站直。

注意事项

做好准备活动，避免幼儿拉伤。

延伸活动

集体教学活动	区域活动	一日生活	家园共育
音乐： 1. 学习歌曲《小青蛙》 2. 打击乐，为《小青蛙》伴奏	表演区： 1. 投放打击乐器 2. 投放绘本剧《小蝌蚪找妈妈》的头饰	过渡环节：锻炼上下肢动作协调的律动。比如，《螃蟹操》	将活动视频分享给家长，家长可以和孩子在家里进行游戏

二、活动反思

本节活动的设计与组织充分考虑了小班幼儿的年龄特点，为幼儿创设了喜欢的游戏情境，以“小青蛙跳荷叶”的情境贯穿始终，每个环节充分给予幼儿自主探索的时间和空间，使幼儿自然而然地进入情境，始终处于积极主动的学习状态之中。活动的导入是幼儿比较喜欢的音乐，这样既可达到体育活动之前的热身运动的目的，又使活动开始于一种轻松、活泼有趣的氛围中，提高了幼儿对参与体育活动的兴趣。新授内容层次清晰，由易到难，大部分幼儿轻松完成了本节活动目标。在以后的教学活动中，教师还要关注个别幼儿的指导，给予特殊幼儿进一步支持；在准备材料的时候提前考虑不同层次幼儿的需求，使幼儿健康成长。

三、设计导读

本活动根据小班幼儿腿部力量弱和协调性差的年龄特点，设计了“小青蛙跳荷叶”的集体体育游戏，来发展幼儿立定跳远的能力。整个活动设计情境化，材料简单实用，用溜溜布和呼啦圈做材料，环节递进，层次清晰。教师用幼儿喜爱的小动物——小青蛙贯穿游戏，并用幼儿熟悉的儿歌《小青蛙》设计了热身游戏，从而激发幼儿的游戏兴趣。感知环节以“蓝色溜溜布”为小河，给予幼儿充分的自主探索机会，让幼儿自主“跳小河”，自我感知跳的动作。通过此活动幼儿学习了立定跳远的动作要领，发展了跳跃能力。

活动设计：北京市顺义区石园北区幼儿园　于　溪

设计导读：北京市顺义区石园北区幼儿园　孙海英

动物运动会

一、活动设计

观测点

1. 健康：能够运用多种动作参与游戏。

2. 社会：喜欢参加群体活动。

3. 学习品质：能积极主动地参与活动；在活动中乐于探究，不怕困难。

活动目标

1. 学习品质：喜欢参加体育活动，能在多种运动游戏中体验快乐。

2. 知识经验：学习在集体活动中自由选择同伴和运动方式进行游戏。

3. 能力：能够借助相应的玩具器材进行基本的双脚连续跳、手脚爬和平衡走等多种动作的练习。

引导要点

1. 引导幼儿正确地进行各种动作的练习。

2. 运用奖励机制，激发幼儿积极地参与游戏。

活动准备

1. 经验准备。

(1)教师：掌握双脚连续跳、手脚爬、平衡走的基本动作要领。

(2)幼儿：练习过双脚连续跳、手脚爬、平衡走的动作；愿意与同伴一起参加活动。

2. 物质准备。

口哨 1 个、呼啦圈 18 个、软垫 6 块或 9 块、长木板 3 块、轮胎 6 个、奖杯贴纸若干。

活动过程

(一)导入：为运动会做准备。(2 分钟)

引导语：森林里要召开动物运动会啦！小动物想邀请你们一起参加，你们愿意吗？森林之王说运动项目有很多，小动物们要学会各种本领，我们也要和小动物一起学本领。你们准备好了吗？

(二)感知体验：互动游戏“出来了出来了”。(3 分钟)

带班教师与幼儿互动进行活动前的热身，同时尝试模仿各种动物的动作。

引导语：我们要开运动会啦！小动物们都要做好运动前的准备，我们一起来学一学本领吧！

师：“出来了出来了。”

幼：“什么动物出来了？”

师：“兔子兔子出来了。”

师幼：模仿小兔子双脚连续跳(小狗、蚂蚁的动作)……(尝试不同小动物的动作)

(三)模仿探索：理解比赛规则，并进行尝试。(5～7 分钟)

场地分别摆放几种器械：呼啦圈、长木板、轮胎，并铺设软垫。幼儿自主选择进行探索。

引导语 1：今天准备了 3 种运动项目(见图 2-2)，有小兔子的本领(跳)，有小狗的本领(走)，还有小蚂蚁的本领(爬)，请你自己选择不同的本领来试一试。

幼儿进行自主探索。

引导语 2：请你向大家说说并表演一下你刚刚练习的本领。

教师倾听幼儿表述，重复或强调运动方式及动作要领。

(四)自由表现：运动会开始。(2 分钟)

引导幼儿进行比赛。队与队之间进行平行游戏，尽量让队里的幼儿有一定间隔地上场，不要紧挨着，也不要拉开太远距离，否则会造成幼儿的消极等待。

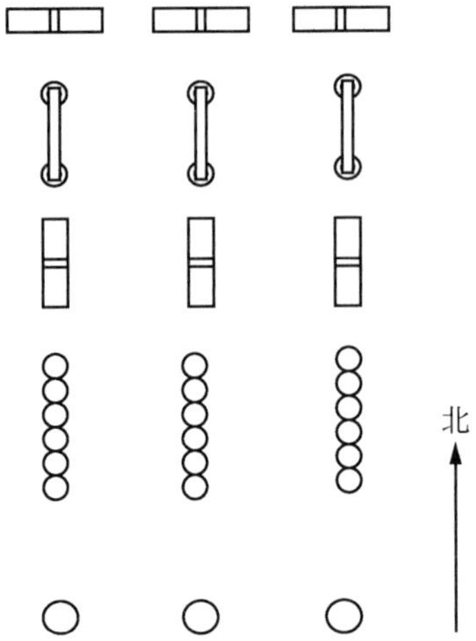

图 2-2　运动会项目

引导语 1：运动会要正式开始啦！我是裁判。我先邀请三位动物队长站到呼啦圈里，其他小动物可以自己选择一队站好！现在开始分组排队……

引导语 2：运动会上大家都要遵守规则，排队等待不拥挤，保护自己最重要。听到哨声再出发，到达终点后坐在垫子上，给后面的好朋友加油，奖杯贴纸会送给坚持、勇敢的小动物！

教师进行整体动作示范。

引导语3：你们准备好了吗？预备——开始(吹哨)。

教师间隔5秒左右重复吹哨提示下一组幼儿出发。

(五)结束：放松身体、收整材料，活动结束。(2分钟)

引导语：颁奖仪式现在开始，请全体小朋友起立，现在为大家颁发“奖杯”！

注意事项

幼儿活动前的情绪调动非常重要，教师可以有针对性地进行情境创设。

延伸活动

集体教学活动	区域活动	一日生活	家园共育
绘本故事：《谁是第一》	班级开设运动区角活动(投放适宜跳、爬等运动的材料)	倡议书：和幼儿一起走进大自然；亲子游戏“猫和老鼠”	组织开展班级运动会、年级组运动会、亲子运动会

二、活动反思

本节活动中，教师语言生动、动作夸张，结合小班幼儿年龄特点开展了集体教学活动。活动的各个环节自然过渡。活动结合小班幼儿双脚连续向前跳、手脚爬和走平衡探索木的动作要领，把主动权交给幼儿，让幼儿积极主动地去探索，让他们选择自己喜欢的朋友和路线。教师作为观察者和合作者参与幼儿游戏，示范动作，用自己欢快的情绪去感染每一名幼儿。最后采用个别练习和比赛的形式完成本次教学活动的目标。以后在组织活动时，教师要考虑幼儿差异，在准备材料、个别指导等方面要有所考量，促进幼儿的发展。

三、设计导读

该活动通过“动物运动会”的情境创设，带领幼儿通过模仿小兔跳、小狗走和小蚂蚁爬，进行双脚连续跳、手脚爬和平衡走的锻炼。在活动中，教师始终围绕游戏情境，引导幼儿模仿3种小动物的动作，并给予幼儿充分探索动作要领的时间。最后以比赛的形式，激发幼儿参与活动的热情，让幼儿在活动中充分锻炼了身体的各个部位。幼儿在活动中始终兴趣浓厚，积极参与。

活动设计：北京市顺义区石园北区幼儿园　郭亚静

设计导读：北京市顺义区建南幼儿园　阿森羽

第二节　中班——体育

四季占圈

一、活动设计

观测点

1. 健康：具有一定平衡能力、动作协调灵敏。

2. 社会：能与同伴友好相处，并能与同伴一起游戏。

3. 学习品质：能够积极主动参与体育游戏。

活动目标

1. 学习品质：能积极主动地参与活动，体验与同伴活动的乐趣。

2. 知识经验：理解并能够按照规则开展游戏。

3. 能力：能够按照指令变向跑，具有初步的躲闪、控制能力。

引导要点

1. 不断变换口令，引导幼儿多次练习变向跑。

2. 鼓励幼儿按照规则愉快、主动地参与游戏。

活动准备

1. 经验准备。

(1)教师：掌握四季占圈游戏的规则。

(2)幼儿：会唱《位置歌》，有变向跑的经验，知道四季对应的颜色。

2. 物质准备。

对应四季颜色的呼啦圈(同幼儿人数)、热身音乐、放松音乐等。

活动过程

(一)导入：教师带领幼儿手持呼啦圈做身体各部位的活动——热身活动。(重点进行下肢活动)。(2～3 分钟)

引导语：小朋友们，跟着老师拿着呼啦圈一起动起来。(播放音乐)

(二)观察感知：看一看，观察游戏场景。(3 分钟)

引导语 1：小朋友们，看地面上有几种颜色的呼啦圈？如果每种颜色代表一个季节，请你说说每种颜色代表什么季节。

引导语 2：每个人选择一个喜欢的季节，站到圈里。

(三)探索发现：听指令开展变向跑游戏。(10～12 分钟)

游戏一：四季占圈的玩法。

引导语 1：我们来玩一个“四季占圈”的游戏。小朋友们站在自己的圈里唱《位置歌》。当说到最后一句“要轮换时”，小朋友们跟着老师顺着一个方向跑起来；当老师发出指令说到哪个季节时，那个季节的小朋友快速跑回圈里，其他季节的小朋友站在圈外。注意跑时要保护自己不受伤，也要注意躲闪其他的小朋友，不要使别人受伤。

引导语 2：现在我们马上要开始游戏啦！请小朋友记住自己的季节，并认真听老师发出的指令。(游戏中教师根据幼儿的游戏情况提示规则与注意事项)

引导语 3：请小朋友换一个其他的季节，我们再来玩一次。(可以根据幼儿情况反复游戏)

游戏二：幼儿自主摆圈的玩法。

引导语：请小朋友把呼啦圈摆在操场上(规定区域)自己喜欢的位置。摆好后，选一个圈站好，并记住自己的季节。(游戏玩法同游戏一，圈外跑动时，幼儿自主跑，注意不要撞到别人)

(四)展示表现：减少圈的数量，继续挑战变向跑游戏。(5分钟)

游戏规则：呼啦圈数减少到每两位小朋友一个圈。

引导语：现在请小朋友找到一个好朋友，两个人一组，一起商量选择一个季节；然后将呼啦圈摆到自己喜欢的位置(规定区域)，在圈内站好。开始游戏时，听到口令后，两个小朋友便一起跑到圈里。(根据幼儿游戏情况增加游戏次数，或继续减少圈的数量)

(五)结束：放松活动(2～3分钟)

听音乐做放松活动(重点放松下肢)。

注意事项

1. 导入部分要保证幼儿充分热身，避免受伤。
2. 提醒幼儿记住自己的季节名称。
3. 提醒幼儿朝一个方向跑，变向跑时注意躲闪。

延伸活动

集体教学活动	户外活动	一日生活	家园共育
	换一首儿歌，用新的口令来玩游戏		家长和幼儿在家可以玩这个游戏

附录

位置歌

春夏秋冬有四季，东南西北有四方；
地球绕着太阳转，一年四季要轮换。

二、活动反思

本节活动源于幼儿的生活经验，将四季的轮换融入幼儿体育游戏中。教师运用儿歌的提示取代口号的指令性语言，更符合幼儿的学习与理解方式，突出了游戏性。设计的活动巧妙且带有教师的思考。比如，游戏的难度循序渐进，先按照一定的方向跑，待幼儿熟悉规则和安全事项后调整为四散跑。圈固定的方式也体现了幼儿自主参与设计的主体性。在幼儿最初接触游戏玩法时，教师用讲解示范的方式为幼儿展示如何进行游戏以及遵守的规则和注意事项等内容。中班幼儿能够主动参与到游戏活动中，并且能够产生与同伴的合作意愿。幼儿参与活动的积极性较高，但教师的示范技巧有待提高，应方便幼儿全方位地直观观察，发挥配课教师的价值，而不仅仅是维持秩序。

三、设计导读

该活动是基于中班幼儿在健康领域的动作发展特点而设计的。4～5岁幼儿大肌肉发育较为迅速，动作发展明显飞跃。“四季站圈”游戏，通过引导幼儿按照指令变向跑，以及调整圈的距离和数量等方式，提高了游戏的难度，增强了幼儿的运动量，促进了幼儿的躲闪和控制能力的发展，提高了幼儿动作的协调性和灵敏度，同时还在游戏中有效地培养了幼儿专注听口令、遵守游戏规则、协调合作的学习品质。

活动设计：北京市顺义区裕龙二区幼儿园　田玲玲
设计导读：北京市顺义区裕龙二区幼儿园　霍东娜

向前冲——创意玩圈

一、活动设计

观测点

1. 健康：具有一定的平衡能力、动作协调灵敏。

2. 科学：能动手动脑探索物体和材料，并乐在其中。

3. 学习品质：能积极主动参与活动，乐于探究。

活动目标

1. 学习品质：能积极主动地参与活动，体验一物多玩的快乐。

2. 知识经验：探索圈的多种玩法，体验不同跳跃方法。

3. 能力：能灵活控制身体，有一定的协调性。

引导要点

引导幼儿探索圈的多种玩法，体验不同跳跃方法。

活动准备

1. 经验准备。

(1)教师：充分探索圈的玩法，熟悉圈操，有单脚或双脚连续跳、左右脚交替跳、左右行进跳、左右脚开合跳等的经验。

(2)幼儿：有玩圈的经验、有跳跃的经验。

2. 物质准备。

呼啦圈每人一两个、音响、动感音乐。

活动过程

(一)导入：活动身体，激发幼儿参与的兴趣。(2 分钟)

引导语：小司机们，拿起你们的方向盘，和我一起开着汽车出发吧！

教师带领幼儿做圈操。

(二)观察感知：提供材料，自主探索。(5 分钟)

1. 幼儿探索多种玩圈的方法，自主尝试，教师巡视、观察。

引导语：这个圈还可以怎么玩？要动脑筋想出不一样的玩法，自己来试一试。

2. 教师邀请幼儿分享展示各种玩圈的方法。

引导语：大家想出了很多玩圈的方法，谁想给大家展示一下你的玩法？

(三)探索发现：自由结伴，利用圈的不同摆法探索多种跳跃方法。(10 分钟)

幼儿自由结伴，将圈摆成各种图案，尝试多种跳跃方法。教师观察幼儿的不同跳法，亲自体验尝试，从而激发幼儿的学习兴趣。

(四)展示表现：各组幼儿展示不同的跳跃方法，同伴间分享交流与体验。(5～6 分钟)

引导语 1：你们真棒，和朋友一起想出了这么多跳的方法，我们一起来看一看。

引导语 2：选择你喜欢的跳跃方法，去你喜欢的其他组尝试一下。

(五)结束：游戏结束，放松身体，调整呼吸。(2～3 分钟)

引导语 1：今天我们的游戏就玩到这里，下次户外活动时我们还可以继续探索不同的跳跃方法。今天你身体哪里用力最多，用小手拍一拍、捶一捶。

引导语 2：深呼吸 1 次、2 次、3 次。

注意事项

提醒幼儿注意游戏安全，注意躲闪。

延伸活动

集体教学活动	区域活动	一日生活	家园共育
语言：《我的魔术作品》	益智区："圆环变变变" 美工区："我爱小白兔" 图书区：《龟兔赛跑》的故事	过渡环节：玩法讲述	亲子制作："圈圈变花样""好玩的圈"

附录

玩圈方法如下：

1. 滚圈：将圈向前抛出再捡回来。

2. 跳圈：在圈里跳进跳出。

3. 小鸭走：幼儿右膝伸直，脚套在圈里，分开撑住圈向前走，不能让脚上的圈掉下来，也不能用手帮忙拉着圈走。

4. 带圈走：幼儿三四人一组，站在圈里，手拉手，用脚带着圈向前快走。

5. 转圈：幼儿用手转圈，使其原地旋转。

6. 踏圈走：把圈竖起，两脚依次踏着圈的边缘，侧向移动双脚，使圈向前滚动。

7. 套圈：从头套入脚下取出→从脚套入头上取出→从臀部套入四肢取出→从四肢套入臀部取出。

二、活动反思

本节活动的玩具材料是呼啦圈。呼啦圈是幼儿常见的游戏材料。活动主要是激发幼儿对圈的"一物多玩"的玩法探究。活动中教师扮演了游戏的引导者与合作者。幼儿对已有的游戏经验进行分享和展示。教师在帮助幼儿梳理玩法后，鼓励幼儿探索新的玩法。重点是探究呼啦圈的多种摆法，通过跳跃的方式达到锻炼身体的目的。活动中大部分幼儿的主动探索意愿很强，在分享玩法时能够大胆地交流，能够根据自己的想法摆出不同的造型，体验多样的跳跃方法，但是个别幼儿还要在活动中养成守规则的习惯。

三、设计导读

该活动基于中班幼儿腿部力量迅速发展，且积累了一定的运动游戏经验的特点而设计的。该活动以"圈"和幼儿的互动贯穿，在不断探索"圈"的各种玩法的过程中，锻炼幼儿的"脑""眼""手""脚"等多个身体部位。尤其在探索发现和展示表现环节，通过师幼间的有效互动，充分发展了幼儿的跳跃动作。该活动能够在宽松的氛围中，使幼儿萌发相互合作的意愿，并且在跳跃活动中，促进幼儿不断探索、认真思考的学习品质，从而达到"体、智"双方面发展的目标。

活动设计：北京市顺义区怡馨幼儿园　张　理
设计导读：北京市顺义区建南幼儿园　阿森羽

两人三足户外赛

一、活动设计

观测点

1. 健康：具有一定的平衡能力，动作协调、灵敏。
2. 社会：能与同伴友好相处并一起游戏。
3. 学习品质：能在活动中敢于尝试，不怕困难。

活动目标

1. 学习品质：能够与同伴合作游戏，坚持完成任务。
2. 知识经验：初步探索两人三足走的方法。
3. 能力：动作协调，保持身体的平衡进行两人三足。

引导要点

1. 引导幼儿在两人三足的游戏中，体会与同伴合作的快乐。
2. 引导幼儿探索两人三足的游戏方法。

活动准备

1. 经验准备。

(1)教师：了解幼儿运动能力发展水平。

(2)幼儿：同伴之间合作游戏的经验，知道绑带的使用方法。

2. 物质准备。

绑带 1 根、皮筋 2 根、警戒线 2 条等。

活动过程

(一)导入：准备活动，热身。(3 分钟)

引导语：小朋友们，游戏开始前，请和老师一起热热身。

1. 原地活动手脚各关节以及进行低运动量的跳跃等热身活动。

2. 小飞机游戏。引导幼儿张开手臂起飞、飞高飞低、加速减速。听到降落铃，张开手臂蹲下不动。

3. 好朋友游戏，引导幼儿绕圈跑，听到哨声时根据教师指令做动作(两个人背对背、抱在一起、腿挨腿)。

(二)观察体验：初步感知两人三足玩法。(3 分钟)

引导语 1：小朋友看看老师手中的“魔法带”。老师要用它把我们两位老师并在一起的腿绑在一起，这样两个人就变成了“一、二、三，三条腿”。

引导语 2：这个游戏的名字叫“两人三足”。现在就请你也用“魔法带”把你和好朋友的腿也像我们一样，绑在一起。

(三)探索发现：探索两人三足。(7～8 分钟)

1. 幼儿自主探索走法(直线)。教师与幼儿共同讨论、梳理经验技巧：两人同时抬脚、步伐和速度放慢、喊口号、胳膊搂在一起。

引导语 1：运动过程中，你是怎么保护自己不受伤的？

引导语 2：如果想要让两个好朋友出发前就知道自己要先迈哪条腿，再迈哪条腿，可以怎么做？

2. 幼儿再次探索两人三足(直线)。

引导语：有什么方法可以走得稳、走得快？

3. 幼儿第三次进行两人三足(圆弧走一圈)。

(四)展示表现：两人三足赛。(5～6分钟)

引导语：接下来，我们要挑战新的任务难度。你们看，前方有一条长长的封锁线，我们需要两人三足走过封锁线，看哪对小朋友先到达终点，那么那一对小朋友获胜。

幼儿进行一次游戏后，增加为两条封锁线，进行第二次游戏。

(五)结束：放松整理。(2分钟)

引导语1：今天玩得非常开心，我们一起探索了两人三足的走法。我们通过尝试还知道要想走好，必须两个人配合好，我们的腿并在一起，同时抬脚，可以用喊口号的方法帮助完成。

引导语2：魔法解除：帮助刚才和你一起游戏的小朋友放松放松身体。

注意事项

1. 如果幼儿个数为奇数，请教师以小伙伴身份，与幼儿一起游戏。

2. 游戏中教师重点引导幼儿腿挨着腿同时抬脚。

3. 在走的过程中注意安全。

延伸活动

集体教学活动	区域活动	一日生活	家园共育
语言："我的比赛方法"	美工区：装饰绑带 图书区：运动方面的图书	一日生活的各环节可以做一些需要两人合作的活动	亲子游戏："三人五足"比赛

二、活动反思

本节活动教师为幼儿创设了丰富的游戏情境，帮助幼儿在游戏中与同伴掌握如何两人三足进行游戏。通过幼儿的表现，可以看出幼儿在探索发现环节中，能够积极想办法来帮助自己和同伴较为平稳地进行两人三足游戏。教师在游戏活动中给予幼儿探索的时间，帮助幼儿更好地掌控步幅和速度。在教师的示范引导和幼儿的自主探索下，幼儿与同伴能够较好地理解如何游戏。而后教师将游戏难度上调，这样，活动既有趣味性，又有一定的挑战性，符合中班幼儿的好奇心和探究欲望。教师日常对幼儿十分关注，才能够更好地设置符合本班幼儿的游戏障碍，来帮助幼儿在原有基础上进一步提升。但个别幼儿还是未能掌握游戏的重点，为此，教师可以针对能力较弱的幼儿降低难度或者以游戏同伴的身份加入游戏中，帮助个别幼儿体验游戏。

三、设计导读

该活动基于中班幼儿动作的稳定性和灵活性逐渐增强、合作行为明显增多的特点而设计的。活动旨在引导幼儿在"两人三足"的游戏过程中，探索合作的方法，体验成功的乐趣，并进一步发展幼儿的身体协调能力。活动中，教师给予了幼儿充分探索与合作的机会，通过设置不同路线、小障碍及层层提问，和幼儿共同梳理"两人三足"游戏的小技巧。该活动充分锻炼了幼儿的身体协调能力，并在锻炼身体的过程中，提高了幼儿解决问题的能力。

活动设计：北京市顺义区西辛幼儿园　张　逊

设计导读：北京市顺义区建南幼儿园　阿森羽

助跑跨跳

一、活动设计

观测点

1. 健康：能助跑跨跳一定距离。
2. 语言：愿意讲话并能清楚地表达自己的想法。
3. 学习品质：激发幼儿活动中的积极主动性，并敢于尝试。

活动目标

1. 学习品质：喜欢参加体育活动，敢于大胆尝试。
2. 知识经验：知道遇到小水坑等障碍可以通过跨跳的方式进行自我保护。
3. 能力：学习助跑跨跳动作，提高身体的协调性、灵敏性。

引导要点

1. 引导幼儿掌握助跑跨跳的基本方法。
2. 鼓励幼儿不怕困难，大胆尝试。

活动准备

1. 经验准备。

(1)教师：知道助跑跨跳的基本方法。

(2)幼儿：有跑步的经验、原地迈大步的经验。

2. 物质准备。

小呼啦圈 15 个、大呼啦圈 15 个、沙包若干、大筐 2 个、溜溜布 2 条。

活动过程

(一)导入：活动身体，激发幼儿参与兴趣。(2 分钟)

热身：跳一跳。

(二)观察感知：幼儿自由探索过“水坑”。(5 分钟)

1. 小呼啦圈散落一地，当成“小水坑”，幼儿自主探索过“小水坑”。

引导语：小朋友，看看地面下雨后留下的“小水坑”，我们怎么通过它们呢？

2. 大呼啦圈散落一地，当成“大水坑”，幼儿自主探索过“大水坑”。

引导语：我们用什么方法能够跨过更大的“水坑”呢？

(三)探索发现：教师边观察幼儿情况，边用语言引导，鼓励幼儿尝试。(10 分钟)

1. 教师邀请幼儿示范助跑跨跳。

引导语 1：我看到一名小朋友有新的方法过“水坑”，我们来一起看看他是怎么做的。

引导语 2：这个方法让我们的身体有一股力量，帮助我们跨跳得更远。这个动作叫助跑跨跳——跑到“小水坑”前，用后脚蹬地，前脚向前跨跳。你们也来试试。

2. 鼓励幼儿勇敢尝试，用跨跳的方法过“大水坑”，纠正幼儿动作。

（四）展示表现：情境再现，复习跨跳动作。（6 分钟）

第一次，中间放蓝色溜溜布做成的第一条小河，宽度为 70 厘米，距离前面小河 6 米（留出助跑距离）；第二次，蓝色的河不动，在距前方 6 米处放红色溜溜布做成一条小河，宽度为 90 厘米，沙包当成土豆，距离红色小河 6 米（留出助跑距离）。

引导语 1：小朋友们，我们的厨房今天正好要用土豆做菜，需要我们小朋友跨过“小河”，到河对岸的“土豆”地去取一些回来。我们取到后，按原路返回，把“土豆”放到筐中。

引导语 2：我们分成两队，每次一名小朋友出发。如果掉到河中就失败，本队减少一枚“土豆”，看看哪队取到的“土豆”数量最多。

（五）结束：放松身体，结束活动。（2 分钟）

放松：抖一抖身体，帮助本队幼儿拍拍肩膀。

注意事项

提醒幼儿注意游戏安全，注意躲闪。

延伸活动

集体教学活动	区域活动	一日生活	家园共育
体育：高难度跨跳、好玩的跨跳	在活动区，幼儿可以设计一些跨跳的障碍，到户外试一试		将活动视频分享给家长，家长可以和孩子在家里游戏

二、活动反思

本节活动利用呼啦圈和溜溜布帮助幼儿掌握助跑跨跳的动作。最初游戏体验时，教师创设了“跳水坑”的游戏。游戏情境的创设能帮助幼儿积极参与到游戏中。在示范讲解时，教师帮助幼儿及时梳理如何正确地跨跳；在幼儿分散体验时，教师有重点地指导幼儿掌握跨跳的动作。大部分幼儿掌握动作要领后，教师提升了游戏难度，设置更丰富的游戏情境来帮助幼儿充分掌握助跑跨跳的动作要领。但是在展示表现环节中，教师可以先让幼儿自己摆放跳圈的位置，从而激发幼儿主体性。通过幼儿自己来设计跳跃的距离和位置，能更好地体现个别化教育的指导。

三、设计导读

该活动基于中班幼儿大肌肉发育较为迅速的特点以及《指南》中对中班幼儿提出的“敢于尝试有一定难度的活动和任务”的日标而设计。活动导入和感知部分，用跨越“水坑”的游戏，唤起幼儿生活中的经验，将已有的经验和新的游戏内容连接起来。在探索过程中，教师鼓励幼儿通过自己的尝试，不断积累助跑跨跳的经验。在此基础上，教师帮助幼儿梳理并明确助跑跨跳的关键动作要领。在幼儿逐步熟练的基础上，组织“运土豆”的游戏，有效地调动了幼儿的游戏兴趣。活动培养了幼儿不怕困难、大胆挑战的学习品质。

活动设计：北京市顺义区宏城幼儿园　刘雅明

设计导读：北京市顺义区石园北区幼儿园　单小红

好玩的轮胎

一、活动设计

观测点

1. 健康：具有一定的力量和耐力。
2. 科学：能根据材料进行探索。
3. 学习品质：能积极参与游戏，敢于探究。

活动目标

1. 学习品质：喜欢参加体育活动，体验玩轮胎的乐趣。
2. 知识经验：能主动探索轮胎的多种玩法。
3. 能力：能够协调、灵活地做爬、钻、推拉等动作。

引导要点

1. 引导幼儿使用平衡、钻爬和推拉的基本动作技能，对轮胎进行探索。
2. 鼓励幼儿用语言或行动表达自己的想法。

活动准备

1. 经验准备。

(1)教师：了解幼儿基本动作的能力水平。

(2)幼儿：有过玩轮胎的经验。

2. 物质准备。

宽阔的场地、音乐《我们去探险吧》、轮胎、平衡木、拱形门、皮球、帆板等。

活动过程

(一)导入：激发幼儿参与兴趣。(2 分钟)

轮胎摆放呈四列，引导幼儿跟随老师做身体各部位的准备活动。(配班教师控制音乐)

引导语：今天我们要和轮胎宝宝玩个探险游戏。我们每个人找一个轮胎宝宝做朋友，然后开始和老师一起做做准备活动吧！

(二)观察感知：幼儿感知不同滚动轮胎的方法。(5 分钟)

引导语：小朋友们，请你们用自己的方法将轮胎运到老师身边来，看看谁的方法最快、最省力。我们来分享一下刚才小朋友是怎样滚动轮胎的呢？

(三)探索发现：幼儿根据自己的想法探索轮胎多种玩法。(10 分钟)

1. 引导幼儿根据自己的发现进行尝试操作，必要时可协助幼儿完成。

引导语：轮胎还可以怎样玩儿？请你来试试你的玩法。

玩轮胎的过程中，教师注意提示幼儿注意安全，并引导幼儿用多种方法进行游戏(见图 2-3)。

2. 教师请个别幼儿分享轮胎的玩法。

引导语 1：谁来说一说你是怎样玩轮胎的？

引导语 2：刚才好多小朋友都是自己在玩轮胎，有没有多人玩轮胎的玩法？

(四)展示表现：幼儿根据情境进行探险游戏。(5～6 分钟)

1. 过小桥。

引导语 1：我们要和轮胎宝宝去开心乐园玩。啊，前面是一条大河，我们用什么办法能到河对岸去？我们快速来建桥。

引导语 2：小朋友们，桥建好了，我们快速通过小桥，迎接下一轮挑战。过桥的时候小朋友要注意安全，不要推挤。

2. 钻山洞。

引导语 1：刚过了大河，轮胎宝宝说了，还有更大的挑战等着我们呢。你们能不能变出一条长长的山洞？这样才刺激。我们来试一试。

引导语 2：你们太厉害了，这么快就变出了山洞，我们现在快速穿过山洞。注意不要踢到小朋友。

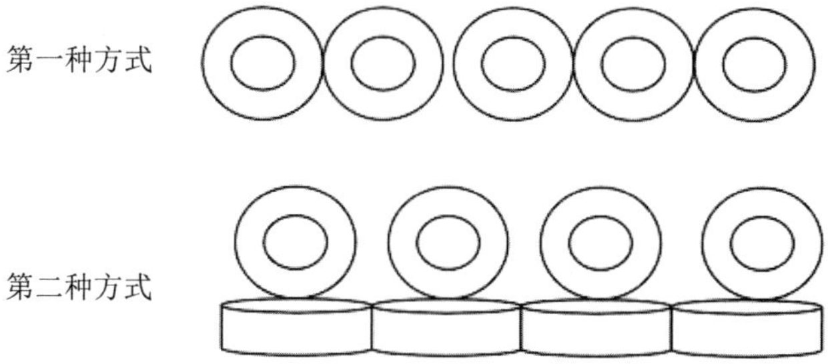

图 2-3　两种穿山洞方式

3. 加入辅材一起玩。

引导语：我们终于到了开心乐园，轮胎宝宝的朋友们也在这儿等着我们呢。它们邀请我们一起做游戏呢。我们开始吧！

4. 交流分享。

引导语：刚才你们是怎样和轮胎宝宝做游戏的？谁有其他好玩儿的方法可以和大家分享一下？

(五)结束：收整材料与放松。(2 分钟)

二、活动反思

本节活动基于幼儿的兴趣，设计了轮胎的一物多玩。教师具有较强的教育理念和教育意识，一开始并没有将轮胎摆放在游戏场地中，而是从如何省力、快速运轮胎这环节让幼儿调动已有经验，这样能够帮助教师及时了解幼儿日常玩轮胎的几种玩法。探索体验环节中，教师考虑到中班幼儿年龄特点，鼓励幼儿尝试两人合作玩轮胎。这样能使幼儿主动与同伴交流，尝试多样玩轮胎的方式。在之后的“过小河”游戏情境中也是教师设置情境，幼儿积极动脑筋思考进行搭建体验。整体活动幼儿的参与性高，既动脑筋思考也动手操作。在幼儿自由操作体验中，教师最好先扮演观察者，不要急于纠正幼儿的想法，这样会更有利于幼儿的自主探究和发现。

三、设计导读

该活动基于 4～5 岁幼儿的大肌肉发育较为迅速，肌肉力量和耐力有了一定提高的特点而设计的。教师充分运用轮胎，采取循序渐进的方式，逐渐增加幼儿参与活动的程度。情境设计顺畅，内容充实，鼓励幼儿积极创造，发展幼儿动作。幼儿通过与轮胎充分接触感知，练习平衡、钻爬和推拉等基本技能，发展幼儿上肢动作和力量。让幼儿在玩轮胎游戏中，动作协调性和灵活性得到发展。

活动设计：北京市顺义区金汉绿港幼儿园　谭　超

设计导读：北京市顺义区后沙峪第一幼儿园　白　菊

第三节　大班——体育

我和垫子做游戏

一、活动设计

观测点

1. 健康：具有一定的平衡能力；具有一定的力量和耐力。
2. 学习品质：能在活动中敢于探究和尝试。

活动目标

1. 学习品质：活动中能与同伴分工合作、大胆探索完成游戏，理解团结力量大。
2. 知识经验：探索垫上运动的多样性和抢垫子的方法。
3. 能力：手臂力量和耐力得到提高。

引导要点

1. 鼓励幼儿大胆探索，勇于表达和表现自己的想法。
2. 引导幼儿积极主动地与其他小朋友合作。

活动准备

1. 经验准备。

(1)教师：熟悉垫上运动的动作规范和保护方法。

(2)幼儿：有基本的垫上运动技能。

2. 物质准备。

宽敞的场地，垫子4块。

活动过程

(一)导入：游戏的形式导入，激发幼儿兴趣。(3分钟)

1. 问好游戏——激发兴趣

引导语：小朋友们，上午好！今天高老师要带你们玩一个体育游戏——体育课坐姿。现在我们听哨声，看谁最先站起来立正站好。老师就给他一个“火箭冲天”的奖励。

2. 准备活动——热身

玩“开飞机”的游戏。引导幼儿“开飞机”进行急转弯，左转弯、右转弯。吹哨引导幼儿用自己的方法安全降落，幼儿尝试。

引导语1：听到哨声起飞，听口令，左转弯、右转弯。降落时选择自己喜欢的动作。

引导语 2：听到变大飞机口令，两个好朋友要手牵手一起跑，一起转弯，一起降落，不能碰到别人，不能摔倒。

(二)观察感知：幼儿用自己的想法和垫子做游戏。(7～8 分钟)

1. 出示垫子。

引导语：你们都有了自己的好朋友了，那老师也请出了自己的好朋友，就是垫子。

2. 提示规则。

引导语：现在自由分成两组站好，按照自己的想法和垫子做游戏，老师来看，谁的方法最好玩。玩过一次之后，一定要赶快站到队尾。排得最好的一组才能胜利。

3. 自主探索。

幼儿尝试和分享自己做游戏的方法。

引导语：小朋友有很多不同的玩法，现在请一个小朋友来展示自己的玩法，我们一起看一看。

展示后请所有幼儿尝试新玩法，教师在垫子相应位置上保护幼儿。

4. 探索并分享两人玩垫子的方法。

引导语 1：刚刚我们都是自己一个人用垫子做的游戏，这次老师请两个小朋友自由结组用垫子做游戏。可以相互商量一下：垫子可以怎么玩儿?

引导语 2：我发现小朋友们都有很多不同的玩法，现在请两个小朋友来展示一下，其他的小朋友认真看一看：他们和你们的玩法有什么不一样?

展示后请所有幼儿尝试新玩法，教师在垫子的适当位置上保护幼儿。并引导幼儿发现游戏中的问题，探索解决问题的方法。

(三)探索发现：观察，引发幼儿思考。(10 分钟)

1. 合作开展：分组抢垫子游戏。

抢一块垫子：分组尝试，让幼儿了解抢垫子的规则和方法。

引导语：两组分别站在黄线外，听到哨声开始抢垫子，使用全身和手臂的力量，抢到后为胜利。

2. 幼儿抢两块垫子。

两块都抢到才算赢，重点是强调幼儿协商，怎样才能抢到两块垫子。

引导语：我们所有人分两组，抢两块垫子，相互商量怎样才能抢到两块垫子。

3. 抢三块垫子。

重点是幼儿要商量战术，怎样才能抢到更多的垫子。

引导语：终极挑战，抢三块垫子，看哪组能抢到更多垫子?

(四)合作交流：组织幼儿针对抢垫子的结果进行讨论，分享展示策略和方法。(7 分钟)

引导语：请赢了的小朋友说一说你们的好方法。

(五)结束：放松身体。(2 分钟)

1. 带领幼儿活动胳膊、腿等身体部位。

2. 活动结束。

引导语：小朋友辛苦啦！小朋友再见！

注意事项

1. 幼儿跑的过程中注意安全。

2. 激发幼儿的竞争意识，并注重调节幼儿在游戏中的不良情绪。

延伸活动

集体教学活动	区域活动	一日生活	家园共育
体育：垫子的多种玩法、抢垫子的系列活动	可增加体能区，给幼儿提供垫子和辅助材料	过渡环节：分享活动中自己的不同想法	将活动视频分享给家长，家长可以和孩子在家里游戏

二、活动反思

本节活动中，教师通过“开飞机”游戏调动了幼儿的游戏热情，给予了幼儿自主探究垫子多种玩法的时间和机会，让幼儿用自己的想法和垫子做游戏，引导幼儿去发现问题、解决问题。而后教师创设了分组抢垫子的环节把游戏推向高潮。幼儿们在合作抢垫子的过程中，手臂力量和耐力得到锻炼提高，通过一次次观察、研讨、协商、反思，总结出“怎样才能抢到更多的垫子”的战术，学会了与同伴分工合作，很好地完成了活动目标。活动最大的亮点是，环节紧凑、层层深入，整节活动中幼儿兴趣盎然。今后的游戏延伸还可以进一步投放辅材，激发幼儿更多的创意。

三、设计导读

该活动基于大班幼儿身体协调性不断增强、交往合作水平提高等特点而设计，创设了“我与垫子做游戏”的情境。活动循序渐进、逐步深入，通过问题引领，在抢垫子游戏中鼓励幼儿与同伴协商合作，使幼儿讨论、反思自己小组在抢垫子过程中的经验和问题。基于大班幼儿竞争意识强的特点，教师设计了竞赛环节，不断提升竞赛难度，有效地促进了幼儿的观察能力、反思能力和沟通协调能力的提升。在抢垫子过程中，幼儿发展了手臂及其他身体部位的力量。

活动设计：北京市顺义区石园北区幼儿园　高晓月

设计导读：北京市顺义区石园北区幼儿园　单小红

跑步真好玩

一、活动设计

观测点

1. 健康：能够身体协调、灵活地控制方向跑；能在活动中控制身体重心灵活地绕障碍跑。

2. 学习品质：能积极主动地参与活动。

活动目标

1. 学习品质：能够积极主动地参与跑步；与同伴分工合作完成任务。

2. 知识经验：能控制身体重心灵活地绕障碍跑。

3. 能力：身体的协调性、灵敏性增强。

引导要点

1. 通过小组竞赛的形式，激发幼儿跑步兴趣，逐步提高跑步中身体的协调性、灵敏性。

2. 引导幼儿通过小组合作的形式，搭建不同的障碍路线。

活动准备

1. 经验准备。

(1)教师：知道绕障碍跑的基本动作要领。

(2)幼儿：有绕障碍跑与接力跑的经验。

2. 物质准备。

宽阔的场地、火炬接力棒、锥桶、空竹、小背篓等。

活动过程

(一)导入：教师与幼儿问好并且以游戏方式热身，增加幼儿的参与热情。之后组织幼儿进行开飞机游戏。(3 分钟)

引导语 1：小朋友们好，在新的游戏开始前，我们先来让身体动起来(重点活动手腕、脚腕、膝盖与练习跑步摆臂的动作)。

引导语 2：小朋友们，咱们用小脚来玩剪刀、石头、布，所以，我们双手叉腰。一定要跳起来哟。

引导语 3：小朋友们变成“小飞机”，“小飞机”要出发了，“小飞机”要降落了，“小飞机”要转弯了。

(二)观察感知：先把幼儿们分为 4 队，进行直线火炬接力棒跑。再利用空竹，搭建直线障碍物，进行绕障碍跑。(5 分钟)

引导语 1：请小朋友 5 人一组排成一列到老师面前来。请每组小朋友来到起点位置。之后，从第一个小朋友开始，快速绕过障碍，并跑回起点，将接力棒传到下一个小朋友手里。直到最后一个小朋友跑回起点，传送任务完成。用时最少的小组获得胜利。

引导语 2：每队拿一个空竹放在自己队的跑道上，放在你们认为合适的位置上后，迅速归队。

引导语 3：小朋友们拿好接力棒，听哨声开始挑战你们自己设计的路线吧。

(三)探索发现：分小组在不同的场地用多种材料自主设计。(10 分钟)

引导语：接下来请小朋友们分小组商量路线，利用多种材料为其他组设计一条既有趣又有难度的障碍路。设计完成后本组可以先试一试。

(四)合作交流：教师先请幼儿挑战其他组设计的路线，再请幼儿说一说自己最喜欢的路线。(10 分钟)

引导语 1：哇，小朋友设计的跑道都很棒呀！每组组长来介绍一下你们设计的路线，并且试试你们组的通关方法。

引导语 2：请你们尝试一下其他组的路线。

引导语 3：刚刚你们试了所有组的路线，你最喜欢哪一条路线，为什么？

(五)结束：收玩具并听音乐放松。(2 分钟)

引导语 1：请小朋友们把你们组的材料送回家。

引导语 2：听音乐来跳舞吧。(重点放松手腕、脚腕和腿部肌肉部位)

注意事项

1. 幼儿跑的过程中要注意安全。

2. 鼓励幼儿在游戏中协商合作，遇到问题时可以与他人一起商量解决问题。

延伸活动

集体教学活动	区域活动	一日生活	家园共育
体育："跑步真好玩"	积木区：各种各样的跑道、运动场的搭建	过渡环节：幼儿分享自己设计的搭建的路线	与家长一起进行弯道接力赛与障碍跑；与家长一起设计难的跑道

附录

"小飞机"游戏指导语：双手打开，飞机启航(起飞加速跑)；空中旋转，继续飞行(转圈加速跑)；飞机减速，慢慢降落(降落—慢慢蹲)……

二、活动反思

本节活动通过"开飞机""火炬接力赛"以及绕障碍跑等游戏让枯燥的跑步变得更有趣、更好玩。幼儿们不仅能够积极主动地参与跑步游戏，增强身体协调性、灵敏性，而且在小组设计游戏的过程中，学会了与同伴分工合作来完成任务，较好地完成了活动目标。本节活动的亮点是分组设计体验不同障碍跑环节。教师引导幼儿通过小组合作的方式，自主选择不同的游戏材料，摆放成难度不一、挑战各异的"障碍赛道"，充分调动了幼儿参与游戏的主动性、积极性，还让幼儿学会了如何与他人分工合作一起完成任务。活动中教师应该"少说多练"，各环节更加自然紧凑。

三、设计导读

大班幼儿在动作协调性、灵活性、平衡方面有了很大提高，喜欢尝试一些有难度的游戏内容。教师根据大班幼儿的身体发展特点和游戏兴趣设计了此次活动。

在幼儿有了大量直线跑、接力跑等跑的经验的基础上，创设"绕障碍跑"的游戏形式，引导幼儿分组体验绕障碍(空竹)竞赛跑→分组设计不同障碍跑道→体验他组更有挑战性的跑道等"循序渐进"过程，不断提高游戏的难度，激发幼儿的游戏兴趣。引导幼儿在跑动过程中不断调整身体的重心，感受身体重心的转移，从而提高幼儿跑动的灵活性，提高身体的控制能力。

活动设计：北京市顺义区石园北区幼儿园　刘晶雪

设计导读：北京市顺义区石园北区幼儿园　单小红

迷彩世界

一、活动设计

观测点

1. 健康：具有单手肩上挥臂投掷的能力。

2. 社会：能与同伴友好相处。

3. 学习品质：能在活动中不怕困难，敢于探究和尝试。

活动目标

1. 学习品质：在游戏中不怕困难，大胆挑战探究和尝试，体验成功的快乐。

2. 知识经验：练习单手肩上挥臂投掷。

3. 能力：增强上肢肌肉力量，发展掷远和掷准能力。

引导要点

1. 引导幼儿在“迷彩世界”游戏中进行单手肩上挥臂投掷游戏。

2. 鼓励幼儿在游戏中克服困难，解决问题，完成任务，不断挑战。

活动准备

1. 经验准备。

(1)教师：掌握正确的投掷动作要领，了解本班幼儿投掷发展水平。

(2)幼儿：有过单手投掷游戏的动作经验；对士兵经验有了解；自然分组(6～8 人一组)。

2. 物质准备。

(1)战斗相关音乐、音箱、哨子等。

(2)纸箱，沙包，即时贴纸，红蓝两色的纸球、旗子及安全帽等。

活动过程

(一)导入：情境激发，游戏热身。(3 分钟)

热身运动：士兵动作。(重点进行头、颈、肩、腕、腰部的热身)

引导语 1：队伍集合，训练前我们先来热身。(听音乐入场，引导幼儿通过模仿士兵出操进行热身活动)

引导语 2：士兵们是否准备就绪？稍息，立正。今天的训练科目是投掷。大家一起进入练习场。

(二)感知体验：自主练习。(5 分钟)

引导语 1：第一，所有士兵一律在线外进行投掷，不得穿越封锁线；第二，听到指挥官哨声后，迅速打扫战场(捡球)；第三，每小队推选一名投弹标兵进行(掷远或掷准)展示。

引导语 2：现在请每名士兵迅速从你们队的投弹箱中取出一枚手榴弹，自行练习。

引导语 3：(吹哨，并播放音乐)开始练习。

(三)模仿探索：标兵展示。(15 分钟)

1. 标兵展示，探索并分享投掷方法。

引导语 1：请各队标兵共同站在封锁线外，听到哨声后进行投弹。其他士兵认真观看。

引导语 2：大家觉得哪个标兵做得最好？请他再展示一次，我们一起来学一学。

2. 士兵模仿，学习投掷方法。

引导语 1：士兵练习时，注意动作要领。后腿弯曲，投掷的手和肩膀向后；投掷时两腿和胳膊都要伸直，用力向高处远处投出去。

引导语 2：请各队长将士兵带回，马上开始训练。15 分钟后，音乐停止，我们将进行红色阵营和蓝色阵营的对战，检验大家的训练成果。士兵们，加油！（吹哨、放音乐）

(四)合作交流：双队对战赛。(10 分钟)

1. 垒战壕，插旗。

引导语 1：戴红色安全帽的士兵为红色阵营，戴蓝色安全帽的为蓝色阵营。请大家回到自己的军营，按封锁线的位置把你们营地的战壕垒好，让对方的炮弹打不进来。

引导语 2：请将双方的战旗升到最高位置，如果对方将你们的战旗打掉，那么你方将失败！

2. 红蓝对战赛。

引导语 1：各位士兵注意，对战开始后，不允许超过本方封锁线投弹；另外，必须在听到指挥官(即教师)的哨声后才可以清理战场，清点炮弹数量，明白吗？

引导语 2：战斗停止后，我们将清点红、蓝阵营中来自对方的炮弹数量。比如，蓝色阵营投进了 15 个红色炮弹，而红色阵营只有 10 个蓝色炮弹，士兵们，是谁赢了？

引导语 3：如果任何一方的旗子被打掉即对战结束。不管有多少炮弹，打掉别人旗子的一方获胜。

(五)结束：放松及收整材料。(2 分钟)

引导语 1：刚才大家都非常认真，很多士兵在投弹时注意了要领。我们现在闭上眼睛，用非常慢的速度做一次。(放松练习)右手攥拳，轻轻向后收，右腿慢慢弯曲，左腿绷直，身体向右慢慢转，停住，屏住呼吸……(语速特别慢，动作特别迟缓，注意呼吸)

引导语 2：士兵们在 5 分钟内清理战场，归队。快！

注意事项

提醒幼儿注意哨声指令，根据提示清理战场(捡球)。开始后不得穿越封锁线，要确保安全。

延伸活动

集体教学活动	区域活动	一日生活	家园共育
体育：“我是小士兵”	美工区：纸管、纸球、纸箱制作及装饰 建筑区：军营搭建 拼插区：战车等 表演区：“我是小士兵”等	收集废旧纸质材料；播放士兵相关音乐	和家长一起进行投掷、钻爬、平衡等练习；观看士兵训练动画

二、活动反思

本节活动教师用幼儿喜爱的军旅情境贯穿全程。通过自主练习探索投掷方法、标兵展示学习正确投掷方法、两队对抗赛练习巩固投掷方法，让幼儿在快乐游戏中练习了单手肩上挥臂投掷，增强了上肢肌肉力量，发展了掷远和掷准能力。幼儿从中体验到了成功，较好地完成了活动目标。活动亮点是其情境创设，这大大激发了幼儿的活动兴趣和不怕困难的勇气。活动中如果能够把投掷方法以儿歌形式给幼儿，效果会更好。

三、设计导读

该活动基于《纲要》《指南》相关的目标而设计。因为大班幼儿在健康领域动作的灵活性和自控能力逐渐提高，喜欢尝试一些有难度、冒险的动作，合作游戏会逐渐增多。活动通过军旅情境激发了幼儿的兴趣，以废旧的纸箱、纸等为材料，发展了幼儿掷远掷准的能力，同时活动鼓励同伴模仿、合作学习，发展了幼儿的综合能力。

活动设计：北京市顺义区高丽营第一幼儿园　孙　娜

设计导读：北京市顺义区石园北区幼儿园　胡金波

小螃蟹运瓜

一、活动设计

观测点

1. 健康：动作协调、灵敏。
2. 社会：能与同伴友好相处，并能倾听和接受别人的意见。
3. 学习品质：能在游戏中乐于想象和创造。

活动目标

1. 学习品质：面对问题能够和同伴交换意见，不断探索出更好的方法。
2. 知识经验：探索两人合作侧走运球的多种方法。
3. 能力：能够动作协调地与同伴合作侧走运球。

引导要点

1. 能与同伴互相交换意见。
2. 探索用身体各部位夹球侧行。
3. 体验合作运球的乐趣。

活动准备

1. 经验准备。

(1)教师：了解小螃蟹走路的方式，知道多种合作侧走运球的方法。

(2)幼儿：有过两个小朋友合作游戏的经历。

2. 物质准备。

篮球每人一个、球筐一个、宽阔的操场、塑料环、溜溜布。

活动过程

(一)导入：运动热身，调动情绪。(3分钟)

引导语：小朋友们好，今天我们来玩木头人游戏。(带领幼儿逆时针跑，加入踩脚

背，摸衣服游戏，听哨声开始结束游戏）

（二）观察感知：自主尝试，单人运球。（5 分钟）

1. 每位幼儿一个篮球，自己探索运球方法。

引导语：西瓜地里有一堆瓜，需要“小螃蟹”们帮忙运走，但运的时候不能用到我们的“大钳子”，你想怎么运瓜？想好之后，请“小螃蟹”每人去拿一个西瓜（以篮球作为西瓜），尝试自己运“西瓜”。

2. 请个别幼儿演示自己运“西瓜”的方法。

引导语 1：哪只“小螃蟹”愿意给大家展示一下自己是怎样运“西瓜”的？

引导语 2：这种运“西瓜”的方法好在哪里？

（三）探索发现：探索双人用身体的不同部位运球的方法。（10 分钟）

1. 两人初步尝试。

引导语 1：现在我们要请两只“小螃蟹”合作运瓜，用身体的不同部位来运西瓜。想想看，可以怎么运？你们去找自己的同伴试一试吧。

引导语 2：哪组“小螃蟹”愿意给大家演示一下你们组是怎样运“西瓜”的？

引导语 3：我发现他们组最快，请他们来讲讲运的方法。

2. 再次练习，请“小螃蟹”用和刚才不一样的方法运球，看哪一组运得又快又稳。

引导语：请“小螃蟹”们用和刚才不一样的方法，能又快又稳地运“西瓜”，再试一试吧。

教师对两人侧走运球的方法和注意事项进行小结。

（四）合作交流：“小螃蟹”分组比赛。（10 分钟）

引导语：“小螃蟹”们要参加比赛了，请你们分成四队，每队两组，商量每组“小螃蟹”运瓜的方法，看哪一队“小螃蟹”获胜。

游戏重复两次，分出胜负。（分别分享两次游戏胜利组的方法）

引导语：比赛结束啦，请胜利组的“小螃蟹”分享一下经验。

（五）结束：放松身体，搬球回家。（2 分钟）

引导语：我们的游戏结束啦，一起来做一下放松运动吧！

两人一组用球互相轻轻捶对方。

引导语：现在请“小螃蟹”们把“西瓜”搬回家吧。

注意事项

提醒幼儿在活动过程中注意安全。

延伸活动

集体教学活动	区域活动	一日生活	家园共育
艺术：《螃蟹操》 体育：侧走运不同大小的球	美工区：制作螃蟹头饰	一日生活的各环节可以做一些需要两人合作的活动	亲子游戏：家园共育做好关于合作的活动

二、活动反思

本节活动教师根据大班幼儿的年龄特点和学习特点，通过“两人一起运西瓜”的活动，鼓励和引导幼儿面对问题时能够和同伴交换意见。幼儿通过与伙伴的协商、合作、反思，不断努力尝试，探索出两人合作侧走运“西瓜”的多种方法，较好地完成了活动目标。活动各环节层层递进，热身环节采用两人游戏的形式，为后面两人合作做好了铺垫。今后还应该加强教师指导语的提升，让提问更精准，让梳理更凝练。

三、设计导读

此活动基于《纲要》《指南》关于发展幼儿动作的协调性和灵活性的目标而设计，创设了“小螃蟹运西瓜”的游戏情境。通过“两人一起运西瓜”的活动任务，教师鼓励和引导幼儿与伙伴的协商、合作、反思，不断调整和完善两个人运“西瓜”的方式方法，最终幼儿密切配合完成任务。教师在活动中要注重幼儿的感知、探索和经验分享，鼓励幼儿之间互相学习。

活动设计：北京市顺义区龙湾屯中心幼儿园　朱　娅
设计导读：北京市顺义区石园北区幼儿园　单小红

第三章 语 言

第一节 小班——语言

小鸟小鸟起得早

一、活动设计

观测点

1. 语言：喜欢听诗歌，能理解诗歌内容。
2. 学习品质：能积极主动地参与活动，乐于想象与创造。

活动目标

1. 学习品质：能认真听诗歌。
2. 知识经验：知道要按时起床，勤加锻炼，养成良好的生活习惯。
3. 能力：能够跟读诗歌，并用肢体动作来表现小鸟捉虫的动作。

引导要点

1. 引导幼儿理解诗歌的内容。
2. 引导幼儿用肢体动作、表情来模仿小鸟捉虫的动作。

活动准备

1. 经验准备。

(1)教师：熟悉诗歌内容，并能用语言、动作清楚、形象地表现出来；了解幼儿学习诗歌的水平。

(2)幼儿：对小鸟基本形态特征的初步认识；感知和理解诗歌的内容。

2. 物质准备。

背景音乐(大自然中小鸟叽叽叫的音乐)；小鸟飞行、觅食、在地上蹦蹦跳的视频和相关照片；大森林场景、小鸟头饰、自制立体小虫；PPT 等。

活动过程

(一)导入：播放鸟叫声，唤起幼儿的认知经验。(2 分钟)

教师播放幼儿之前听过的背景音乐，然后出示小鸟手偶，让幼儿回忆起之前认识小鸟的活动，唤醒幼儿对小鸟的认知经验，引出活动主题。

引导语：小朋友们听一听，这是谁的声音？今天我给你们带来了一个关于小鸟的动画片，一起来看看吧。

(二)感知体验：幼儿通过观看动画片初步感知小鸟捉虫子的动作。(3 分钟)

教师与幼儿一起到大森林观察小鸟捉虫子。

引导语 1：小朋友们，刚才咱们一起看了关于小鸟的动画片，你们都看到了什么呢？

引导语 2：小鸟这么可爱，现在我们也飞到“大森林”里，看看小鸟是怎么捉虫子的。

(三)模仿探索：鼓励幼儿根据动画的内容，分析、理解诗歌内容，与教师一起慢速跟读诗歌，并且在第三遍朗诵中模仿动作。(3 分钟)

第一遍，教师引导幼儿观察小鸟捉虫的过程，并慢速跟读诗歌。

引导语 1：你们观察得真是太仔细了，老师刚才给小鸟照了许多照片，我们一起来看看。

引导语 2：小鸟什么时候起床的？小鸟要去干什么？

引导语 3：那小鸟是怎么飞去找虫子的？请你来学一学。

引导语 4：小鸟飞到了森林里，开始找虫子，它是怎么做的？(看一看它的头往哪边看呢)

引导语 5：发现了一条小虫子，小鸟是怎么做的？

引导语 6：还有一条小虫子在泥土里呢，怎么才能把小虫子弄出来呢？

引导语 7：小鸟吃完了虫子，你们看它的肚皮变成什么样子了？小鸟吃饱了，会有什么感觉？

第二遍，教师通过 PPT 慢速朗读儿歌。

引导语：原来小鸟是这样捉虫子的呀！请小朋友们跟着我一起说说小鸟是怎样捉虫子的。(教师带领幼儿朗诵、播放图谱 PPT)

第三遍，教师带领幼儿加入模仿操动作并慢速朗读。

引导语：鸟妈妈想给它的孩子捉许多的虫子吃，但需要我们来帮忙。现在我们一起来学学它捉虫子的本领。我们一边说，一边学动作。(教师与幼儿一起边朗诵，边做动作)

(四)自由表现：用身体表现诗歌内容，进行情境游戏体验。(5 分钟)

幼儿跟着教师朗诵并自己做出相应的动作。

引导语：哇，小朋友们说得真好听，做的动作也非常好看。现在咱们就一起去森林里帮小鸟捉虫子吧。(幼儿与教师一起跟随背景音乐进行情境游戏体验)

(五)结束：放松活动。(1 分钟)

教师可以带领幼儿在活动结束时做幼儿熟悉的放松的动作，如深呼吸等。

引导语：小朋友们可真厉害，帮助鸟妈妈捉了许多虫子。我们一起再去别的地方，看看还有没有虫子。

注意事项

在“大森林”里玩的时候，要注意幼儿的安全问题。

延伸活动

集体教学活动	区域活动	一日生活	家园共育
健康：自创小鸟模仿操 美术：“小鸟捉虫”	表演区：“鸟妈妈的一天” 美工区：“小鸟捉虫子”	过渡环节：讲述并表演鸟妈妈是怎样捉虫子的	让幼儿回家后和爸爸妈妈分享小鸟捉虫的儿歌，可以邀请爸爸妈妈一起表演儿歌内容

附录

小鸟小鸟起得早

小鸟小鸟起得早
拍拍翅膀把虫找
这边看一看，那边看一看
尖嘴啄一啄
小爪刨一刨
吃饱肚子哈哈笑
小鸟高兴跳呀跳

二、活动反思

本次教学活动目标达成。活动中，幼儿的学习兴趣一直比较浓厚，很乐意跟老师一起模仿小鸟的动作，一起朗读诗歌，也能够大胆地表现自己。导入环节利用视频，激发了幼儿的学习兴趣。在谈话中，教师通过出示图片，引导幼儿观察，帮助幼儿更清晰地梳理情境游戏中获得的经验，调动幼儿的感官，使幼儿能充分感知鸟的动作特征、捕捉食物的动作等；在活动中，幼儿参与活动的积极性较高，能够和教师一起在活动中模仿小鸟捉虫子时的动作，比较专注、认真。

嘟嘟、小宇通过图片的指导，很快记住了儿歌，并能边做动作，边跟着教师朗读儿歌。在体验探索环节中，嘟嘟用特别夸张可爱的动作来帮助小鸟捉虫子，展现了自己的学习成果，获得了自信心和自我成就感。灿灿是一个很内敛、很含蓄的孩子，平时不爱说话。在活动中，教师用眼神来肯定她，表现出对她的充分信任，她便开口跟着说出来了。在模仿小鸟动作的时候，教师夸她的动作好看，使她的自信心更加充足了，虽然她动作很少、很轻，但很自信。在活动后，教师又一次告诉她，她的声音很好听，并对她说："刚刚鸟妈妈偷偷地告诉我，灿灿真是一个乖宝宝，声音要是再大点，就更好听了！"

由于小班幼儿的生活经验较少，教师应该在活动之前让幼儿多去户外、公园里观察小鸟，做好充分的铺垫工作；教师还应在感知体验中，多给幼儿一些发散性思维的指导语，让他们能有多一些的体验，让幼儿在模仿探索中，有更多自己的探索。

三、设计导读

10月，小班幼儿入园已有一个月了。他们已经逐渐适应了幼儿园的生活和学习。《指南》提出，小班幼儿应"能口齿清楚地说儿歌、童谣或复述简短的故事"。基于幼儿对诗歌学习已有一定的经验，对小鸟的外形特征、生活习性有一些了解，教师设计了此次诗歌教学活动。儿歌《小鸟小鸟起得早》语言生动、节奏清晰、朗朗上口，小班幼儿容易理解。活动中，教师抓住幼儿喜欢游戏的年龄特点，设计了看图片、做游戏的环节，帮助幼儿慢慢理解诗歌的内容，并鼓励幼儿大胆表达自己的感受。诗歌学习激发了幼儿的好奇心，慢慢让幼儿养成了浓厚的学习兴趣。活动也培养了幼儿的好习惯，使其能更快地适应幼儿园集体生活。

活动设计：北京市顺义区馨港幼儿园　杜　妍
设计导读：北京市顺义区教育研究和教师研修中心　王　颖

城里最漂亮的巨人

一、活动设计

观测点

1. 语言：具有初步的阅读理解能力。

2. 社会：能在活动中与同伴交流。

3. 学习品质：能在活动中表现出积极的态度。

活动目标

1. 学习品质：感知主人公乔治的乐观与善良的个性，知道帮助别人是件快乐的事情。

2. 知识经验：能够认真观察画面，理解故事内容。

3. 能力：能用“乔治把××送给××当××”的句式，比较完整地复述故事内容。

引导要点

1. 引导幼儿仔细阅读绘本，理解感受帮助他人自己也快乐。

2. 引导幼儿能根据图片，大致说出故事的情节。

活动准备

1. 经验准备。

(1)教师：熟悉《指南》中的小班语言领域目标及教育建议；熟悉绘本故事的内容及表达的含义；了解本班幼儿的语言发展水平。

(2)幼儿：幼儿有阅读其他绘本的前期经验。

2. 物质准备。

图片等。

活动过程

(一)导入：谈话导入，介绍乔治。(1 分钟)

引导语 1：这里来了一位新朋友，叫乔治，我们一起来看看他长什么样。(出示图片)

引导语 2：他身上的衣服怎么了？他为什么不开心？他要做什么？

(二)感知体验：集体观察画面，理解故事。(5 分钟)

1. 买衣服。(出示图片)

引导语：乔治买了哪些衣服？

2. 出示乔治遇见长颈鹿的图片引导幼儿观察，并练习“乔治把××送给××当××”的句式。

引导语 1：乔治穿上新衣服真高兴，在路上慢慢地走着，碰到了一只长颈鹿(出示图片)。他把自己身上的哪件衣服送给了长颈鹿？

引导语 2：引导幼儿说“乔治把领带送给长颈鹿当围脖”。

引导语 3：乔治虽然把领带送出去了，可心里还是美滋滋的，继续向前走。他会遇到谁呢？

3. 出示乔治遇到小山羊的图片，重点是引导幼儿用“乔治把××送给××当××”

的句式表达图片内容。

引导语1：乔治走着走着又遇到了小山羊(出示图片)，看看他又把身上的哪件衣服送给了小山羊？

引导语2：引导幼儿说“乔治把衬衫送给小山羊当船帆”。

引导语3：乔治虽然把衬衫送出去了，可心里还是美滋滋的，他继续向前走。

(三)模仿探索：幼儿观察其他图片并和同伴进行讲述。(4分钟)

幼儿分组操作，教师提出操作要求，并引导幼儿根据图片内容用完整的语句讲述画面内容。

引导语1：乔治继续向前走，又碰到了好几只小动物。猜一猜他会遇到哪只小动物？

引导语2：小朋友三人一组，桌子上有图片，看看乔治又把身上的哪件衣服送给了哪只小动物？

(四)自由表现：能用比较完整的话表达故事情节。(3分钟)

引导语1：从头到尾说一说，乔治帮助了哪些小动物？(重点运用句式：乔治把××送给××当××)

引导语2：帮助了小动物的乔治，心情怎么样？

(五)结束：引导幼儿回顾故事，体会乔治的心路变化，初步体会帮助别人带来的快乐。(2分钟)

教师小结：

1. 乔治因为愿意帮助别人，为人善良，所以大家都想跟他做好朋友。这本书的名字叫《城里最漂亮的巨人》。

2. 延伸：你们在生活中有没有帮助过其他小朋友？引导幼儿表达。

注意事项

提醒幼儿注意倾听他人讲话。

延伸活动

1. 请幼儿回家跟爸爸妈妈讲述《城里最漂亮的巨人》这个故事。

2. 和爸爸妈妈说一说，如果你身边有人需要帮助，你会帮助他吗？你会怎么帮助他呢？

二、活动反思

活动中幼儿能够积极主动参与活动。活动中通过观察图片、看绘本等多种形式帮助幼儿理解故事内容，通过展示环节，引导幼儿运用句式学说“乔治把××送给××当××”。引导幼儿感受、体会帮助别人是件快乐的事情。在教学的过程中，教师讲述故事生动有趣，语速适中，适合幼儿聆听。在教师讲述故事的时候，幼儿的注意力比较集中，能在教师带领下一步步走进绘本故事。部分幼儿的讲述能力还需要提高。在理解故事内容和运用句式时，教师可以让幼儿的感受再充分一些，请幼儿随着故事的推进，鼓励幼儿大胆尝试，并将自己的想法说给同伴听。

三、设计导读

该活动基于小班幼儿语言发展的特点及《指南》中的相关目标而设计，教师运用传统教学的方法通过观察图片、看绘本等多种形式帮助幼儿理解故事内容，通过展示环节引导幼儿运用句式学说“乔治把××送给××当××”，引导幼儿感受帮助别人是件快乐的事情。活动中，教师分小组让幼儿围绕主题画面讲述主人公乔治把××送给××，并帮助了××，使小班幼儿对故事内容的理解更加清晰。教师借助展示环节，使幼儿通过互相学习与模仿，口头表达能力在原有水平发展上得到了提升，不仅达成既定的目标效果，还达成发展幼儿喜欢阅读、仔细观察画面及学说故事中的短句的目标。

活动设计：北京市顺义区后沙峪第一幼儿园　徐红雨

设计导读：北京市顺义区馨港幼儿园　郭立春

蔬菜歌

一、活动设计

观测点

1. 语言：愿意讲话并能口齿清楚地唱儿歌；喜欢跟读韵律感强的儿歌。

2. 学习品质：能积极主动参与活动。

活动目标

1. 学习品质：喜欢参与说儿歌活动，体验游戏的乐趣。

2. 经验知识：能正确命名蔬菜的颜色，在教师的提示下能比较完整地复述儿歌。

3. 能力：幼儿乐意在众人面前大胆发言。

引导要点

1. 鼓励幼儿大胆表达自己的想法。

2. 引导幼儿理解儿歌的内容，培养其爱吃蔬菜的好习惯。

活动准备

1. 经验准备。

(1)教师：了解番茄、黄瓜、茄子等的营养价值；能用小班幼儿喜欢的方式诵读儿歌。

(2)幼儿：对生活中常见的蔬菜颜色和外形有一定了解，能说出蔬菜的名字。

2. 物质准备。

番茄、黄瓜、茄子的图片，幼儿使用的番茄、黄瓜、茄子卡片若干，黑板，番茄、黄瓜、茄子挂饰各一个，等等。

活动过程

(一)导入：通过谈话，直接进入活动主题。激发幼儿参与兴趣。(1分钟)

引导语：小朋友们，你们爱吃蔬菜吗？今天我们就来认识几个蔬菜朋友吧！

(二)感知体验：教师先出示各种蔬菜图片，然后扮演“蔬菜妈妈”，让幼儿认识蔬菜的颜色以及营养价值。(5分钟)

1. 出示番茄图片。

引导语：小朋友们认识这个蔬菜叫什么吗？你认识的番茄是什么颜色？

2. 教师扮演“番茄妈妈”。

引导语：小朋友知道番茄对我们身体有什么好处吗？下面咱们请出“番茄妈妈”来跟大家说一说吧！番茄这么有营养，我们用一句话来夸夸它吧。（引出儿歌）

引导语：刚才我们认识了第一个朋友是红红的番茄，下面咱们就来认识一下第二个朋友！

3. 依次出示黄瓜、茄子的图片，接着让“蔬菜妈妈”介绍它们的营养价值，引出儿歌：黄瓜黄瓜绿绿的、茄子茄子紫紫的。

(三)模仿探索：师幼根据图片再次唱一唱儿歌，引导幼儿不挑食。(4 分钟)

引导语 1：今天咱们认识了红红的番茄、绿绿的黄瓜、紫紫的茄子，老师给他们编了一首好听的儿歌，儿歌的名字就叫《蔬菜歌》。（教师唱儿歌）

引导语 2：儿歌里说到的这些蔬菜不但颜色好看，而且很有营养。小朋友们，我们看到饭桌上有这样的蔬菜应该怎样做呢？（幼儿自由发言，说出平时吃饭时不能挑食）

引导语 3：我们平时吃的很多种蔬菜都很有营养，在幼儿园里每天我们都能吃到各种各样的蔬菜，这样我们的身体就会更加健康，所以小朋友们千万不要挑食。

(四)自由表现：师幼互动游戏，培养幼儿大胆表达自己的想法。(4 分钟)

教师给每个幼儿发一张蔬菜卡片，引导幼儿先认识自己的卡片内容。教师先讲明游戏玩法，再进行互动。

引导语：现在，老师要变一个小魔术，小朋友们快快闭上眼睛。每个小朋友手里都出现一张蔬菜卡片，仔细看看你的卡片上是什么蔬菜？老师问你来答，并把相应的蔬菜举起来。

(五)结束：交卡片，“送蔬菜宝宝回家”。(1 分钟)

引导语：“蔬菜宝宝”要回家了，现在请你把卡片交给你的“蔬菜妈妈”吧。

延伸活动：请幼儿回到家继续认识蔬菜，并夸夸它们。

注意事项

提醒幼儿注意收放工具以及坐姿。

延伸活动

集体教学活动	区域活动	一日生活	家园共育
语言：儿歌《不挑食》 健康：“垃圾食品我不吃” 社会：“蔬菜一家”	益智区：配对游戏 美工区：画蔬菜 图书区：故事《不爱吃蔬菜的嘟嘟》	过渡环节： 1. 我喜欢的食物 2. 我爱吃的蔬菜	亲子游戏：回家后，幼儿可在父母的帮助下，继续认识更多的蔬菜。试着夸夸它们

附录

蔬菜歌

番茄番茄红红的，
黄瓜黄瓜绿绿的，
茄子茄子紫紫的。

二、活动反思

本次教学活动的目标已经实现，大部分幼儿都兴致勃勃地参与活动。幼儿能够认真观察图片，熟练读儿歌。在本次活动中，教师以幼儿的兴趣为出发点，支持幼儿的想法。从幼儿在活动中的表现可以看出来，幼儿参与活动的兴趣高涨。小涵提出要跟别的幼儿合作游戏，就是幼儿主动学习的表现，是幼儿优秀的学习品质。在今后的学习生活中，教师要多给幼儿展现自己的机会，并及时给予鼓励性评价，帮助幼儿树立信心，勇敢地表达自己。如果可以重新组织这次教学活动，教师可以将自己的指导语准备得更加精练和准确，给幼儿多说的机会。在游戏环节给幼儿充分的时间，使他们能够展现自己。

三、设计导读

该活动基于小班幼儿在语言领域的年龄特点，通过集体教育的活动形式，引导幼儿学习《蔬菜歌》的基本句式："××（蔬菜）××（红红、绿绿、紫紫）的？"活动开始，教师利用图片让幼儿观察各种蔬菜的颜色，并让"蔬菜妈妈"讲一讲它的营养价值，让幼儿试着用一句话夸一夸，充分吸引了幼儿活动的积极性。再利用读儿歌的形式，让幼儿对蔬菜的颜色有了进一步的了解，最后以游戏的形式结束活动。在这个活动中，幼儿始终处于宽松、愉快的环境之中。幼儿的兴趣高涨，能积极主动地学习，真正地体现了幼儿的主体性，培养了幼儿认真专注、敢于探究和尝试的学习品质，也让幼儿收获了问答式回应的关键经验，同时也培养了幼儿不挑食、不浪费的好习惯。

活动设计：北京市顺义区馨港幼儿园　翟　莹
设计导读：北京师范大学　张　艺

彩虹色的花

一、活动设计

观测点

1. 语言：具有初步的阅读理解能力。
2. 学习品质：能积极参与活动、敢于尝试。

活动目标

1. 学习品质：体会分享的快乐与帮助他人的美好情感。
2. 知识经验：通过阅读，能够理解故事的基本内容。
3. 能力：能用简短的语言讲述小动物们是怎样得到彩虹色的花的帮助的。

引导要点

1. 引导幼儿观察画面，理解故事的内容。
2. 能用简短的语言讲述小动物们得到彩虹色花的帮助的过程。

活动准备

1. 经验准备。

(1)教师：熟悉《指南》中小班语言领域的目标及教育建议；能熟练操作多媒体与幼

儿进行有效互动；了解本班幼儿现阶段的语言发展水平。

(2)幼儿：认识基础的几种颜色；有见过彩虹的生活经验，知道彩虹是五颜六色的；有帮助过别人或被别人帮助过的经验，有被帮助或帮助他人后的亲身感受。

2. 物质准备。

“彩虹色的花”PPT；难过和快乐的表情卡各6张；不同颜色的花瓣儿下藏着帮助过的小动物的教具，等等。

活动过程

(一)导入：以变魔术的形式导入，激发幼儿参与兴趣。(2分钟)

用魔术变出彩虹色的花。

引导语1：这朵花是什么颜色？

引导语2：我们给它起一个好听的名字叫“彩虹色的花”。现在来听一听关于这朵彩虹色的花的故事。

(二)感知体验：PPT依次展示小动物图片，结合画面讲故事。(4分钟)

1. 观看故事封面，引导幼儿用手指读故事名字。

2. 依次观看PPT中的画面，引导幼儿大胆讲述。

引导语1：小朋友们猜猜彩虹色的花会遇到谁。

引导语2：这些小动物都会遇到哪些困难？

引导语3：彩虹色的花会怎么帮助它们？彩虹色的花帮助朋友后花瓣儿少了，它还会继续帮助朋友吗？

引导语4：最后，彩虹色的花一片花瓣儿都没有了，你觉得这时候的它还漂亮吗？为什么？

(三)模仿探索：为彩虹色花帮助过的小动物送上相应表情卡。(4分钟)

1. 教师出示难过与快乐的表情卡，引导幼儿根据蚂蚁、蜥蜴、老鼠、小鸟、刺猬得到帮助后的心情，分别给它们送一张表情卡。得到彩虹色的花帮助后，小动物们的心情如何，会对彩虹色的花说什么？

引导语1：这里有两张不同的表情卡，请小朋友数一数彩虹色的花把快乐带给了几个朋友？都有谁？

引导语2：彩虹色的花分别帮助这几个小动物解决了什么困难？它们得到帮助后心情怎么样？请小朋友分别为这几个小动物送上表情卡，说说自己的感受。

引导语3：现在，彩虹色的花没有花瓣儿了，猜猜彩虹色的花现在的心情，并给它送上相应的表情卡。

2. 完整地欣赏故事。

(四)自由表现：以“猜花瓣儿游戏”回忆故事情节，分别用一句完整的话表达小动物对彩虹色的花的感谢。(3分钟)

引导语：这朵彩虹色的花每片花瓣儿下面藏着它帮助过的小动物，你还记得这些花瓣儿是送给谁的吗？猜出后，以这个小动物的口吻，用一句好听的话表达对彩虹色的花的感谢。(例如，谢谢彩虹色的花送给我红色花瓣儿当船，帮我过河)说说彩虹色的花帮助小动物后的快乐心情。

(五)结束：教师总结。(2 分钟)

引导语：彩虹色的花那么善良，我们应该向它学习。小朋友们在生活中也帮助过别人，或被别人帮助过。请你们和大家分享一下吧。

总结：原来，帮助别人是一件非常开心的事情，被别人帮助也是一件很开心的事情，所以小朋友们都要做一个有爱心的宝宝，做一个爱帮助别人的好宝宝！

注意事项

尽量鼓励幼儿用完整的语句描述图画。

二、活动反思

幼儿在活动中能够认真倾听，并能够大胆地用自己的语言表述故事内容。在导入环节，教师以魔术的形式变出彩虹色的花，激发幼儿听故事的兴趣。花瓣和小动物在第二次讲故事的时候使用，边提问边出示花瓣和小动物，会加深幼儿对故事内容的掌握，以及故事的顺序。在自由表现的环节，教师利用卡片和能活动的彩虹色的花来激发幼儿表达的欲望，为他们创造一个想说、敢说的氛围。幼儿们积极踊跃地表达了自己对画面的理解。教师能够根据本班幼儿的现有水平，以及学习的特点对教案进行修改，使提问更加具体化，使故事的对话句型具有一定的规律性，方便幼儿记忆与讲述。

本节活动教师的导入特别地吸引幼儿，如平时特别好动的悦悦，今天她的大眼睛一直盯着 PPT 上图片的变化。虽然在提问的时候她没有举手，但当教师提出问题后，她能够和一旁的小朋友进行交流，并认真思考。在表演环节，幼儿需要自己选小动物，这时候浩浩和一旁的美美争抢起来，都想表演小蚂蚁，不想表演小蜥蜴，甚至还发生了冲突。他们并没有合适的解决办法，最后导致一个哇哇大哭，另一个很生气。针对这样的问题，教师可以利用日常发生矛盾时和幼儿讨论的解决问题的办法。活动中，教师的语言感染力还需要提升，带动幼儿有表情、有语气地表现故事内容，这样更能够吸引幼儿的注意力。

三、设计导读

活动中，教师通过多媒体、游戏体验等多种形式帮助幼儿发展“有条理地组织讲述”这一核心经验。教师运用了游戏、给小动物送表情卡等教学策略，帮助幼儿理解故事内容。活动过程中，教师使用了很好的支架语进行提问，引导幼儿对故事内容进行理解，引导幼儿体会帮助别人是件快乐的事情。3～4 岁幼儿能够根据绘本讲述人、事、物之间的简单关系。活动运用游戏给幼儿提供讲述表现的机会。教师还为幼儿提供了情境支架，让幼儿分角色讲述，说出故事内容，从而帮助幼儿更好地体验在故事的叙述过程中和角色的扮演中情感与语言的意义。教师通过层层递进的环节设置，引导幼儿在已有的经验之上学习新知识，达成了既定的目标效果，培养了幼儿喜欢阅读、仔细观察画面及专注倾听的习惯。

活动设计：北京市顺义区宏城幼儿园　赵艳杰

设计导读：北京市顺义区馨港幼儿园　郭立春

第二节　中班——语言

龟兔赛跑

一、活动设计

观测点

1. 艺术：能用口语或肢体的方式进行表达。

2. 语言：能认真观察画面，并理解故事内容。

3. 学习品质：能在活动中敢于表现和尝试。

活动目标

1. 学习品质：做事情认真、努力，坚持到底。

2. 知识经验：理解故事内容，知道乌龟和兔子不同性格特点，在倾听与表达中体会出人意料的结果。

3. 能力：能够用自己的语言、动作表现对故事的理解。

引导要点

1. 通过提问，帮助幼儿了解故事的主要内容。

2. 引导幼儿通过表演故事的内容，提升对故事的理解能力。

活动准备

1. 经验准备。

(1)教师：知道兔子和乌龟走路的特点。

(2)幼儿：有初步合作表演的经验。

2. 物质准备。

轻松欢快的音乐、故事《龟兔赛跑》的 PPT、胸贴，等等。

活动过程

(一)导入：通过出示动物的图片，激发幼儿参与活动的兴趣。(3 分钟)

引导语 1：在美丽的大森林里，有一场有趣的比赛，我们被邀请观看比赛。大家跟着音乐出发吧！(播放音乐)

引导语 2：我们已经来到了比赛现场，看一看第一个出场的运动员是谁。(出示 PPT 中兔子图片)第二个出场的运动员是谁？(出示 PPT 中乌龟图片)

引导语 3：乌龟和兔子要参加长跑比赛，咱们先来一起听一听《龟兔赛跑》的故事。

(二)观察感知：完整欣赏故事，初步理解故事内容。(6 分钟)

教师完整讲述故事。

引导语 1：故事的名字是什么？

引导语 2：故事里面都有谁？

引导语 3：发生了什么事情？

(三)探索发现：幼儿深入理解故事内容和角色对话。(8 分钟)

逐页出示 PPT，采用提问的形式帮助幼儿回忆故事情节，模仿故事人物对话。

引导语 1(出示图片 1)：故事开始的时候，兔子碰到乌龟，对乌龟说了什么？乌龟是怎么做的？

引导语 2(出示图片 2)：兔子觉得乌龟不敢跟它赛跑，是怎么嘲笑乌龟的？编了一支什么山歌？

引导语 3(出示图片 3)：乌龟听了兔子的话，是什么心情？(生气)对兔子说了句什么话？(兔子、兔子，你别神气，咱们这就来赛跑!)

引导语 4(出示图片 4)：比赛开始了，谁跑在前面？谁跑在后面？

引导语 5(出示图片 5)：兔子跑得快，于是做了一件什么事情？它做这件事情的时候心里是怎么想的？

引导语 6(出示图片 6)：在兔子睡觉的时候，乌龟是怎么做的？

引导语 7(出示图片 7)：这场比赛谁赢了？谁输了？为什么？

引导语 8：慢吞吞的乌龟为什么会赢了跑得快的兔子？

(四)展示表现：尝试用自己的动作表现故事内容。(5 分钟)

请幼儿选择角色胸贴，用自己的动作、语言表现自己对故事的理解。

引导语 1：这么有趣的故事，我们一起来演一演吧！

引导语 2：选择你想扮演的小动物角色，贴好胸贴，站在前面。老师讲旁白，请小朋友讲述并表现角色对话。

(五)结束。(3 分钟)

引导语 1：小朋友演得特别好，老师看到××演的小乌龟跑步的时候能够坚持爬呀、爬呀，做事情能够坚持到底，不怕困难，最终取得了胜利。通过这个故事，小朋友们知道做事情的时候要坚持。

引导语 2：在家里、幼儿园里或其他地方，你们做什么事情的时候像小乌龟一样坚持了呢？谁愿意跟小朋友分享一下？

引导语 3：老师在表演区也投放了小兔子和小乌龟的头饰，区域活动时小朋友还可以去表演区表演。

二、活动反思

本节活动中，教师通过提问、个别幼儿表演、谈话导入、出示图片等形式引起幼儿的兴趣。通过提问幼儿，让幼儿的思维得到充分的锻炼。而且教师在提问方面抓住了重点，提的问题都围绕着主题，一步一步引导幼儿渐渐进入故事里，让幼儿自由发挥想象，用自己的语言很好地表述了自己的想法，在加深对故事的理解的基础上，个别幼儿的表演达到了教学目标 。教学活动也存在不足，在课前准备上，缺少一些供幼儿想象的活动场景，这样使得课堂形式很单一，没有那么生动，所以在以后的教学中，教师应该多从教学内容、教学设计、教学方法等方面进行科学的分析和思考，这样才能把课上得更生动、更活泼，幼儿学得更快乐。

三、设计导读

该活动基于中班幼儿在语言领域的发展特点，通过叙事讲述、图片阅读、情境表演等活动形式，引导幼儿探索故事的发展过程，在理解的基础上用自身的语言、动作表现故事内容，了解故事人物心理变化的过程，培养口语表达和推理的能力等。

活动设计：北京市顺义区港馨幼儿园　张玉侠

设计导读：北京市顺义区东兴幼儿园　闫　洁

一根羽毛也不能动

一、活动设计

观测点

1. 语言：愿意讲话并能清楚地表达、复述；能理解故事内容，体会文学作品的情绪情感。

2. 学习品质：能在活动中认真专注，乐于想象。

活动目标

1. 学习品质：初步感知坚持不懈很重要，适时放弃、保护自己和朋友更重要。

2. 知识经验：理解绘本内容，大胆表达故事内容。

3. 能力：能够根据画面信息，大致说出故事情节。

引导要点

1. 引导幼儿根据画面细节，比较完整地复述故事的情节。

2. 引导幼儿感知、理解坚持不懈的重要性。

活动准备

1. 经验准备。

(1)教师：熟悉绘本内容，能够用幼儿理解的语言进行讲述。

(2)幼儿：有玩“木头人”游戏的经验；认识鹅和鸭子，知道它们都是有羽毛的。

2. 物质准备。

绘本 PPT、背景音乐、幼儿坚持做过的事情(调查表)，等等。

活动过程

(一)导入：谈话方式引入，激发幼儿参与兴趣。(1 分钟)

引导语：小朋友们，又到了我们的故事时间了。今天老师给小朋友们带来一本好看的故事书。

(二)观察感知：播放绘本 PPT，阅读封面。(5 分钟)

引导语 1：书中有这两个朋友，你们看一看都是谁？谁是鸭子，谁是鹅？为什么你认为它是鹅或者鸭子？

引导语 2：个子大的是鹅，脖子长的是鹅，头上有肉瘤的是鹅。脖子短的是鸭子。听故事《一根羽毛也不能动》。

(三)探索发现：播放绘本 PPT(背景音乐)。(10 分钟)

1. 播放绘本 PPT，幼儿感受鸭和鹅的坚持不放弃。

引导语 1：刚才在鸭子和鹅的比赛中谁赢了？它们还可以比什么？

引导语 2：鸭子和鹅也玩木头人的游戏，你猜谁会赢？木头人的规则是什么？

引导语 3：这时候谁来了？它们在干什么？鹅和鸭子会怎么做呢？

2. 继续阅读绘本，感受坚持不懈很重要，但保护自己和朋友的安全更重要。

引导语 1：这回谁来了？比赛要不要结束？为什么？

引导语 2：狐狸把它们带到了自己的家，准备干什么？鸭子和鹅会怎么做？

引导语 3：猜一猜接下来会发生什么事？

引导语 4：鸭子救了鹅，现在比赛结束了，你认为谁赢了，为什么？比赛是鹅赢了，但遇到危险时谁做得对呢，为什么？

(四)展示表现：通过游戏进一步感受、理解绘本。(6 分钟)

1. 师幼玩"木头人"游戏，教师做"捣蛋鬼"。通过亲身体验，感受鸭子和鹅的坚持不懈。

2. 采访"木头人"，提问：你有什么好办法保持不动？(鼓励幼儿大胆表达自己的想法)

3. 再玩游戏一次，邀请几名幼儿来做"捣蛋鬼"。

(五)结束。(2 分钟)

引导语：请小朋友在过渡环节和你的好伙伴玩一玩这个游戏。

注意事项

在游戏过程中提示幼儿们注意安全，避免伤到同伴。

延伸活动

集体教学活动	区域活动	一日生活	家园共育
健康：集体游戏"木头人" 故事表演："一根羽毛也不能动"	表演区：绘本故事表演 美工区：制作表演头饰 图书区：共同讲述绘本	过渡环节：过渡小游戏	亲子游戏："木头人"

二、活动反思

在活动开始的观察感知环节，教师通过出示图片，开放性的提问，让幼儿猜测谁是鸭子谁是鹅。在此环节，教师引导幼儿观察比较鹅和鸭子的不同之处，幼儿畅所欲言，尽情发表自己的意见。《3-6 岁儿童学习与发展指南》语言领域"阅读与书写准备"教育建议中指出，要鼓励幼儿"大胆推测、想象故事情节的发展"，所以教师首先使用了参与式阅读教学法，引导幼儿大胆预测故事情节，理解并讲述故事。玩"木头人"，说说比赛怎样才能胜利的环节，让幼儿参与了进来，在玩中体验故事主人公的心理，体会坚持不懈。游戏中教师关注了全体，同时幼儿会有意识地调整自己的肢体动作，这发展了幼儿的控制力。

三、设计导读

该活动基于中班幼儿在语言领域的认知特点，通过绘本阅读、问题引导、游戏体验的活动形式，引导幼儿感受鸭子和鹅在游戏中的好胜心，以及鸭子在鹅遇到安全威胁时放弃比赛，勇敢相救等优秀品质。同时，鸭子和鹅在遇到危险时的反应，让幼儿知道适时放弃并没有错。活动培养了幼儿遇到困难坚持不放弃、遇到危险适时放弃的良好品质。

活动设计：北京市顺义区港馨幼儿园　张　梅

设计导读：北京市顺义区港馨幼儿园　魏　征

狡猾的狐狸

一、活动设计

观测点

1. 语言：能与同伴大胆交流，说话大方、自然；能认真观察画面，理解故事内容。

2. 学习品质：能在活动中集中注意力，乐于尝试。

活动目标

1. 学习品质：在集体活动中，能够注意力集中地听教师和同伴讲话。

2. 知识经验：感知小老鼠的心情变化，从而理解故事情节的发展和转折。

3. 能力：能基本完整地讲述故事。

引导要点

1. 引导幼儿通过看图猜想理解故事内容，感受阅读乐趣。

2. 能够有序、连贯、清楚地表达自己对故事的理解。

活动准备

1. 经验准备。

(1)教师：熟悉故事内容，明确教育目标。

(2)幼儿：知道什么是分享，有听清指令和一一对应的前期经验。

2. 物质准备。

《狡猾的狐狸》故事的 PPT 和动画、谜语等。

活动过程

(一)导入：以猜谜语的形式导入，激发幼儿参与兴趣。(2 分钟)

引导语：小朋友们，老师这有一个谜语(见附录 1)，我们来猜一猜是什么动物？这个小动物就是今天故事的主人公。

(二)观察感知：出示图片，幼儿观察并大胆猜测情节，激发幼儿兴趣。(3 分钟)

引导语 1：你们都看见了哪些小动物？

引导语 2：快猜一猜它们在干什么。

(三)探索发现：欣赏故事内容，探索小老鼠没吃到奶酪的原因，感受分享的重要性。(10 分钟)

1. 讲述故事后提问，以便幼儿了解理解故事内容。

教师声情并茂地讲述故事。

引导语 1：两只小老鼠发生了什么事？狐狸想出了什么办法吃到了奶酪？

引导语 2：狐狸是怎么说的？最后结果怎么样？

2. 看动画，回答问题，进一步加深幼儿对故事的理解。

引导语 1：请小朋友帮助两只小老鼠想一想，怎么才能吃到奶酪？

引导语 2：复述小灰鼠的话，体验生气、后悔的情绪变化。

(四)展示表现：幼儿自主选择图片，有序、连贯、清楚地讲述故事内容。(8 分钟)

引导语 1：每张桌子一组，有 5 张图片，每张图片上都标有序号。请小朋友们到桌旁，拿起自己喜欢的那一页按照编号顺序轮流讲述，每组讲一个故事。

引导语2：哪一组小朋友到前面来给大家讲讲这个故事？

引导语3：这组小朋友讲得非常完整，能将小动物们的对话比较完整、流利地讲出来，还能注意到小动物们说话的语气和表情，快给他们鼓鼓掌吧！

(五)结束：教师进行小结，将故事延伸至区域活动。(2分钟)

引导语1：小朋友们都讲得这么好，咱们把《狡猾的狐狸》故事图片做成书放到图书区，给其他的小朋友讲一讲，或者带回家给爸爸妈妈讲一讲。

引导语2：以后在生活中遇到这样的问题，可以分享，也可以开动脑筋想出更多的办法解决。

附录

1. 谜语：尖尖的长嘴，细细的小腿，一条大尾巴，疑神又疑鬼。

2. 故事：在一个阳光灿烂的下午，两只小老鼠在草地上发现了一块美味的奶酪。小白鼠拿起奶酪就要往嘴里塞，小灰鼠一把抢过奶酪说："是我先看到的，应该我先吃！"小白鼠却说："是我先拿到的，应该我先吃！"这时，路过的红狐狸碰巧听到了它们的对话。它也特别想吃那块美味的奶酪。于是，红狐狸假装从它们面前走过，问道："你们在吵什么呀？"小老鼠们把奶酪的事情告诉了红狐狸。红狐狸说："我来帮你们把奶酪分成两半，这样你们就都能吃到了。"小白鼠和小灰鼠同意了。红狐狸把奶酪分成了两半，两只小老鼠一看，左手那块大，右手那块小，它们都想要那块大的。红狐狸却说："没关系，看我的！"红狐狸说完就把左手那块奶酪咬下了一大口。可是咬得太多了，这回右手的奶酪大了，现在小老鼠们都想要右手那块奶酪了。红狐狸又说："没关系，看我的！"红狐狸又把右手的那块咬下去一大口。就这样红狐狸左边一口，右边一口，很快奶酪就剩下豆粒般大小了。红狐狸却说："我看这点也不够你们分的，我就帮你们吃了吧！"说完就把最后一口奶酪也吃掉了，舔舔嘴唇，大摇大摆地走了。小灰鼠和小白鼠因为吵架一口奶酪也没吃到，小灰鼠后悔地说："以后我们有好的东西还是一起分享吧。"小白鼠点点头说："嗯，我们再也不吵架了。"

二、活动反思

在活动的导入环节，谜语形式充分吸引了幼儿的兴趣。游戏中，幼儿能大胆地表达自己的所感所想，感受活动的乐趣。需要调整的地方是：首先，教师可在讲故事前先提出问题。这样幼儿会带着问题去听，起到激发兴趣的作用。其次，教师在邀请幼儿回答问题时，应给予幼儿思考的时间并给予每个幼儿参与的机会。再次，教师应该关注幼儿情况并及时引导，在适当时候鼓励幼儿，增强其自信心。

三、设计导读

该活动基于中班幼儿在语言领域的特点，通过猜谜的形式引发幼儿参与活动的积极性，活动由浅到深，解决了教学的重难点。在活动中，教师运用了多媒体使幼儿直观感受画面，理解故事内容。

活动设计：北京市顺义区东兴幼儿园　赵　萌

设计导读：北京师范大学　张　艺

冬天是什么

一、活动设计

观测点

1. 语言：愿意讲话并能清楚地表达；能理解诗歌内容，体会文学作品的情绪情感。
2. 学习品质：能在活动中乐于想象和创造。

活动目标

1. 学习品质：积极参与诗歌朗诵，感受诗歌带来的美。
2. 知识经验：理解诗歌中各种动植物过冬的方式。
3. 能力：能有感情地朗诵诗歌《冬天是什么》。

引导要点

1. 引导幼儿理解散文诗《冬天是什么》，感受冬天里的快乐。
2. 幼儿知道如何有感情地朗诵诗歌。

活动准备

1. 经验准备。
(1)教师：熟悉散文诗《冬天是什么》。
(2)幼儿：熟悉常见的动植物。
2. 物质准备。
《冬天是什么》的 PPT、音频和动画视频。

活动过程

(一)导入：教师以问题导入，激发幼儿参与兴趣。(2 分钟)

引导语 1：这是什么季节啊？从哪里看出来的？你们有什么感觉？(见图 3-1)

图 3-1　PPT1

引导语 2：在冬天，小朋友们有什么方法可以让自己变得暖和起来？
引导语 3：小动物是怎么过冬的？我们一起来听一听。

(二)观察感知：教师播放散文诗《冬天是什么》。(5 分钟)

引导语 1：这首散文诗的名字是什么？
引导语 2：诗里都出现了谁？

(三)探索发现：幼儿大胆表达并理解散文诗的内容。(10 分钟)

(1)青蛙、小熊和小蛇说：“冬天呀，就是在树洞里美美地睡上一觉，等到春风吹

来的时候，再醒来找东西吃……”(见图 3-2)

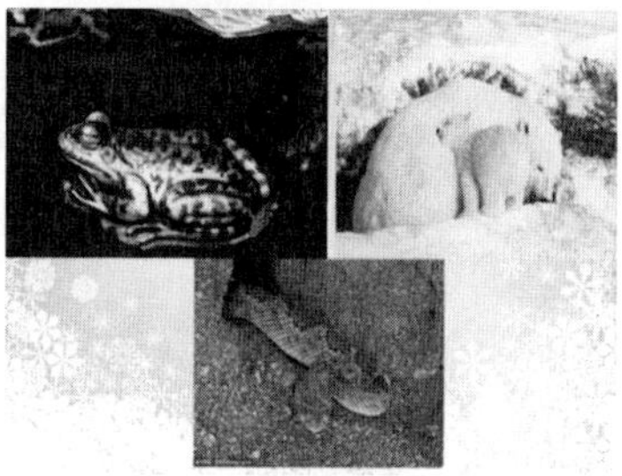

图 3-2　PPT2

(2)燕子、杜鹃和大雁说：“冬天呀，就是飞到温暖的南方，度过一个舒适的冬天，等到春暖花开的时候再飞回北方……”(见图 3-3)

图 3-3　PPT3

(3)小麦苗说：“冬天就是盖上厚厚的雪被，悄悄地长大……”(见图 3-4)

图 3-4　PPT4

(4)桃树说：“冬天啊，就是掉光叶子，保存水分，留下花芽，等春天再开花……”(见图 3-5)

图 3-5　PPT5

(5)小朋友们说："冬天呀，就是穿上棉袄，戴上棉帽，堆雪人，打雪仗。冬天呀，就是我们快乐的时光。"(见图 3-6)

图 3-6 PPT6

(四)展示表现：播放动画视频。(5 分钟)

引导语 1：小动物们和植物原来是这样过冬的呀，我们再来完整地欣赏一遍这首散文诗。(播放动画视频)

引导语 2：在冬天里我们是怎么过冬的呢？在冬天里有什么有趣的活动？(见图3-7)

图 3-7 PPT7

(五)结束：活动延伸。(1 分钟)

我们学习了《冬天是什么》这首好听的散文诗，知道了很多小动物和植物的过冬方式。小朋友回家可以朗诵给家人和伙伴听。

延伸活动

集体教学活动	区域活动	一日生活	家园共育
美术："美丽的冬天" 科学："冬天到了，我不怕冷"	益智区：雪花拼图 美工区：小小雪花 图书区：讲述《冬天的故事》	过渡环节：作品讲述	亲子制作：美丽的雪花 亲子制作：废旧报纸的再利用

附录

冬天是什么

冬天是什么？冬天啊，就是北风呼呼，雪花飘飘。

冬天啊，就是青蛙、小熊、小蛇冬眠了。

冬天啊，就是大雁、杜鹃、燕子飞到温暖的南方。

冬天啊，就是穿上棉衣，穿上棉裤。

冬天啊，就是早睡早起，一起来做运动。

冬天啊，就是和家人热热闹闹地过年。

冬天啊，就是和朋友开开心心地玩雪。

冬天啊，就是我们的快乐时光。

二、活动反思

本次活动，教师为幼儿创设了自由、宽松的语言交流环境。活动以“问题”为主线，引导幼儿大胆设想、猜测。教师鼓励幼儿大胆表达自己的想法，讲述画面的内容，描述故事的过程，从而发展了他们的语言能力，很好地完成了活动目标。

三、设计导读

《冬天是什么》这首散文诗，内容涉及幼儿生活中常见的动物、植物，学习诗歌能够帮助幼儿更好地理解人与自然的关系，理解冬季动植物的变化。同时散文诗的学习让幼儿接触到了更多的文学形式，积累了一定的关于优秀儿童文学作品的经验。

在整体活动设计中，教师利用多媒体手段，引导幼儿观看课件；幼儿在听的基础上，运用视觉完整感知，学习了诗歌，从而达成了《幼儿园教育指导纲要（试行）》中所倡导的教师要“引导幼儿接触优秀的儿童文学作品”的目标。

活动设计：北京市顺义区怡馨幼儿园　胡小晨

设计导读：北京市顺义区港馨幼儿园　魏　征

小豆芽

一、活动设计

观测点

1. 艺术：具有初步的艺术表现与创造能力。
2. 科学：具有初步的探究能力。
3. 学习品质：能积极主动参与活动，敢于想象和表现。

活动目标

1. 学习品质：积极主动参与儿歌歌唱和表演等活动。
2. 知识经验：知道豆芽的生长过程。
3. 能力：理解儿歌内容，并用肢体动作表现儿歌。

引导要点

1. 引导幼儿理解儿歌内容。

2. 引导幼儿用肢体动作表现儿歌。

活动准备

1. 经验准备。

(1)教师：会唱儿歌《小豆芽》，知道豆芽生长过程。

(2)幼儿：在前期活动中，观察过豆芽的生长过程，具有初步的律动感和艺术表达经验。

2. 物质准备。

豆芽实物、豆芽生长过程小动画、豆芽生长过程图等。

活动过程

(一)导入：出示豆芽，激发幼儿兴趣，从而引出儿歌《小豆芽》。(3分钟)

引导语1：你们知道豆子是怎么长成豆芽的吗?

引导语2：我们来听一首儿歌。这首歌唱出了小豆子是怎样长成豆芽的。

(二)观察感知：了解豆芽成长过程。(5分钟)

引导语1：我们一起看看小豆芽是不是像儿歌唱的那样生长。

引导语2：儿歌里是怎么唱的?

引导语3：请你们将小豆芽生长过程图片，按正确顺序排列，并朗诵儿歌。

(三)探索发现：边唱儿歌边用肢体表现不同时期的豆芽状态。(8分钟)

引导语1：小豆芽从泥巴里出来是什么样子的?

引导语2：那学学小豆芽钻的样子吧！它是用手钻的，谁能想到不一样的钻法？它是用头钻的，真聪明！它是用胳膊钻的，这个方法真好！

引导语3：那你看一看小豆芽从泥巴里钻出来以后长的是什么样子？想想儿歌是怎么唱的。(两片芽芽一条腿)谁来学学?

(四)展示表现：边游戏边唱儿歌。(5分钟)

引导语1：这次老师要放魔法音乐了。音乐一开始，老师就变成会魔法森林里种豆子的小精灵，音乐结束我就要来摘豆芽了，谁想来当我的豆芽宝宝，来演一演小豆芽是怎么长大的。

引导语2：其他小朋友来帮我浇浇水，念念“魔法咒语”，帮助小豆芽长大吧！你想给哪个豆芽施魔法?

引导语3：刚才老师变成了小精灵，现在请小朋友变成小精灵，然后找到你的好朋友，让他变成你的小豆子。我们来开始种豆芽吧。记得要念“魔法咒语”，这样你的小豆子才会快快长大。

(五)结束：边唱儿歌边跳，自然结束。(2分钟)

引导语：音乐停了，老师来摘豆芽。小豆芽和小精灵们，排好队去喝点“魔法药水”(白开水)，看看还能变成什么。

附录

小豆芽

小豆芽，歪歪嘴；
两片芽芽，一条腿；
钻钻泥巴，动动腿；
钻一下，动一下；
钻呀钻呀，钻呀钻呀，
钻出两片小芽芽。

二、活动反思

本次活动幼儿参与度高，课堂氛围非常活跃，活动目标的达成度较好。环节设计游戏化，减少了幼儿等待时间，提高了幼儿的兴趣，符合幼儿的年龄特点并结合了本班幼儿的实际情况。活动中教师充分利用魔幻森林的情境，激发了幼儿的表演欲望，并充分尊重幼儿的想法，鼓励幼儿主动探索各种方式，用肢体动作与同伴合作表演，模仿豆子发芽的情境；还给予幼儿充足的时间进行表现，培养了幼儿主动探索的学习品质。在今后的活动中，教师要更加关注那些参与度不高的孩子，针对个体差异给予适时适宜的策略支持。

三、设计导读

该活动基于中班幼儿具体形象思维的特点，通过观察和表演的方式，引导幼儿深入地了解豆芽的生长过程，并学习儿歌，让儿歌教学更加生动、有趣。

活动前，幼儿通过自然角的种植活动，积累了关于豆芽生长的感知经验。活动中，教师通过谈话，调动幼儿的这些经验，并提供能够表现豆芽生长顺序和状态的图片，供幼儿进行排序。幼儿回忆起豆芽的生长过程后，将图片进行正确的排序，显示出幼儿对豆芽生长的深入了解与掌握。在此基础上，教师引出本次活动的主要内容——儿歌。儿歌短小精悍，充满童趣，将豆芽的生长状态生动地描述出来。另外，儿歌的内容充满了动态的画面感。教师据此设计了“魔法森林”，鼓励幼儿大胆地发挥想象力与创造力，用动作表现儿歌中豆芽的生长顺序和生长状态，并鼓励幼儿要有不一样的动作和表现。幼儿在表演环节积极投入，认真专注，表现出了很大的学习兴趣，并初步做到了乐于想象和创造。

整节活动中，幼儿的大脑在积极地运转，身体处于积极探索的状态，打破了以往诗歌教学活动中，教师教，幼儿学、背的枯燥场面，让幼儿在观察、探索和游戏中完成了儿歌的学习，取得了良好的效果。

活动设计：北京市顺义区馨港幼儿园　李　婧
设计导读：北京市顺义区港馨幼儿园　魏　征

第三节　大班——语言

亲爱的老师，谢谢您

一、活动设计

观测点

1. 语言：能根据诗歌的句式仿编诗歌。
2. 社会：能与同伴友好相处，合作完成任务。
3. 艺术：具有初步的艺术表现与创造能力。
4. 学习品质：乐于想象和创造。

活动目标

1. 学习品质：能清楚连贯地表述自己的想法，感受到仿编的乐趣。
2. 经验知识：理解诗歌内容，感受诗歌的语言结构。
3. 能力：尝试用口语、绘画的方式表达仿编诗歌的内容。

引导要点

1. 引导幼儿以仿编与绘画等相结合的方式仿编诗歌。
2. 引导幼儿理解诗歌内容，感受语言结构。

活动准备

1. 经验准备。

(1)教师：了解诗歌内容和结构。

(2)幼儿：有仿编诗歌的经验，关注身边事物，感受事物之间的联系。

2. 物质准备。

诗歌《亲爱的老师，谢谢您》PPT、青蛙图片，纸张、水彩笔、线描笔等。

活动过程

(一)导入：欣赏诗歌。(2分钟)

朗诵诗歌《亲爱的老师，谢谢您》。

引导语：诗歌中谁和谁在一起，是怎么说的？

(二)观察感知：欣赏图片，记住诗歌的名字。(5分钟)

教师再次朗诵诗歌《亲爱的老师，谢谢您》。

引导语1：听完这首诗有什么感受？

引导语2：为什么小鸟和蓝天在一起？蓝天给了小鸟什么？

引导语3：为什么小朋友和老师在一起？老师给了小朋友什么？

(三)探索发现：引导幼儿看图片仿编诗歌，发现诗歌的特点。(10分钟)

1. 教师出示图片“亲爱的老师，谢谢您”。

引导语：你觉得还有“谁和谁在一起”？

2. 教师出示青蛙，请幼儿仿编。

引导语：青蛙和谁在一起？它给了青蛙什么？

3. 教师出示仿编记录图。

引导语：你发现了什么相同和不同的地方？

引导语：请你说一说“谁和谁在一起，谁为谁做了什么”。

(四)分组创作：通过绘画的方式创作、仿编诗歌。(8分钟)

请幼儿分组按照记录图进行仿编。

引导语：请你用绘画或文字的方式将自己的想法画出来或写出来。

(五)结束：分享交流。(5分钟)

1. 幼儿分享自己的作品，欣赏伙伴的创意，并大胆表述。

2. 教师和幼儿分享自己的创作。

引导语1：谁来说一说自己的创作？

引导语2：老师也想和你们分享一下我的创作。(最后一句用“亲爱的小朋友，谢谢你”结束。)

注意事项

提醒幼儿分组共同完成创作，时间大约15分钟。

延伸活动

集体教学活动	区域活动	一日生活	家园共育
创编活动：“亲爱的妈妈，谢谢您”	表演区：编排舞蹈、舞台剧《亲爱的老师，谢谢您》	过渡环节：欣赏儿歌《亲爱的老师，谢谢您》；播放歌曲《毕业歌》	亲子游戏：亲爱的爸爸(妈妈、宝贝)，谢谢您

附录

亲爱的老师，谢谢您

小鸟和蓝天在一起，
星星和月亮在一起，
花朵和绿叶在一起，
我们和老师在一起，
老师给我们讲故事，
老师教我们做游戏，
教师节快要来到了，
让我们一起说一声，
亲爱的老师，谢谢您！

二、活动反思

此次教学活动的目标基本实现，大部分幼儿能够清楚连贯地讲述自己的想法，并尝试通过绘画、语言等方式仿编诗歌。仿编记录图的使用突破了活动的难点，也成为本次活动的亮点。假设重新组织这一教学活动，教师可以加入音乐，增强幼儿对诗歌的感知。

三、设计导读

基于大班幼儿能够根据故事或诗歌内容进行仿编或创编的特点，教师利用教师节这一契机，通过感知诗歌内容结构特点，以幼儿讨论，自主进行仿编的活动形式，引导幼儿使用更多的词汇进行诗歌仿编。整个活动层层递进，为幼儿提供了自我表达的机会，提高了幼儿词汇的运用能力。

活动设计：北京市顺义区宏城幼儿园　付秀娟

设计导读：北京市顺义区教育研究和教师研修中心　王　颖

月亮船

一、活动设计

观测点

1. 语言：愿意讲话并能清楚地表达；能说出阅读的幼儿文学作品的主要内容。

2. 社会：具有初步的归属感，能为自己是中国人感到自豪。

3. 学习品质：能在活动中认真专注，敢于想象和尝试。

活动目标

1. 学习品质：能够在学习过程中积极主动，能有感情地学讲故事。

2. 知识经验：理解故事内容，知道我国有世界上最高的山、最长的城墙、最大的广场，萌发热爱祖国的情感。

3. 能力：能大胆表达自己的想法，并有序、连贯讲述故事情节。

引导要点

1. 帮助幼儿理解故事内容，知道我国有世界上最高的山、最长的城墙、最大的广场，萌发热爱祖国的情感。

2. 鼓励幼儿有序、连贯地运用对话的形式讲述故事。

活动准备

1. 经验准备。

(1)教师：熟悉故事内容；了解中国地理知识、大班语言领域目标以及教育建议。

(2)幼儿：和伙伴一起收集有关家乡的风景名胜、著名的建筑、特产图片。

2. 物质准备。

故事《月亮船》PPT、音频(风声)、故事图谱、角色挂牌等。

活动过程

(一)导入：图片导入，激发幼儿兴趣。(2 分钟)

引导语：我们一起来看一张图片，这是谁？它怎么了？请小朋友猜一猜：蒲公英为什么会哭？

(二)观察感知：观察封面，教师完整讲述绘本故事。(3 分钟)

教师利用 PPT 完整讲述故事内容。

引导语 1：我们一起来欣赏一个故事——《月亮船》，就知道蒲公英为什么会哭了。

引导语 2：蒲公英都飞到了哪里，都遇到了谁？

(三)探索发现：逐一出示图片，梳理故事内容。(10 分钟)

1. 教师逐一出示故事图片帮助幼儿梳理故事的第一段内容。

引导语 1：蒲公英被风吹到很远的地方，它睁开眼看到了什么？

引导语 2：蒲公英碰到了谁？蟋蟀是怎么和蒲公英说的？

引导语 3：蒲公英又碰到了谁？螳螂是怎么和蒲公英说的？

引导语 4：蒲公英最后碰到了谁？它是怎么和蒲公英说的？

2. 教师逐一出示故事图片帮助幼儿梳理故事的第二段内容。

引导语 1：世界上最大的海洋是哪一个？（太平洋）

引导语 2：世界上最高的是什么山？（珠穆拉玛峰）

引导语 3：蒲公英的家到底在哪？（万里长城下的一棵小草旁）

小结：珠穆拉玛峰、万里长城都在中国。我们国家这么伟大、美丽，怪不得蒲公英急着要回家。

(四)合作交流：师幼分组，分段讲述故事内容。(10 分钟)

1. 幼儿自由选择故事角色，合作复述故事的第一段内容。

引导语：今天刘老师带来了故事里的角色，我们分为两组，第一组小朋友讲故事的第一段，第二组讲故事的第二段。现在可以选择你喜欢的角色，并和你们组的小伙伴和老师一起讲这个故事。

2. 幼儿分组展示复述故事内容。

引导语 1：现在请第一组小朋友来讲故事的第一段。

引导语 2：请第二组小朋友来讲故事的第二段。

(五)结束：观看北京宣传片——我爱家乡北京。(3 分钟)

引导语：蒲公英的家乡在中国，那我们的家乡在哪里呢？你知道我们的家乡北京都有什么吗？

小结：我们生活在北京，宣传片里都是我们家乡常见的名胜古迹。作为北京人，我既热爱祖国又热爱家乡。

注意事项

教师要照顾到大多数幼儿，让他们都有表达的机会，还要鼓励幼儿大胆表达，并说出连贯完整、对话式的语句。

延伸活动

集体教学活动	区域活动	一日生活	家园共育
社会：“美丽的家乡” 科学：“中国地图” 语音：复述故事《月亮船》	表演区：分角色表演《月亮船》 美工区：制作中国地图的拼图 图书区：绘画、制作《中国之最》的图书	过渡环节：利用大屏幕欣赏中国、北京的宣传片；阅读图书	亲子制作：制作故事表演的服装、道具 信息收集：收集中国以及家乡之“最”

附录

月亮船

有一次，一朵小小的蒲公英被大风吹到了一个很远很远的地方。风停了，蒲公英睁开眼一看，啊！这是什么地方？陌生的树，陌生的山，陌生的小河。迷路的蒲公英急得哭了。

好心的蟋蟀说："别哭，别哭，听我唱歌。"蒲公英说："不，我不听，我要回家。"

善良的螳螂说："别哭，别哭，听我唱歌。"蒲公英说："不，我不听，我要回家。"

天黑了，月亮升起来了，像只弯弯的小船。船上有个仙女和小白兔。

仙女看见蒲公英在伤心地哭，便问："可怜的孩子，你怎么了？"蒲公英说："我迷了路，我要回家。"仙女问："你的家在哪儿？"蒲公英说："我的家，那儿有世界最大的海洋，有最高的山，有最长的城墙。"仙女笑着说："我知道了，坐上我的船，我送你回家。"小白兔把短尾巴伸到船外，尾巴越变越长，一直拖到地上，蒲公英顺着兔子尾巴，攀上了月亮船。

月亮船在云海里飘呀飘呀，蒲公英看见了世界上最大的海洋。它说："你好，我是太平洋。"蒲公英看见了世界上最高的山，它说："你好，我是珠穆拉玛峰。"突然，地面上出现了一片光芒。月亮船来到了万里长城上空，它说："你好，我是万里长城。"蒲公英激动地喊了起来："停一停，停一停，这就是我的家，我就住在万里长城下的一棵小草旁。"蒲公英下了船说："再见，仙女。""再见，孩子，记住你的家叫中国……"仙女说完，驾着月亮船走了。

二、活动反思

此次教学活动目标基本实现，幼儿能够积极主动地参与到活动中。他们通过对故事内容的理解，知道我国有世界上最高的山等，萌发了爱祖国的情感。最后一个环节播放《我爱家乡北京》的宣传片，一下将幼儿从故事拉回了现实：一方面与实际生活联系在了一起，另一方面也使幼儿更好地理解故事内容。

三、设计导读

基于大班幼儿能有序、连贯、清楚地讲述一件事情的特点，教师选择了适宜大班幼儿年龄特点的绘本内容，通过整体讲述、分段看图提问、角色表演等形式，使幼儿熟悉故事内容。在此过程中，教师的引导语引发了幼儿想象与表达的愿望，既为幼儿记住故事内容，为幼儿讲述、表演故事情节打下了基础，又完成了活动目标。

活动设计：北京市顺义区宏城幼儿园　刘金萍
设计导读：北京市顺义区馨港幼儿园　郭立春

谁的本领大

一、活动设计

观测点

1. 语言：愿意讲话并能清楚地表达、复述。
2. 社会：能与同伴友好相处；合作完成任务。
3. 学习品质：主动参与活动，乐于想象。

活动目标

1. 学习品质：能认真听故事，乐于表达自己的观点。

2. 知识经验：感受合作的快乐，懂得同伴之间相互帮助，本领才会更大的道理。

3. 能力：能根据故事中的线索大胆猜测、想象故事情节。

引导要点

1. 引导幼儿理解合作可以让自己的本领“变大”。

2. 引导幼儿观察图片，明确故事线索。

活动准备

1. 经验准备。

(1)教师：熟悉故事内容；了解大班幼儿的年龄特点及发展水平。

(2)幼儿：有帮助别人的经历。

2. 物质准备。

故事《谁的本领大》PPT、猴子和梅花鹿图片等。

活动过程

(一)导入：说说我的本领。(2 分钟)

教师以“长大了”为话题，表扬幼儿长大了，本领越来越大，请幼儿自由表达。

引导语：小朋友们现在长大了，谁来说说自己都有什么本领？

(二)观察感知：通过图片引入故事。(3 分钟)

教师结合本领大的话题，引导幼儿观看故事《谁的本领大》的 PPT。

引导语 1：今天有两个朋友来到咱们班——猴子和梅花鹿。

引导语 2：请小朋友说说它们有什么本领。

引导语 3：请小朋友一起来看一看发生在它们之间的故事吧！

(三)探索发现：幼儿自己来设想故事结尾，自己探索人物心理。(10 分钟)

教师播放幻灯片，讲述故事，并引导幼儿猜想“怎么能摘到果子”。

引导语 1：梅花鹿和猴子请来大象伯伯做裁判员，小朋友们猜一猜大象裁判会让它们怎么比谁的本领大呢？

引导语 2：噢！原来是这样比，大象裁判是想让它俩先过了这条河，再爬上树摘果子，谁先摘到就算谁本领大。

引导语 3：这样比，谁会先摘到果子呢？为什么？

引导语 4：哎呀！真着急！梅花鹿都过了河啦，可是不会爬树；猴子会爬树却过不了河，更摘不到果子。它们该怎么办呢？小朋友们快为它俩想一想办法呀！

(四)合作交流：教师继续播放 PPT，将故事讲完，请大家交流。(10 分钟)

老师肯定幼儿的各种思考和猜测，继续根据 PPT 讲故事。

引导语 1：最后猴子和梅花鹿怎样做才能摘到果子呢？我们继续来听故事。

引导语 2：它们这次摘到果子了吗？是谁想到的好办法呢？

引导语 3：最后它们是用什么方法摘到果子的呢？

(五)结束：完整回放一遍故事，教师做小结。(3 分钟)

引导语 1：小朋友，你们喜欢这个故事吗？为什么？

引导语 2：看来今天小朋友对这个故事都很感兴趣，相信你们随着年龄的增长，本领也会越来越大，同时也会去帮助别人，与别人合作。

注意事项

提醒幼儿仔细观察图片线索，大胆想象，用完整、清晰和流畅的语言进行表达。

延伸活动

集体教学活动	区域活动	一日生活	家园共育
社会：“合作的快乐” 健康：“团结力量大”	图书区：讲述故事《谁的本领大》 建筑区：合作搭建“我们的幼儿园”	过渡环节：讨论在日常生活中他们是怎样互相帮助的 午睡环节：起床时，合作叠被子	亲子制作：制作角色玩偶

附录

谁的本领大

森林里，有一只猴子和一只梅花鹿。

有一天，猴子碰见了梅花鹿，它俩都说自己的本领大，说着说着就争吵起来了。最后，它们决定比比看谁的本领大。它们请来大象伯伯当裁判员。大象伯伯说：“你们看，河对岸有棵果树，果树上长满了果子，你们谁先摘到果子，就算谁的本领大。”

梅花鹿想：“我有四条腿，跑得飞快，我准能先摘到果子。”

猴子想：“我动作灵活，会爬树，果子准是我先摘到。”

比赛开始了，大象伯伯喊了声：“预备——开始!”梅花鹿撒开四条腿，飞快地向前跑去，一眨眼就跑到了小河边，轻轻一跳就过了小河，一口气跑到果树下。回头一瞧，猴子还没过河呢！梅花鹿得意地想：“哈哈！这下我准能先摘到果子啦!”可是，果树太高，它伸长脖子跳了又跳，还是摘不到果子，心里真着急。

猴子呢，它跑到了小河边，被河水挡住了去路，河上没有桥，也没有船，猴子过不了河，心里很着急。它想：“我会爬树，可是过不了河；梅花鹿过了河，可是又不会爬树。我们互相帮助，不就能摘到果子了吗?”于是它就喊起来：“梅花鹿，你过来，我有办法啦！你回来驮我过河，我们一起去摘果子!”

听到喊声，梅花鹿赶紧往回跑，驮着猴子跳过小河，跑到果树下。猴子“嗖”地一下爬上了果树，攀着树枝很快就摘到了果子。

它们一起把果子交给了裁判大象伯伯，大象伯伯笑眯眯地说：“现在你们明白了吧！梅花鹿能过河，可是不会爬树；猴子能爬树，可是过不了河。你们各有各的本领，只有互相帮助，才能摘到果子，本领也就更大了。”从此以后，猴子和梅花鹿成了好朋友。

二、活动反思

此次教学活动的目标基本实现。活动过程中幼儿能够大胆地表达自己的观点，并根据故事中的线索猜测、想象故事情节。故事内容的选择特别适合大班幼儿发展合作性这一特点，活动用“长大了”的话题引入，一下子激发了幼儿对于本领的讨论。这些都是本次活动的亮点。

三、设计导读

该活动基于大班幼儿能有序、连贯、清楚地讲述一件事情这一语言特点而设计。在讲述故事时，教师通过引导幼儿猜测谁的本领大，让幼儿逐步理解故事的内容，进行故事讲述；幼儿通过故事知道了团结合作会有更好的结果。活动培养了幼儿之间团结合作的品质，发展了幼儿清楚、连贯地进行讲述的能力。

活动设计：北京市顺义区东兴幼儿园　周静仪

设计导读：北京市顺义区东兴幼儿园　闫　洁

食物大猜谜

一、活动设计

观测点

1. 语言：愿意讲话并具有初步概括能力。

2. 学习品质：乐于想象和创造。

活动目标

1. 学习品质：在编谜语活动中能大胆想象，充分发挥创造性。

2. 知识经验：从物体形状、特点、颜色、气味等方面概括事物的特征并创编谜语。

3. 能力：能用完整、连贯的语言表达自己的想法。

引导要点

1. 引导幼儿认真听谜面，积极参与猜谜活动。

2. 引导幼儿用连贯的语言、丰富的想象力、抽象的思维把事物的特征表达出来。

活动准备

1. 经验准备。

(1)教师：熟悉常见食物的特征。

(2)幼儿：对日常生活中食物的特征有所了解。

2. 物质准备。

师幼共同收集各种常见食物的图片若干，并将之贴在展示板上，如橘子、西瓜、番茄、胡萝卜、大蒜、柿子、桃子等。

(一)导入：猜谜游戏引出活动主题。(2 分钟)

教师通过一个简单的小谜语引出今天猜谜的主题——食物，激发幼儿参与的热情。

引导语：小朋友们，今天老师带来了好玩的猜谜游戏，谜底是可以吃的东西。一起来猜一猜吧：小小橙色坛子，装满橙色饺子；吃掉橙色饺子，吐出白色珠子。

(二)观察感知：教师说谜面，幼儿猜谜语。(7 分钟)

1. 教师出示橘子的图片及特征，和幼儿一起分析理解谜面，了解谜语中食物的特征。

引导语 1：你是怎样猜到的？

引导语 2：为什么是“小小橙色坛子”？

引导语 3：为什么是“装满橙色饺子”？

引导语4：为什么是“吐出白色珠子”？

2. 教师和幼儿一起猜其他食物的谜语，教师慢速说出谜面(两遍)，请幼儿猜谜底。然后出示谜底图片和特征，并和幼儿一起分析谜面。

引导语1：请小朋友们再认真听老师念的谜面，判断这是什么食物。“身穿绿衣裳，肚里水汪汪，生的子儿多，个个黑脸膛儿。”

引导语2：你是怎样猜到的？

引导语3：绿衣裳是西瓜的颜色，水汪汪是西瓜里面果肉水分多，子儿多、脸膛儿黑是西瓜里籽多且是黑色。

(三)探索发现：鼓励幼儿根据食物特征，尝试创编谜语。(8分钟)

1. 教师和幼儿一起讨论创编谜语的原则。

引导语1：我们可以自己编谜语让别人猜，怎么编谜语呢？

引导语2：可以说出事物的外形、颜色、声音和用途，但不能说出是什么。

2. 教师引导幼儿根据番茄的特征创编番茄的谜语。

引导语1：如果你想编一个关于番茄的谜语，想想要怎么说。

引导语2：红红的是颜色、圆圆的是形状、酸酸的是口感、软软的是手感。

3. 把图片展板提供给幼儿参考，鼓励幼儿结合自己的生活经验，大胆创编简单的谜语。

引导语1：下面请小朋友试着自己编一个小谜语吧。

引导语2：橘色是胡萝卜的颜色，长长的，上面粗、下面细是形状，脆脆的是口感，长在土里是生长环境。

4. 教师引导幼儿总结在创编谜语时要把食物的特征(形状、颜色、味道、口感、气味、触感)等进行概括。

引导语：在创编谜语时我们要记得把食物的形状、颜色、味道、闻起来、摸起来、长在哪里这些特征说出来，这样才能让其他小朋友猜到。

(四)合作交流：幼儿分小组说谜面，让其他幼儿猜。(8分钟)

教师出示魔法袋请幼儿抽取魔法卡片，根据卡片的内容进行猜谜游戏。

引导语：这里有一个神奇的魔法袋，里面装了神奇卡片，请小朋友抽取魔法卡片，开始创编游戏吧。

(五)结束：教师总结，结束活动。(1分钟)

教师总结活动，鼓励幼儿回家和爸爸妈妈分享自己的谜语。

引导语：创编谜语时，要把食物的颜色、形状、味道、摸起来、闻起来等特征描述出来，才能让小朋友猜出来。回家后我们也可以和爸爸妈妈分享一下，让他们猜一猜！

二、活动反思

此次教学活动的目标基本达成。大部分幼儿学习并掌握了从物体的形状、颜色、气味等方面概括事物的特征创编谜语的能力。此次活动有两大亮点：一是教师通过非常有特点的橘子、西瓜和番茄，引导幼儿一步一步分析如何创编谜语；二是魔法袋的游戏让活动到达了一个高潮，进一步加强了活动的趣味性。

三、设计导读

该活动基于大班幼儿能根据画面的线索进行续编或创编活动的特点，通过猜谜语和说谜语的活动形式了解谜语的结构，引导幼儿在感受生活中常见的不同食物的颜色、外形特点和口感等特点的基础上，进行谜语创编。此活动既发展了幼儿运用多种感官观察食物的能力，又培养了幼儿组织语言的能力。

活动设计：北京市顺义区后沙峪第一幼儿园　白　茹

设计导读：北京市顺义区东兴幼儿园　闫　洁

小水滴旅行记

一、活动设计

观测点

1. 语言：能阅读画面，理解故事内容；能用图画和符号进行表达。

2. 学习品质：能在活动中认真专注，乐于想象和创造。

活动目标

1. 学习品质：积极主动参加《小水滴旅行记》的活动，感受小水滴旅行过程的快乐。

2. 知识经验：理解故事内容，知道水的气态、液态、固态3种存在方式，了解小水滴的变化过程。

3. 能力：能用语言或绘画的形式表现小水滴的“转化”过程。

引导要点

1. 引导幼儿通过问题讨论理解故事内容，知道水的三态。

2. 引导幼儿用自己喜欢的方式记录小水滴的旅行路线。

活动准备

1. 经验准备。

(1)教师：知道小水滴转化过程，水→水蒸气→云→雨(雪)→水；知道气态、液态、固态的转化顺序。

(2)幼儿：有过对水蒸气、雪花、雨滴的观察。

2. 物质准备。

动画《小水滴旅行记》PPT，图片、水彩笔、白纸若干。

活动过程

(一)导入：教师播放动画《小水滴旅行记》PPT，激发幼儿参与的兴趣。(1分钟)

引导语：小朋友们，你们喜欢旅行吗？今天我们班来了新的小客人——小水滴，它们要带我们去旅行，我们一起去看看吧。

(二)观察感知：和幼儿一起观看PPT。教师引导幼儿一边观看，一边理解与猜测故事内容，在播放一页之后暂停，向幼儿提问。(4分钟)

引导语1：你们猜猜小水滴都会到哪里旅行呢？

引导语2：小水滴的家在哪里？大雁邀请小水滴去旅行，它们找谁才能成功？

(三)探索发现：继续观看 PPT 进行讨论并进一步理解故事内容。教师提出问题，引导幼儿讨论理解故事内容，并出示图片。(10 分钟)

引导语 1：太阳是怎么帮助小水滴的？小水滴变成了什么？

引导语 2：小水滴现在旅行到哪里？这次小水滴的身体发生了哪些变化？人们把一群小水滴叫作什么？

引导语 3：小水滴飞不动了，谁来帮助它们了？小水滴在风的帮助下又变成了什么？

引导语 4：在冷风的影响下小水滴又发生了什么变化？

引导语 5：小水滴是怎么从雪花变回来，并且回到大海的呢？

引导语 6：小水滴在旅行的过程中身体发生了哪些变化？

引导语 7：小水滴想记录一下自己的旅行过程，希望小朋友帮它们画下来。

(四)合作交流：引导幼儿绘制小水滴的旅行路线。教师鼓励幼儿选择自己喜欢的方式绘制小水滴旅行路线图。(10 分钟)

引导语：谁来分享一下你帮小水滴画的旅行图，给大家讲一讲小水滴都去了哪里。发生了哪些变化？

(五)结束：鼓励幼儿回家给父母讲故事。(1 分钟)

引导语：今天我们一起跟着小水滴去旅行了，还帮小水滴画了旅行路线图。你们回家以后也可以告诉爸爸妈妈，小水滴都去哪些地方旅行了。

注意事项

提醒幼儿注意绘制旅行线路图时要保持画面干净、整洁。

延伸活动

集体教学活动	区域活动	一日生活	家园共育
语言：《小水滴旅行记》续编 科学：“会变的水”	科学区：水的变化(观察水烧开后变成水蒸气，再在上面放个盖子，观察水蒸气变成水滴) 图书区：关于雨雪现象的图书 表演区：小水滴旅行记	过渡环节：自制图书讲述	亲子制作：小水滴旅行表演道具 亲子观察：观察水变成冰的过程及冰融化成水的过程

附录

小水滴旅行记

我们是小水滴，我们的家是大海。大海里有可爱的鱼儿、碧绿的水草。一天，空中飞来一群大雁向我们招手：“小水滴，快上来，跟我们一起旅行吧!”“大雁姐姐，我们没有翅膀，怎么飞上去呀?”“你们去请太阳公公帮帮忙!”大雁姐姐说完就急匆匆地飞走了。第二天，太阳公公刚起身，我们大伙说：“太阳公公，我们要旅行，可是没有翅膀，请你帮帮忙吧!”太阳公公微笑着点点头。

太阳公公升起来了，放出万道金光，照得我们睁不开眼，浑身暖烘烘的。不一会儿，我们的身体变轻了，慢慢地离开了大海，向空中飞去。

忽然，听到“呼——呼——”的声音，啊，风爷爷来和我们做伴儿了。飞呀飞，我们飞到了北边的天空，飞呀飞呀，我们觉得有点儿冷了，越来越冷了。我们三个一伙，五个一群，紧紧地抱在一起，越抱越紧。一会儿，都变成了一颗颗很小很小的小水滴。风爷爷带着我们在空中飘来飘去，人们把我们称作白云。

哎呀，我们的身体怎么这么沉呀，越飞越累，越飞越慢，都有点儿飞不动啦。过了好一会儿，我们想，到大地上去玩玩多好呀！风爷爷好像猜透了我们的心思。“呼——呼——”刮起冷风来。这时，我们里面有些大胖子，冷得缩成一团，又变成了小水滴，还来不及和我们告别，就落了下去。只听见大地上的小娃娃们欢呼起来：“下雨啦！下雨啦！”

冷风越刮越紧，我们也冷得受不了啦。忽然，一个小伙伴惊叫起来：“我们变成小雪花啦！”大家你看看我，我看看你，可不是吗，我们都穿上了白色的六角裙，慢慢地从空中飘了下来，飘到一个山顶上，停了下来，我们飞了那么久，都觉得累了，安安静静地躺在地上睡着了。

我们一直睡到第二天清早，太阳公公高高地升起，我们大声喊：“太阳公公，太阳公公，把我们带回家去吧。我们想家了，想美丽的大海了。”太阳公公说：“好，我这就带你们回家去。”太阳公公放出了光和热，我们全身都暖和起来，慢慢地我们又变成了小水滴。大伙儿伸了伸腰，排着队从山顶直奔下来，进了小河，又进了大河，来到一个大水库。隔了一天，水库的闸门一开，我们哗哗地顺着江河又回到了自己的家乡——大海。

二、活动反思

本次教学活动的目标基本达成。大部分幼儿能够积极主动地参加活动，并能用语言或绘画的形式表现小水滴的“转化”的过程，感受小水滴旅行过程的快乐。个别幼儿合作能力还较弱，教师在日常生活中应加强对其如何与他人合作方面的引导。

三、设计导读

该活动基于大班幼儿在语言领域的发展特点，通过欣赏故事的活动形式，引导幼儿感受小水滴的旅行过程。幼儿通过活动知道了小水滴如何变成水蒸气，又是如何从水蒸气变为雨、雪，最后又怎样回到大海的过程。绘制小水滴线路图，使幼儿进一步熟悉故事内容，达到了幼儿理解故事内涵，能够讲述故事内容的活动效果。

活动设计：北京市顺义区馨港幼儿园　苗双娇
设计导读：北京市顺义区东兴幼儿园　闫　洁

第四章　社　会

第一节　小班——社会

幼儿园是我家

一、活动设计

观测点

1. 社会：能够情绪愉快地参与活动。
2. 语言：能够清楚地唱儿歌、童谣。
3. 学习品质：具有好奇心和学习兴趣，喜欢参加活动。

活动目标

1. 学习品质：愿意参加幼儿园的群体活动。
2. 知识经验：认识幼儿园的部分场地。
3. 能力：掌握幼儿园的大门、操场、滑梯、教学楼等的位置。

引导要点

引导幼儿找到幼儿园的常用场地。

活动准备

1. 经验准备。

(1)教师：熟悉幼儿园的场地并设计引导路线。

(2)幼儿：能手拉手排队走。

2. 物质准备。

幼儿园部分场地、手偶(小绵羊公仔)。

活动过程

(一)导入：出示手偶引导幼儿认识幼儿园。教师拿出小绵羊公仔，然后用开火车游戏把幼儿带出教室，带到幼儿园大门。(2分钟)

教师和小绵羊公仔当火车司机，每握一个幼儿的手就让一个小朋友上火车。

引导语1：我是一只小绵羊，爱上幼儿园。我不哭我不闹，老师来抱抱。咩——咩——小绵羊上幼儿园了。它今天特别想参观认识一下我们的幼儿园。我们大家和它一起去，好吗？

引导语2：小绵羊说要和老师开着火车，带小朋友们一起参观认识幼儿园。它说它想和小朋友们握握手，握到手的小朋友就上火车。小朋友们准备好上火车了吗？我们的旅行就要开始了！

(二)感知体验：教师一边唱《开火车》的儿歌，一边把火车开到大门，逐个参观幼儿园几个典型的场所。(6 分钟)

教师先带领幼儿参观几个地方。

引导语 1：小火车，排一排，小朋友们坐上来。轰隆隆，轰隆隆，小朋友到站了。我们赶紧下火车参观喽！咦？小绵羊想问大家，我们这是到哪儿啦？

引导语 2：小朋友们真棒！我们的小火车开到了大门口。小朋友们每天都是从这儿进幼儿园的，对不对啊？

引导语 3：参观了幼儿园的大门口。我们要参观幼儿园的下一个地方了。小朋友们赶紧上火车吧！不然，火车就要开走了啊！小火车，排一排，小朋友们坐上来。轰隆隆，轰隆隆……

(三)模仿探索：幼儿开火车，模仿教师的样子带领大家再参观一遍。(3 分钟)

教师在背后辅助，选择几个地方参观。

引导语 1：我们开着火车参观了这么多地方。老师开了这么久的火车，有点儿累了。哪位小朋友可以帮老师开火车啊？

引导语 2：好！那小朋友们赶紧上火车吧！我们出发喽！小火车，排一排，小朋友们坐上来。轰隆隆，轰隆隆……

(四)自由表现：让幼儿来自由开火车，参观幼儿园。(3 分钟)

教师请幼儿自由开火车，可以分成小组。引导幼儿去操场、保健室、门卫室、多功能室等。

引导语 1：哦！我们有新的火车司机喽！让我们出发吧！小火车，排一排，小朋友们坐上来。轰隆隆，轰隆隆……

引导语 2：小司机开火车开得真不错。老师还想请小朋友帮老师开火车。有哪位小朋友愿意啊？

(五)结束：教师肯定幼儿们的表演，开着火车回教室。(1 分钟)

幼儿们回到教室后，教师可以请大家坐下来回忆一下都去了哪些地方。

引导语：开了这么久，小朋友们都有点儿累了，火车也有点儿累了。现在我们开着火车回去吧！……还记得我们参观了哪些地方吗？

注意事项

在请幼儿自己选择想要参观的地方。幼儿当火车司机的时候，教师要给予鼓励和指导。

延伸活动

让幼儿回家后和家人分享今天的活动，可以让家人通过开火车的游戏带幼儿认识自己的家。

二、活动反思

小班的新生刚入园，面对的是一个全新的环境，一切都是陌生的。有些幼儿情绪不稳定，哭闹着不肯上幼儿园。为了尽快让小朋友熟悉班集体，喜欢上幼儿园，教师开展了此次教学活动。在活动开始时，多数幼儿还不太会回答问题，有点儿胆怯，不敢说话。在谈话和游戏活动中，教师通过角色扮演等方法激发幼儿参与游戏的兴趣，鼓励每一个幼儿大胆表达，清楚地讲出自己是“××幼儿园”的小朋友和自己所在的班级。利用幼儿喜欢的“开火车”游戏，让幼儿与教师一起寻找、观察幼儿园的环境，幼儿通过走走看看知道幼儿园的布局，从而了解幼儿园、了解幼儿园的设施。整个活动过程中，幼儿兴趣浓厚，大部分幼儿都能掌握自己所在班级并大胆表达，个别幼儿对班级外的幼儿园环境还不能很快掌握，需要教师在日常生活中带领其逐渐熟悉。

三、设计导读

该活动以游戏“开火车”的形式进行，为幼儿提供了一个宽松、自由的氛围。通过游戏，幼儿认识了幼儿园的大门、操场、滑梯、教学楼等，并且能够逐步适应幼儿园生活。幼儿喜欢游戏，就是因为他们沉迷于想象的情境，把自己真的当成了游戏中的角色。活动符合小班幼儿具体形象思维的特征。幼儿通过游戏，培养了主动性，参与了群体活动，有了与其他幼儿一起活动的愿望。

活动可以安排在 9 月。幼儿初入幼儿园情绪不稳，分离焦虑明显，对幼儿园的整体环境还存在着陌生感和不安全感，这时带领幼儿用游戏的形式熟悉幼儿园的环境，能够帮助幼儿尽快适应幼儿园。

活动设计：北京市顺义区宏城幼儿园　孙刘杨

设计导读：北京市顺义区裕龙二区幼儿园　王立君

大家来抱抱

一、活动设计

观测点

1. 社会：愿意与人交往，对关爱自己的人表示出尊重。
2. 学习品质：对活动有好奇心和兴趣，能够积极参与活动。

活动目标

1. 学习品质：喜欢与同伴、教师拥抱。
2. 知识经验：了解故事内容，知道拥抱是可以让大家快乐的。
3. 能力：能与同伴拥抱表达关爱之情。

引导要点

通过游戏，引导幼儿感受拥抱时带来的快乐。

活动准备

1. 经验准备。

(1)教师：能绘声绘色地讲述故事。

(2)幼儿：有被人拥抱的经验。

2. 物质准备。

故事《抱抱小猪》等。

活动过程

(一)导入：教师讲述故事，激发幼儿参与兴趣。(2～3分钟)

引导语1：今天老师请来了几只可爱的小动物，小动物们给小朋友带来了一个故事，让我们来听一听吧。

引导语2：故事里哪个小动物哭了呀？它为什么哭呢？

引导语3：那其他的小动物都是怎么做的呢？对啦！小动物们为了安慰小猪给了它拥抱，小猪渐渐不哭了。小猪表现得好，老师拥抱了小猪，小猪就笑了。

(二)感知体验：引导幼儿感知拥抱和被拥抱带来的温馨感受。(6分钟)

引导语1：小朋友，你们被人拥抱过吗？你心里是什么感觉呢？(被人拥抱的感觉很舒服、很温暖)

引导语2：你拥抱过别人吗？你为什么要拥抱他呢？(当别人伤心的时候，你可以去抱一抱他；当你看到自己喜欢的人，也可以去给他一个拥抱)

(三)模仿探索：鼓励幼儿和自己的好朋友抱一抱，感觉集体的温暖。(3分钟)

引导语1：老师很喜欢小朋友。老师想抱抱××，还想抱抱××。

引导语2：我们是个大家庭。小朋友们去和你们的小伙伴，还有老师拥抱一下吧。

(四)展示表现：鼓励幼儿大胆与同伴或老师拥抱，感受拥抱带来的快乐。(2分钟)

引导语：当音乐进行时，幼儿边拍手边走；音乐停止时，幼儿要找到一位好朋友相互拥抱；然后音乐又开始播放，幼儿继续拍手走步；音乐再停下来时，你们要交换小伙伴拥抱。

(五)结束：教师进行小结，鼓励幼儿在生活中尝试用拥抱温暖安慰他人。(1分钟)

注意事项

提醒幼儿游戏时注意安全。

延伸活动

集体教学活动	区域活动	一日生活	家园共育
音乐：《爱我你就抱抱我》 社会：我和我的好朋友	表演区：“爱的抱抱” 图书区：故事讲述	来园：拥抱问候、安慰好朋友 离园：“抱一抱，明天见”	亲子游戏：“爱我你就抱抱我” 亲子互动：“爱的抱抱”

附录

抱抱小猪

小猪熙熙第一天来到幼儿园，她一直“呜呜呜”地哭个不停。她想妈妈，想回家，不想来到陌生的幼儿园。这个时候小兔子默默跳了过来温柔地抱了抱小猪说：“熙熙，熙熙，你别哭，我们可以一起搭积木。”小猪低着头哭得小声了一点。小猴子皮皮过来轻轻地抱了抱小猪说：“熙熙，熙熙，你别哭，我们可以一起学本领。”小猪依然低着头，但是没有了哭声。小鸡吉吉过来也抱了抱小猪说：“熙熙，熙熙，你别哭，我们可以一起看图画书。”熙熙抬头看了看大家，脸上已经没有了泪珠。这时候小象迪迪走了过来，用长长的鼻子给了小猪一个大拥抱说："熙熙，熙熙，你别哭，我们可以一起坐滑梯。"熙熙点了点头，起身走到大家中间一起做游戏。幼儿园的山羊老师教小朋友唱儿歌，小猪是唱得最好，而且是声音最大的小朋友。山羊老师说："熙熙，熙熙，你的声音真响亮，唱得真好听。"山羊老师送给了小猪一个大大的温暖的拥抱，小猪熙熙害羞又开心地笑了。

二、活动反思

本次活动中，教师采用故事引入的方式，故事能引起幼儿的兴趣。通过故事中的形象在幼儿的心中产生共鸣，让幼儿了解身边的人不开心时，表示安抚的友好方式。此次教学活动的目标基本实现。具体体现在，幼儿能够在教师的引导下，感受到集体生活的温暖，能够爱他人，亲近与信赖他人，能够与教师、其他幼儿交流自己的感受。在教学过程中，教师采用多种教学手段调动幼儿积极地参与活动，帮助幼儿理解抱抱这个行为带给大家的温暖和快乐。如果下次再组织这个活动，教师可以调整绘本的使用方式。因为在社会活动中，绘本故事的运用应该作为前期经验和回顾的经验点，而不应该把绘本作为主体，不论是从时间上还是内容的选取上，教师都需要提前思考和精心备课。

三、设计导读

此活动基于《指南》中提到的要"结合具体情境，指导幼儿学习交往的基本规则和技能"这一教育建议而设计。教师以故事导入，符合小班幼儿的年龄特点。小班幼儿常和"娃娃"说话，跟小椅子说"再见"，是思维"拟人性"特点的体现。他们处在从直觉行动思维到具体形象思维的过渡阶段，认知在很大程度上依赖行动。并且小班幼儿喜欢与人交往，与主要接触者都能形成亲近感。所以教师将故事中的经验迁移到幼儿生活中，结合具体情境，让幼儿感知拥抱和被拥抱带来的温馨感受，引导幼儿换位思考，学习理解别人。

活动设计：北京市顺义区幸福幼儿园　靳朝红

设计导读：北京市顺义区裕龙二区幼儿园　王立君

我的小手本领大

一、活动设计

观测点

1. 社会：能够自己的事情自己做；能够感受为他人服务的快乐。
2. 学习品质：具有好奇心和学习兴趣，喜欢参与活动。

活动目标

1. 知识经验：知道小手有很多本领，能做很多事情。
2. 学习品质：有兴趣参加活动，体验动手带来的快乐。
3. 能力：会用小手完成力所能及的事，并且有满足感。

引导要点

引导幼儿学会关心身边的人，愿意为身边的人做事。

活动准备

1. 经验准备。

(1)教师：掌握律动游戏“小手拍拍”。

(2)幼儿：日常生活中能够完成擦桌子、收放玩具等力所能及的事情。

2. 物质准备。

欢快的音乐、橘子、葡萄、香蕉、垃圾筐、图片(穿衣服、扣扣子、帮妈妈扫地、给奶奶捶背)，等等。

活动过程

(一)导入：教师与幼儿共同做律动游戏“小手拍拍”，引出主题。(1分钟)

引导语：我们的小手可真棒，会拍一拍、捏一捏、指一指。快来和我们的爸爸妈妈打招呼吧！

(二)感知体验：出示图片，说说小手都做了什么。(5分钟)

引导语：图片里的小朋友的小手都有哪些本领？我们的小手有哪些本领？

小结：图片里小朋友的小手本领真大，能穿衣服、扣扣子、帮妈妈扫地、给奶奶捶背，小朋友的小手也很棒，能……

(三)模仿探索：了解小手可以为他人服务。(5分钟)

1. 我的小手本领大：我为爸爸妈妈剥水果。

引导语1：我们的小手这么有本领，今天爸爸妈妈来咱们班做客，老师为他们准备了好多好吃的水果，我们送给他们吃好不好？

引导语2：平常都是爸爸妈妈把水果皮剥掉再给我们吃，今天，我们也要把这些水果的皮剥掉，再送给他们吃。请小朋友选择一样爸爸妈妈最喜欢吃的水果，剥掉的皮要放入垃圾箱中。小朋友开始吧！

幼儿自主选择水果剥皮之后送给家长吃。

小结：我们的小手本领真大，会和爸爸妈妈打招呼，还可以帮他们剥橘子，还会打扫卫生。以后这样的事情可以多做一些，我们的小手会越来越能干！

2. 我的小手本领大：我是小小按摩师。

引导语1：我们的小手还可以做什么呢？

引导语2：爸爸妈妈上一天班是很累的，我们用小手给他们捶捶背、揉揉肩、做做按摩吧！

(四)自由表现：交流分享为他人服务的乐趣。(3分钟)

引导语1：用我们的小手为他人服务的时候，你的心情是什么样的？

引导语2：爸爸妈妈们，看到宝贝的小手这么有本领，你们的心情是什么样的？

(五)结束。(2分钟)

引导语：现在，我们小手拉着小手，一起随着音乐快乐地跳起来吧。

注意事项

提醒幼儿在剥水果时要注意卫生。

延伸活动

集体教学活动	区域活动	一日生活	家园共育
社会："剥豆" 美术："撕纸画" 健康："我会穿鞋"	美工区：制作撕纸画	过渡环节：手指游戏	请家长在家中多为幼儿提供动手的机会

二、活动反思

活动通过观察图片、实际操作等方式让幼儿认识到自己的小手真能干。幼儿在活动中能够完成本次目标。活动过程中，教师通过观察图片的方式，让幼儿了解到小手都可以做哪些事情。幼儿结合自己的生活经验随教师一起进行梳理，为幼儿接下来的活动做了很好的铺垫。在实际操作过程中，幼儿对剥水果的环节很感兴趣，由于小班幼儿的小肌肉灵活度不够，因此水果皮幼儿剥不开或者剥坏的情况时有发生，有的幼儿看到自己喜欢的水果后就自己吃了起来，没有与父母分享的意识，还需要教师在与同伴分享等内容上帮助幼儿。可以把第四个环节与第三个环节调换一下，这样幼儿就会有服务他人的意识了。本次活动亮点是幼儿能够亲身体验小手能做很多事情。有了这种体验，幼儿能感受到小手做事的快乐。

三、设计导读

《指南》社会领域"人际交往"部分目标 4 为"关心尊重他人"，提出要结合实际情境，提醒幼儿注意别人的情绪，了解他们的需要，给予适当的关心和帮助。该活动基于小班幼儿的年龄特点，很好地利用家长资源设计了动手体验操作环节，内容丰富有趣，操作性强。同时，让幼儿为爸爸妈妈做事，表达对爸爸妈妈的爱，也让家长感受到孩子的成长。亲子活动的形式，让家长更加深刻地认识到幼儿是怎样在生活中获得经验、得到发展的，因此会更加重视在日常生活中对幼儿的教育。亲子之间的互动也增进了幼儿与父母之间的亲子感情。幼儿能够用自己的小手做力所能及的事情，知道小手可以为自己服务，也可以为他人服务，从而感受帮助他人的快乐和满足感。

活动设计：北京市顺义区港馨幼儿园　张迪萌

设计导读：北京市顺义区裕龙二区幼儿园　王立君

找朋友

一、活动设计

观测点

1. 社会：愿意和小朋友一起游戏。
2. 艺术：能够跟随熟悉的音乐做身体动作。
3. 学习品质：能积极参与活动。

活动目标

1. 学习品质：愿意与同伴交往，和教师、其他幼儿一起愉快地参加活动。

2. 知识经验：了解几种交往技能中表示友好的方式。

3. 能力：能用简单的交往技能与同伴互动表达友好之情。

引导要点

1. 引导幼儿主动与同伴交往，和教师、其他幼儿一起愉快地参加活动。

2. 引导幼儿用点头、拉手、抱一抱、笑嘻嘻等动作来表示歌曲中“敬个礼、握握手”的友好动作。

活动准备

1. 经验准备。

(1)教师：了解多种适合小班幼儿打招呼的方式。

(2)幼儿：熟悉儿歌《找朋友》。

2. 物质准备。

儿歌《找朋友》《找朋友》伴奏。

活动过程

(一)导入：听儿歌《找朋友》。(2 分钟)

引导语：那咱们一起玩个找朋友的游戏，请你仔细听音乐，与好朋友一起敬个礼、握握手！

(二)感知体验：教师用不同的方法和幼儿打招呼。(7～8 分钟)

引导语 1：小朋友们，你们好！(教师用点头、拉手、抱一抱、笑一笑等方式逐一示范与幼儿打招呼)

引导语 2：你们都有好朋友吗？请你选择你喜欢的方式和好朋友打招呼。

(三)模仿探索：组织游戏，引导幼儿用打招呼、拉手、抱一抱等动作表示友好。(2 分钟)

引导语 1：我们再去找新的朋友，请你换个不同的动作。

玩的过程中提醒幼儿“我们找一个新的朋友，换一个新动作”。教师做示范，引导幼儿用打招呼、拉手、抱一抱等动作表示友好。

引导语 2：老师刚刚和好朋友做了一个抱一抱的动作。你们呢？

引导语 3：除了可以和小朋友们做朋友，还可以和老师们做朋友啊，小朋友们让我们跟着音乐动起来！记得我们找个新朋友要做不同的动作哟！

(四)自由表现：再次游戏，播放《找朋友》的伴奏，引导幼儿用不同的方式问候找到的朋友。(2 分钟)

引导语：今天我们学到了很多打招呼的动作。音乐再次响起的时候，请你用不同的动作去跟朋友打招呼。

(五)结束：引导幼儿说出找到朋友后愉快的心情。(1 分钟)

引导语 1：今天小朋友找到了许多好朋友，你们的心情是什么样的？

引导语 2：好，那我们的游戏就玩到这里了，希望你们每天都可以运用所学到的本领交到更多的新朋友！

注意事项

幼儿在自己探索找朋友时，教师要给予鼓励和适当的指导。

延伸活动

回家后幼儿可与家长一起分享今天的游戏，以后在遇到自己的好朋友时，能够有多种不同的打招呼方式。

二、活动反思

进入小班下学期，幼儿已经熟悉了在园生活，并能与班级其他幼儿友好相处，也有了比较要好的朋友。幼儿能够在教师主动与幼儿打招呼这一行为的激发下，积极参与到这一活动中，并能愉快地与自己的好朋友打招呼，如抱一抱、高兴地笑、贴贴脸等。还有一些热情的幼儿能够主动与身边的小伙伴进行互动，如拉拉手、抱一抱。但也有个别内向的幼儿自己一个人站在那里，不去活动或者只与自己平时的好朋友进行互动，需要教师带动完成。

如果有机会重新组织本次活动，教师可以在自由表现环节鼓励较为热情的幼儿主动与内向的幼儿打招呼，让他们感受小伙伴之间的友好交往，这样也会让幼儿有更多机会结识新朋友。

三、设计导读

该活动基于《指南》对小班幼儿所提的“愿意与小朋友一起游戏”的目标以及小班幼儿对经常接触的人也能形成亲近情感的特点而设计，以音乐游戏活动形式为载体，引导幼儿模仿音乐中交朋友打招呼的方式，培养幼儿与同伴交往的技能，知道用打招呼、拉手、抱一抱、笑嘻嘻的动作表示友好。幼儿能通过活动感受到拥有朋友的快乐，体会到交朋友的喜悦心情。整个活动都是在愉悦的音乐中进行的，符合小班幼儿的年龄特点。幼儿社会性的发展是在外部环境下，与同伴的交往游戏中逐步实现的。

活动设计：北京市顺义区裕龙二区幼儿园　王　萌

设计导读：北京市顺义区裕龙二区幼儿园　王立君

我爱妈妈

一、活动设计

观测点

1. 语言：愿意讲话并能清楚地表达。
2. 社会：愿意和长辈交流。
3. 学习品质：喜欢参与社会活动。

活动目标

1. 学习品质：乐于参与活动，感受妈妈带孩子的辛苦及对自己的爱。
2. 知识经验：了解爱的多种表达方式。
3. 能力：能用多种方式表达对妈妈的爱。

引导要点

1. 引导幼儿感知妈妈爱自己的方式。

2. 引导幼儿懂得要关心爱护妈妈，乐于帮妈妈做力所能及的事。

3. 引导幼儿在大家面前大声地说出爱妈妈的方式。

活动准备

1. 经验准备。

(1)教师：知道多种表达爱的方式；知道如何指导幼儿进行大胆表达。

(2)幼儿：知道妈妈爱自己。

2. 物质准备。

PPT 图片等。

活动过程

(一)导入：播放《世上只有妈妈好》片段，引发幼儿活动的兴趣。(2 分钟)

引导语：今天老师给大家带来一首歌曲，我们先一起听一听，这是什么歌？

(二)感知体验：妈妈爱自己的方式。(7～8 分钟)

引导语 1：我们每个人都有一个爱自己的好妈妈，你们的妈妈是怎样爱你们的呢？(幼儿间交流)

出示图片，引导幼儿观察，让幼儿感受妈妈爱自己的方式。

引导语 2：刚刚小朋友说了很多，接下来我们一起看一看短片中的妈妈是怎样爱我们的。

小结：我们小朋友的妈妈可真棒！她们有那么多爱你们的方式。

(三)模仿探索：爱妈妈的方式。(2 分钟)

引导语 1：我们能用什么方式爱妈妈呢？(引导幼儿说出捶背、倒水、讲故事等)

引导语 2：请小朋友们看看自己在家里是怎样爱妈妈的。(出示 PPT 图片)

小结：小朋友也很厉害，也有很多爱妈妈，能让妈妈开心、高兴的好办法。

(四)自由表现：爱的表达。(2 分钟)

引导语 1：今天学习了这么多爱妈妈的方式，你想用哪种方式表达对妈妈的爱？

引导语 2：我们来练习练习吧。

(五)结束：总结分享。(1 分钟)

引导语：今天我们一起感受了妈妈对我们的爱，也学习了许多爱妈妈的方式，请大家回去向妈妈表达爱吧。

注意事项

1. 注意引导幼儿结合实际对妈妈进行爱的表达。

2. 注意引导幼儿多说，让幼儿体会妈妈的爱。

延伸活动

集体教学活动	区域活动	一日生活	家园共育
语言：“母亲节快乐” 美术：“我为妈妈送祝福”	美工区：“送给妈妈一枝花” 图书区：“我妈妈” 表演区：“我的好妈妈”	在一日生活中，激发幼儿爱身边人的情感，幼儿学习表达自己的爱	请家长在家中引导幼儿向长辈表达自己的节日祝福

二、活动反思

妈妈是幼儿最重要的人之一。尤其是对于小班幼儿而言，妈妈是孩子最依赖、最喜欢的人。通过此次活动，幼儿知道了自己最喜欢的妈妈爱自己有很多种方式，同时也敢于大胆表达自己爱妈妈的方式。本次活动中，部分幼儿能大胆表达自己对妈妈爱的方式，如亲亲、抱抱、把自己在美工区做的礼物送给妈妈等。但也有幼儿不敢表达，或者只会用比较简单的方式如尖叫来表达。需要教师有意识地引导幼儿想一想，怎样才能让自己喜欢的妈妈开心。

如果可以重新组织本次活动，教师可以请来一两位自愿参与活动的家长。在活动过程中，让幼儿说怎样爱妈妈，再请幼儿与家长现场互动。这样既能激发其他幼儿对妈妈表达爱的心情，又能让有家长在场的幼儿看到妈妈开心的样子而产生不一样的心情，以后能更好地表达对妈妈的爱。

三、设计导读

模仿是幼儿社会学习的主要途径。他们的模仿对象主要集中在有趣和易于理解的行为和语言等方面。而“爱”作为一种单向的付出式行为，往往不会成为幼儿的模仿对象，因此我们的教育就需要有一个过渡地带，即“理解爱”，也就是说让幼儿理解“表达爱”的情感体验。对幼儿来讲，这同样是一项重要的社会学习内容。《指南》指出，要引导幼儿尊重、关心长辈和身边的人。结合具体情境，让幼儿理解和体会母爱，才有可能学会怎样去爱别人。

“妈妈的爱”一直是幼儿园主题活动中的一个话题。孩子有了被爱的经历，才会学会爱别人、爱社会、友好与人相处，是情感世界中的重要的组成部分。在活动中，幼儿用拥抱、感恩、反馈等方式表达对妈妈的爱，感受爱与被爱的幸福感。整个活动中，幼儿能够通过看图片，亲身体验，知道如何表达爱。

活动设计：北京市顺义区东兴幼儿园　高丽梅

设计导读：北京市顺义区裕龙二区幼儿园　王立君

第二节　中班——社会

小小规则要遵守

一、活动设计

观测点

1. 社会：能够遵守生活和游戏中的基本规则。
2. 语言：愿意讲话并能清楚地表述。
3. 学习品质：能够积极主动地参与活动。

活动目标

1. 学习品质：能主动表达自己对规则的认识。

2. 知识经验：能感受到规则在生活中存在的意义，有意识地遵守生活中的一些基本规则。

3. 能力：能完整地表达自己的想法。

引导要点

1. 引导幼儿感受规则在生活中的意义。

2. 引导幼儿有意识地遵守生活中的一些基本规则。

活动准备

1. 经验准备。

(1)教师：知道生活中幼儿经常接触的规则要求。

(2)幼儿：对规则有初步的了解，知道什么是规则。

2. 物质准备。

图片：排队洗手喝水、超市排队交费、游乐场排队等待、游戏结束收玩具、上下楼梯守秩序、午睡前鞋摆齐以及凌乱的景区、凌乱的椅子、推挤的人群。

活动过程

(一)导入：教师以幼儿喜欢的游戏导入，激发幼儿兴趣。(2 分钟)

引导语：小朋友们，你们玩过滑梯吗？每次玩滑梯之前，我们要注意哪些规则？

(二)观察感知：出示图片，引导幼儿感受幼儿园中的规则。(5 分钟)

引导语 1：小朋友，你们想一想，幼儿园里还有什么时候需要排队等待？

引导语 2：除了排队等待的规则，还有哪些规则？

(三)探索发现：通过游戏让幼儿感受规则的重要性。(10 分钟)

引导语 1：请小朋友们起立，围成一个圈。下面咱们玩抱一抱的游戏。

第一遍游戏：无规则要求，放音乐，音乐停幼儿抱在一起。教师拍一张照片。

第二遍游戏：明确规则要求，音乐停两人抱一抱，拍一张照片。

引导语 2：观察两张照片，哪遍游戏玩的时候小朋友们用得时间少？为什么？

(四)展示表现：引导幼儿想象不遵守规则的后果。(5 分钟)

引导语：请小朋友想一想不遵守规则会怎样？遵守规则会怎样？

(五)结束：总结要遵守的生活中的规则。(2 分钟)

引导语：没有规则时，场面混乱。有了规则之后，活动能顺利开展，环境会变得更美好，所以我们要自觉遵守生活中的规则。

注意事项

提醒幼儿注意收放工具以及坐姿。

延伸活动

集体教学活动	区域活动	一日生活	家园共育
户外规则性游戏	尝试讨论区域游戏的规则要求		提醒家长外出游玩时为幼儿介绍规则，并以身作则

二、活动反思

活动中教师能基于幼儿的原有生活经验调动幼儿的积极性，让幼儿在游戏中体验无规则带来的不便，引发幼儿思考。而后教师抓住幼儿的心理，在游戏中增加规则，让幼儿感受规则的意义。教师将目标渗透在情境化游戏中，使幼儿在潜移默化中感受规则的重要性。但活动过程缺乏对个体的关注。当幼儿在游戏中不知所措，找不到朋友时，教师应给予关注，使其参与游戏。“抱一抱”游戏的选择对于有无规则的对比不够明显，可以选择更明显的游戏，这样使幼儿更能深刻地感受到我们的生活离不开规则。

三、设计导读

该活动基于中班幼儿在社会领域的规则意识较差的特点而设计。通过体验游戏的活动形式，使幼儿感受规则的重要。幼儿的规则意识是在生活、游戏中发展的。本节活动中，幼儿在宽松、和谐的环境中，自己学着制定规则；活动中教师通过与幼儿分享日常生活中因为缺少规则而产生的一系列问题，引发幼儿对规则的思考，借助真实情境，让幼儿意识到规则能更好地让自己参与到活动中。教师帮助幼儿理解、遵守生活和游戏的各项常规，发展规则意识，使幼儿养成遵守规则的良好态度和习惯。

活动设计：北京市顺义区裕龙二区幼儿园　霍东娜

设计导读：北京市顺义区港馨幼儿园　邓　贺

合作的快乐

一、活动设计

观测点

1. 社会：能与同伴友好相处，愿意接受同伴的意见。
2. 语言：愿意讲话并能清楚地表达。
3. 学习品质：能够在活动中表现出积极主动，不怕困难的品质。

活动目标

1. 学习品质：能积极主动参与到游戏中去。
2. 知识经验：学会步调一致，互相照应的合作方法。
3. 能力：能够理解合作的重要性，有初步的合作意识。

引导要点

1. 引导幼儿在游戏活动中体验团结合作的重要性，感受合作的成功和快乐。
2. 引导幼儿形成初步的合作意识。

活动准备

1. 经验准备。

(1)教师：能够引导幼儿合作共同完成一项任务。

(2)幼儿：玩过“两人三足走”游戏或观看过别人玩“两人三足走”游戏，提前体验过和他人合作干一件事。

2. 物质准备。

视频、照片、绑带、音乐等。

活动过程

(一)导入：教师通过播放视频的形式导入，激发幼儿参与的兴趣。(5 分钟)

引导语 1：我这里有一个录像，是一些哥哥姐姐在玩一个活动叫作“30 人 31 足”。他们是怎么做到“30 人 31 足”的呢？

引导语 2：这 30 个人要排成一个大长队，手挽手，然后他们一起往前走。不光要走还要跑起来，跑得像一个人一样，这就需要 30 个人团结一心，合作想办法去完成。你们想不想看一看他们有没有成功？看完后你们有什么感受(高兴、快乐、感动、勇敢)？

引导幼儿说出第一次他们失败了，但是没有放弃，一起想办法。

引导语 3：30 个人跑得像一个人一样，他们是怎么做到的？

(二)观察感知：初次尝试“两人三足走”，体验合作的重要性。(3 分钟)

引导语：那你们想不想也试一试，我们就先试一试“两人三足走”。一会儿，每个小朋友去找自己的好伙伴，被两人紧挨着的腿用绑带绑在一起，让四条腿变成三条腿，看看怎么合作才能走得又稳又快。

(三)探索发现：学会步调一致的合作方法，有初步的合作意识。(12 分钟)

引导语 1：老师给小朋友大约 3 分钟的体验时间。体验完成后，小朋友们说一说你们遇到了什么问题。

引导语 2：现在每个小朋友都已经试过了一遍，谁想说一说在刚刚合作的过程中你有什么感觉，或是你遇到了什么问题？

讨论在合作三条腿走的时候，出现了什么问题。

引导语 3：哪组小朋友合作成功了？你们是怎样做的？你们的方法有什么不一样？

幼儿如果表达不清楚，可以在小朋友面前示范一下。

引导语 4：老师也有一些照片是我们在刚刚活动时遇到的一些问题，看看你有没有遇到类似的问题，有什么方法可以解决？

教师帮助幼儿总结方法：只有互相照应，步调一致，才能走得又稳又快。

(四)展示表现：再次尝试，学会合作的方法，体验快乐和成功。(3 分钟)

引导语 1：我们用刚才想到的合作办法再去试一试。这一次我们全体小朋友和老师一起围圈走。

引导语 2：你成功了吗？说一说你都用了哪些个方法？(多让幼儿说)

喊口号(步调一致，节奏一致)、两个人肩搭肩互相照应。

(五)结束：引导幼儿总结合作的重要性和合作的方法，使幼儿有初步的合作意识，并将游戏中的经验迁移到生活中。(2 分钟)

引导语 1：谁能说一说生活中有哪些事情需要我们共同合作去完成？你都用到了哪些方法？

引导语 2：生活中还有很多的事情(像我们的小小运动会，建构区的搭建，等等)都需要大家合作去完成、去想办法，并且在合作的过程中，我们也同样得到了快乐。

注意事项

在幼儿活动的过程中，教师要注意提醒安全问题。

延伸活动

集体教学活动	区域活动	一日生活	家园共育
健康："大家来拔萝卜" 音乐：合唱歌曲	建构区：合作搭建，收放玩具 美工区：合作创作画	过渡环节：交流合作带来的好处	亲子制作：快乐一家人

二、活动反思

该活动以问题入手激发了幼儿参与活动的积极性。活动层次清晰，幼儿在愉悦的情绪中体验到了同伴合作的快乐。为了让幼儿更好地学会合作，教师让幼儿自主体验、讨论、协商，从而达到教育目的。在体验过程中，幼儿通过观察、模仿、尝试不断地调整自己的步伐及节奏，形成合作意识，并取得成功。正是这种不断的挑战，让幼儿在游戏中感受到了成功带来的快乐。如果在幼儿体验过程中，教师能及时关注幼儿遇到的问题，引导其进行调整，而不是重复体验，活动效果会更好。

三、设计导读

该活动教师以游戏的形式引导幼儿寻找合作的好方法，即要步调一致才能配合好。活动让幼儿在轻松自主的环境中充分尝试，引导幼儿都能积极与同伴交流，让每个幼儿体验成长、体验成功、体验快乐。

活动设计：北京市顺义区幸福幼儿园　丁姣姣

设计导读：北京市顺义区港馨幼儿园　邓　贺

我和报纸做游戏

一、活动设计

观测点

1. 社会：能与同伴友好相处；合作完成任务。
2. 学习品质：能积极主动地参与活动并敢于探究和尝试。

活动目标

1. 知识经验：初步了解合作的意义。
2. 能力：在活动中会解决出现的问题。

引导要点

1. 引导幼儿通过提问的方式，了解合作的意义。
2. 引导幼儿在游戏活动中体会团结合作的重要性，感受合作的快乐。

活动准备

1. 经验准备。

(1)教师：组织过合作游戏。

(2)幼儿：前期有参与报纸游戏与合作的经验。

2. 物质准备。

报纸、音乐、图片等。

活动过程

(一)导入：依次出示图片，引出合作定义。(3 分钟)

引导语 1：今天老师给小朋友带来了一些户外游戏时的照片，我们一起来欣赏。

引导语 2：他们在玩什么游戏？

引导语 3：这些游戏都需要几个人一起玩？

(二)感知体验：回顾合作游戏，理解合作的意义。(3 分钟)

引导语 1：刚才这些需要两三个或者更多人一起完成的游戏，叫合作游戏。

引导语 2：除了咱们看到的这些合作游戏，你还玩过或者知道哪些合作游戏？

(三)探索发现：开展合作游戏，进一步体验合作。(10 分钟)

1. 第一次“找家”游戏，每个家里只有一个好朋友。

引导语 1：在班上我们都听过《三只小猪》的故事。小猪们盖了 3 种不同形式的房子，今天老师也给小朋友们带来一个合作游戏“找家”。

引导语 2：我是猪妈妈，你们是猪宝宝，报纸是我们的家。音乐开始后，我们拉一个大圆，听着歌曲的内容做动作。当唱到再见时，请你找个伙伴一起回到报纸家。

引导语 3：猪宝宝到草地上玩得真开心。游戏结束啦，老师来看一看我们的宝宝都回到家了吗？

2. 第二次“找家”游戏，找到多人站在一张报纸上的方法。

引导语 1：大灰狼来啦！如果你见自己的家遭到大灰狼的破坏，你要快速地躲到其他小猪的家里。小猪们要相互帮助。

3. 第三次“找家”游戏，鼓励幼儿找不一样的合作方法。

引导语 1：为了保护我们的朋友不被大灰狼吃掉，可能我们的家里需要住进更多的小猪，现在请你们想一想，怎样才能让我们的家住更多的小猪。

引导语 2：快回到家里，大灰狼来啦！

(四)展示表现：展示不同的合作方法。(3 分钟)

引导语 1：请×组小朋友展示你们组是怎样做的。

引导语 2：有没有和他们组不一样的？

引导语 3：在我们共同的努力下，小猪一起回到了家里，请你们为自己鼓掌！

(五)结束：教师带领幼儿分享合作游戏的感受，结束活动。(3 分钟)

引导语 1：在日常生活中，我们会遇到很多要大家一起合作才能完成的事情，我们来一起看一看。

引导语 2：小朋友们当遇到自己解决不了的问题时，可以请小伙伴帮忙，通过合作一起解决！只要齐心协力就没有解决不了的问题。

注意事项

提醒幼儿站报纸上时，不要撞到其他人。

延伸活动

集体教学活动	区域活动	一日生活	家园共育
语言：“三只小猪” 体育：“一物多玩”	表演区：“三只小猪” 美工区：合作游戏 图书区：《三只小猪》故事讲述	过渡环节：作品讲述	亲子制作：好玩的报纸玩具 亲子制作：废旧报纸的再利用

二、活动反思

该活动以幼儿生活为切入点，利用报纸巧妙设计游戏。教师成为幼儿活动的支持者、合作者、引导者，让幼儿快乐地进行活动。活动环节层层推进：两人站报纸；多人站报纸；设置宽窄不一、大小不一的障碍等。挑战游戏使幼儿运用站、抱、挨、垫脚、挤等多种方法获得成功，幼儿不断获得新的经验，每个幼儿都能感受参与活动的愉悦，有效地促进了幼儿成长。

三、设计导读

该活动通过幼儿耳熟能详的故事，激发幼儿参与游戏的兴趣，让幼儿在游戏中体验合作的意义。

教师在设置游戏内容时，逐步增加游戏的难度，引导幼儿在情境中自然完成合作游戏，并在帮助幼儿在理解合作意义的基础上，体验合作的快乐和成功的喜悦，活动培养了幼儿遇到困难不放弃、敢于探索和尝试的学习品质。

活动设计：北京市顺义区港馨幼儿园　张玉侠

设计导读：北京市顺义区港馨幼儿园　邓　贺

一起收玩具就是快

一、活动设计

观测点

1. 社会：能做自己力所能及的事；能与同伴合作完成任务。
2. 学习品质：能在活动中表现出积极态度和良好行为倾向。

活动目标

1. 学习品质：喜欢和其他幼儿一起游戏，愿意参与合作游戏。
2. 知识经验：了解合作的不同方式，体会合作的重要性。
3. 能力：掌握协同合作的技巧并加以实施，如合理分工等。

引导要点

1. 引导幼儿在游戏活动中体验团结合作的重要性，感受合作的成功和快乐。
2. 引导幼儿学会各种合作方法，使幼儿具有初步的合作意识。

活动准备

1. 经验准备：幼儿在户外活动结束时曾经有过收垫子的经历。
2. 物质准备：“搬垫子”视频，垫子、户外场地。

活动过程

(一)导入：教师通过回忆有趣的户外活动，激发幼儿参与兴趣。(3分钟)

指导语1：小朋友们，你们喜欢晨练活动吗？

指导语2：你们都喜欢晨练的哪些游戏？这个游戏里需要运动器材吗？如平衡木、跳绳、沙包、皮球。

指导语3：晨练结束后，是谁帮老师收器材呀？

指导语4：前几天，××班的小朋友在帮老师收器材的时候发生了一件事情，让我们一起看看他们发生了什么？

(二)观察感知：观看"搬垫子"的案例视频，体会合作的重要性。(3分钟)

指导语1：小朋友，在刚刚的故事里，发生了什么？他们搬垫子成功了吗？

幼儿：他们一起搬垫子，但是最后大家生气了，谁都不愿意去搬。

指导语2：为什么没有成功？

幼儿：他们全都扑倒在了垫子上。

指导语3：为什么全都扑上去，就没办法搬起来呢？

幼儿：小朋友太重了，把垫子压在下边，就不能搬起来了。

指导语4：他们还尝试了哪些方法？

幼儿：把垫子向后拽。

指导语5：为什么都向后拽还是不能把垫子搬走呢？

幼儿：因为方向不一样。

指导语6：还有什么问题吗？

幼儿：相互踩脚等。

指导语7：那为什么会出现这个问题呢？

(三)探索发现：学会步调一致，互相照应的合作方法，有初步的合作意识。(10分钟)

指导语1：是的，他们在搬垫子的时候遇到了问题，那么你们有没有什么好办法，帮助他们把垫子搬走？

指导语2：搬垫子的时候，小朋友要站在什么位置才能把垫子搬起来？

指导语3：垫子搬起来的时候，怎么走呢？

指导语4：为什么总是踩脚呢？怎么样才不会踩脚呢？(引导幼儿讨论，解决问题的方法，并充分理解)

指导语5：哦，原来搬垫子有这么多要求，首先要……，其次抬起来后要……，走的时候要注意……，最后用集体合作才能成功地把垫子搬走，小朋友们都明白了吗？

(四)展示表现：实际尝试，学会合作的方法，体验快乐和成功。(4分钟)

指导语：小朋友们，你们的办法真好！老师发现一个班在户外活动结束后没有收器材，老师想请你们去帮忙，你们愿意吗？(将幼儿分两组进行比赛，运用好办法将运动器材搬走)

(五)结束：引导幼儿归纳、总结合作的重要性和合作的方法，幼儿能有初步的合作意识，并将游戏中的经验迁移到生活中。(2分钟)

指导语1：谁能说一说今天我们收器材的行动为什么能够又快又好？

指导语 2：今天我们学会了合作的方法，其实生活中还有很多的事情都需要大家合作去完成，合作真是一件令人感到快乐的事情！

注意事项

在幼儿活动的过程中，要注意提醒安全问题。

延伸活动

集体教学活动	区域活动	一日生活	家园共育
音乐：合唱歌曲	建构区：合作搭建楼房 美工区：合作装饰新年的教室	过渡环节：交流合作带来的好处	亲子制作：新年的灯笼和拉花

二、活动反思

本次活动选择了幼儿比较熟悉的户外环节“搬垫子”作为导入，让幼儿感受到合作的重要性。中班幼儿有了初步合作意识，但合作方式有些欠缺。因此，教师根据幼儿现状设计了此次活动。

整个环节的设计以“激趣→诱发思考→解决问题→亲身体验”为活动链条，以幼儿感兴趣的事件为媒介，充分调动了幼儿的积极性，尤其是那些在日常生活中胆怯和不善于表达的幼儿都能自我表现，表达自己的想法，同时在初步的合作过程中能听取同伴的建议。幼儿在体验中合作，感受到了合作的乐趣。

三、设计导读

该活动为中班社会领域的活动。在活动中，教师以幼儿生活中常见的收拾整理器材为话题，让幼儿对如何合作以及合作的意义进行讨论与分享，幼儿在活动中学会分工协作等交流策略。“为什么人多反而无法搬走一块垫子？”“进行合作都要考虑哪些问题？”师幼互动中，教师有意识地为幼儿留出了空间，让幼儿分析问题并着手解决。幼儿通过讨论视频，在合作过程中学着分工，学会让步。

幼儿与成人、同伴之间的共同生活、交往、探索、游戏，是其社会学习的重要途径，为此教师应为幼儿提供人际交往和共同活动的机会和条件，让幼儿会友好相处、互相合作，在合作中寻找快乐。

活动设计：北京市顺义区裕龙二区幼儿园　田　庄

设计导读：北京市顺义区港馨幼儿园　邓　贺

办法比哭更有效

一、活动设计

观测点

1. 健康：能控制自己的情绪和行为。
2. 社会：能与同伴友好相处并与同伴一起游戏。
3. 学习品质：能积极主动地参与活动。

活动目标

1. 学习品质：知道哭是一种情绪的表现，能想办法安抚自己的情绪。

2. 知识经验：初步了解适度的哭有利于健康，经常或长时间的哭有损健康。

3. 能力：能在不开心的时候选择恰当的解决方法，保持乐观的情绪。

引导要点

引导幼儿遇到不开心的事情时，积极动脑筋想办法解决问题。

活动准备

1. 经验准备。

(1)教师：大致了解幼儿哭的原因，并有不同的解决方法。

(2)幼儿：都有哭的经历，知道自己哭的基本原因——内心得不到满足或是受到伤害。

2. 物质准备。

图片、人形画纸、即时贴圆点、绘画纸、彩笔、展板等。

活动过程

(一)导入：教师通过聊天的形式引出哭的话题。(5 分钟)

引导语 1：今天老师想和你们讨论一个话题——哭。小朋友们，你哭过吗？

引导语 2：每个人都会哭，那谁来说一说你为什么哭？你当时的心情是什么样的？

引导语 3：老师给你们带来两幅图片，请你们仔细观察：他们为什么哭？和我们刚才讨论哭的原因有什么区别？

引导语 4：哦，原来哭的原因有很多，刚才我们说到了人害怕了会哭、感觉到疼了会哭、孤单的时候会哭、难过的时候会哭，还有我们刚刚看到的，高兴、激动的时候会哭，感觉很幸福也会哭。

(二)感知体验：长时间哭不利于身体健康。(3 分钟)

1. 比较探索，建构经验。

引导语：比较一下，哭很长时间和哭一会儿就好了。这两种哭哪种对身体健康有好处，哪种不利于身体健康？

2. 用小贴纸将哭的时候最不舒服的地方标记在人形贴纸上。

引导语：如果长时间不停地哭，身体的哪个部位会觉得不舒服？请你把身上的小贴纸贴在你认为最不舒服的地方。

3. 教师与幼儿共同梳理长时间哭对身体不利的方面，告诉幼儿遇到事情哭是解决不了问题的，应该积极地想办法去解决。

(三)探索发现：通过出示图片思考解决问题的办法。(8 分钟)

教师依次出示 3 幅图片，幼儿思考解决问题的办法。

引导语 1：老师这有 3 幅图，我们小朋友也可能遇到过这种事情，你会用什么方法解决呢？

引导语 2：如果你遇到这种情况，你会怎么做？请一两名小朋友说一说。

(四)分享交流：分类粘贴，鼓励幼儿分享解决的办法。(4 分钟)

引导语 1：解决第一个困难的小朋友来说一说，你想到了什么好办法？

引导语 2：你觉得他想的方法怎么样？为什么？还可以怎么办？

(五)结束：将缓解哭的方法分享给需要的人。(2 分钟)

引导语：其实解决问题的办法有很多种。当我们遇到困难的时候，不要一直哭，而应该积极地动脑筋想办法。可以自己一个人去解决，也可以向别人寻求帮助，如老师、家长、保安叔叔，在幼儿园外面还可以找警察叔叔。如果你看到身边的人哭了，一定要把你的好方法告诉他。

延伸活动

集体教学活动	区域活动	一日生活	家园共育
健康："安慰自己" 语言："我会想办法" 社会："哪种办法更有效"	图书区：自制图书《我有好办法》 心情小屋："我的小秘密"	过渡环节：和同伴交流不开心的事或遇到的困难，相互帮助	亲子谈话：家长和孩子在沟通的过程中帮助幼儿不断丰富已有经验

二、活动反思

本活动聚集于幼儿比较熟悉的一种行为——"哭"。通过游戏的形式让幼儿知道哭是一种正常的情绪宣泄，但是长时间的哭对身体有害，要学会调节自己的情绪。活动中，教师调动了幼儿的原有经验，运用直观的图片使其大胆地表达出哭得时间久了对自己的伤害，从而自然地引发幼儿思考遇到问题，我们该如何面对。整个活动环节紧凑、流畅，幼儿完成情况较好。活动的结束部分使幼儿更加深刻地体会到"办法比哭更有效"。

三、设计导读

幼儿，尤其是刚升班的幼儿，对新环境或者新群体的陌生感，容易情绪不稳定。本节活动在目标设定中综合考虑了如何帮助幼儿正确对待"哭"这种行为。无论是成人还是儿童都会因为某些事情而哭；适当的哭是对情绪的一种宣泄；为人形贴纸贴小圆点，使幼儿直观地观察了解到长时间的哭对身体不好。教师采取这样直观形象的方式利于幼儿的理解。本次活动能让中班幼儿在遇到困难时积极想办法；在活动中，他们可以学习怎样和同伴交往和解决问题。

活动设计：北京市顺义区港馨幼儿园　张　梅
设计导读：北京市顺义区港馨幼儿园　邓　贺

第三节　大班——社会

蚂蚁出洞

一、活动设计

观测点

1. 社会：能与同伴友好相处，合作完成任务。
2. 语言：敢于当众讲话，能清楚地进行自我表达。

活动目标

1. 学习品质：在游戏中能够积极与同伴讨论、协商，解决活动中出现的问题。

2. 知识经验：理解规则意义，知道生活、游戏要遵守规则。

3. 能力：能与同伴协商制定游戏和活动的规则。

引导要点

1. 通过活动，提高幼儿对社会行为规则的理解和认识。

2. 引导幼儿通过讨论、协商，解决游戏活动中出现的问题。

活动准备

1. 经验准备。

(1)教师：在幼儿的日常活动中遇到争抢时，引导幼儿间相互协商，解决游戏中的问题。

(2)幼儿：日常生活中理解部分规则，能够遵守相应规则进行游戏。

2. 物质准备。

油壶、乒乓球上画上小蚂蚁、秒表、记录表、有关“秩序”的图片(上下楼梯、玩滑梯、洗手等)。

活动过程

(一)导入：教师出示活动材料，激发幼儿兴趣。(3分钟)

引导语1：今天给小朋友们介绍一个新游戏——蚂蚁出洞，你们觉得怎么能让蚂蚁出洞？(幼儿自主讨论)

引导语2：你们想来挑战一下吗？请3位小朋友到前面试试大家想到的方法。

(二)观察感知：教师引导，第一次体验活动——原始状态体验。(5分钟)

引导语1：刚才小朋友们都有了好办法，现在老师请你们自己去试一试。请你们自愿结组，5人一组。每位小朋友手拿一根一头拴有小球的绳子。老师说“开始”后，看看哪组能用最短的时间让本组所有的“小蚂蚁”出洞，并且油壶不能倒。

游戏规则：配班教师用秒表记录时间，在表格中用数字来记录所用的时间。

引导语2：看来刚刚我们小朋友想到的好办法确实有效，小组都挑战成功了。成功的技巧就是……

(三)探索发现：第二次体验——各组幼儿自由协商。(12分钟)

每个小组小桶内放置10个小球。

第一次游戏：小组各自进行探索。

引导语1：我们要再次进行游戏。完成记录后，把各组数据统一交上来，看看哪组最快。

引导语2：这次你们用了什么方法，有什么感受？还有什么好方法可以让小球出来得更快？

第二次游戏：小组按照同一种方法进行游戏。

(四)合作交流：集体分享，自主讲述小组间活动过程。(8分钟)

小组成员讲解时，重点引导讲解如何快速让小蚂蚁出洞。

引导语：请小组成员讲解在游戏中是怎样操作的，用了哪些好办法。

教师小结：通过大家的讨论，我们明白了在生活和游戏中遵守规则是非常重要的。当遇到问题的时候，大家可以共同讨论、协商出规则，这样可以让我们玩得更开心、更快乐。

(五)回顾：联系生活实际出示“秩序”的图片，请幼儿判断和解决。(2分钟)

引导语：在幼儿园里还有哪些事情需要我们有秩序地去做?

教师小结：我们只有遵守各种规则相关，生活才会更加有秩序。

注意事项

小组合作时，教师引导幼儿协商，在活动中遇到问题时教师及时引导。

延伸活动

集体教学活动	区域活动	一日生活	家园共育
体育：“蚂蚁回家”	科学区：材料投放，幼儿在区域活动中可以继续操作探索	用餐、洗手等环节需要有序排队	在日常生活中理解并遵守相应的秩序

二、活动反思

本节活动的目标基本实现，幼儿能够在活动中与同伴友好相处，也能够清楚地表达自己的想法，遇到困难时能够积极地想办法，而且小组内能够分工合作，协商解决问题。在本次活动中，活动材料和情境设计充分激发了幼儿的兴趣。幼儿在发现问题时能够及时反思自己，调整做法，更快地完成任务。“小蚂蚁”的家可以再细致一点，洞口可以更圆滑一些，这样能进一步提高安全系数。大部分幼儿在小组内表现积极，每组中有三四名幼儿能够在发现问题时积极思考解决办法，快速调整策略，能够更快地让“小蚂蚁”都出来。有两三名幼儿在活动中稍显被动，经常是听其他幼儿的，缺少自己的想法。教师可以鼓励这些幼儿积极发言，大胆表达自己的想法。

三、设计导读

该活动基于大班幼儿在社会领域通过体验、内化幼儿的社会认知和社会行为的特点而设计。在导入环节，出示新玩具的活动形式引发了幼儿的活动兴趣。在观察感知环节，通过小组游戏，幼儿充分感知和体验到了秩序的重要性。在探索发现环节，通过小组自由协商和探索的活动形式，幼儿探索让小球最快出来的方法，达到了内化秩序意识和促进有效合作的目的。活动中，幼儿把秩序感运用到游戏里，能够与同伴协商、讨论、解决问题。

活动设计：北京市顺义区港馨幼儿园　单晔纯

设计导读：北京市顺义区教育研究和教师研修中心　李美麒

我是节水宣传小能手

一、活动设计

观测点

1. 社会：能注意节约身边的资源，知道环境与人类生存的关系。

2. 语言：能围绕一个话题进行讨论，并清楚地表达自己的想法。

3. 学习品质：积极主动，乐于想象。

活动目标

1. 学习品质：愿意参与节水活动，能够把节水意识带入到实际生活中去。

2. 知识经验：了解水资源的匮乏，知道节约用水的方式。

3. 能力：能够将节水方法运用到生活中。

引导要点

1. 帮助幼儿了解地球水资源的匮乏情况。

2. 引导幼儿从自身做好节约用水的行为规范。

3. 鼓励幼儿大胆向周围的人宣传节约用水，共同保护水资源。

活动准备

1. 经验准备。

(1)教师：了解水资源匮乏的原因，知道节约用水的多种方法。

(2)幼儿：做过“一小时没有水”的小实验。

2. 物质准备。

地球水资源匮乏的图片、“节约用水”提示卡、水滴贴纸等、一壶盐水、一壶白开水。

活动过程

(一)导入：“一个小时没有水”。(1～2 分钟)

引导语：之前我们做了一个小实验“一个小时没有水”，小朋友们都去尝试了一下，谁能来说说你的感受？

(二)视频感知：了解地球水资源情况。(8 分钟)

1. 播放视频：了解水资源的知识。

2. 幼儿品尝两壶水，了解白开水和盐水的口感。

引导语 1：老师这里有两壶水，通过观察你发现什么相同？品尝后你发现了什么不同？

引导语 2：一壶是白开水，是淡水；另外一壶是盐水，海水就是盐水。你们品尝后想说些什么？

教师小结：地球上的水资源有很多，但是大部分水都是海水，是不能被人和动植物所直接使用的；仅有特别少的一部分是淡水，地球上的大部分生物都要靠这部分淡水生存，因此我们身边的水资源是匮乏的。

(三)探索发现：制作节水小标志。(15 分钟)

引导语 1：我们怎么做可以节约用水呢？

引导语 2：现在有很多节水的好方法，该怎么做可以让其他班小朋友也知道保护水资源很重要呢？

引导语 3：节水标志要重点画出什么内容？如果去宣传节水，你们小组要说哪些内容？(幼儿可以自由结成小组，以小组为单位设计海报及节水标志)

(四)合作交流：我是节约用水小能手。(3 分钟)

张贴海报和节水标志。

(五)回顾。(2 分钟)

活动自然结束，幼儿自主完成任务后回班级讨论。

注意事项

在讨论过程中，幼儿会根据原有经验进行表述。教师可以将幼儿的语言表达方式进行整理，复述一遍，帮助幼儿组织语言。在张贴海报及标志过程中，一定要提出安全要求，以免发生意外。

延伸活动

集体教学活动	区域活动	一日生活	家园共育
科学："地球上的水循环"	科学区："一杯水可以做什么" 美工区："保护水资源"	了解节水标志，用自己的方式节约用水	张贴小水滴贴纸；家长指导幼儿节约用水的各种方法；使用节约用水记录单等。向家长宣传节水

二、活动反思

本次活动中，幼儿通过亲身感受停水的一小时，知道了水的重要性以及水与人们生活的关系。观看图片中水资源匮乏的案例，幼儿了解到水资源日益减少的现状。通过讨论，幼儿知道了节约用水的方法，并愿意应用到生活中。在最后的设计节约用水标志环节，幼儿能够将自己的想法付诸行动。在本节活动中，大部分幼儿能够主动表达缺水时的感受，并且能积极动脑筋想办法节约用水，如水的重复利用等；也有个别幼儿在活动中缺少自己的想法，没有主动地表达和思考，需要教师进一步引导和鼓励。如果再次组织本节活动，教师可以引导幼儿制作节约用水的海报，将节约用水的具体方法画出来，粘贴在合适的地方。希望通过本次活动，幼儿的节约用水意识和方法能够感染更多的人。

三、设计导读

"一小时没有水"的小实验让幼儿感受到了没有水的状态，引发了幼儿的活动兴趣。在观察感知环节，幼儿亲自品尝白开水与盐水，以及观看缺水视频，从而充分感知和体验淡水资源的珍贵，达到对淡水资源匮乏这一事实的了解。在探索发现环节，小组学习的活动形式，引导幼儿思考节水海报的内容是什么，达到了内化节水意识的效果，使得幼儿把节约用水的理念延伸到实际生活中。小组学习的形式培养了幼儿的团队合作意识和责任意识。合作交流环节给幼儿提供自由的实践机会。幼儿把节水标志、海报张贴到合适的地点，再次把活动推向了高潮，达到巩固幼儿节约用水的认知效果，同时又培养了幼儿节约用水的好习惯。

活动设计：北京市顺义区石园北区幼儿园　郭亚静

设计导读：北京市顺义区教育研究和教师研修中心　李美麒

我来设计海报

一、活动设计

观测点

1. 社会：能与同伴友好相处，合作完成任务。

2. 艺术：喜欢进行艺术活动并能大胆表现。

活动目标

1. 学习品质：能通过分工合作完成任务。

2. 知识经验：了解海报的设计方法。

3. 能力：能够根据共享区特点设计海报。

引导要点

1. 通过师幼互动，使幼儿了解设计海报的方法。

2. 引导幼儿合作完成海报的设计。

活动准备

1. 经验准备。

(1)教师：了解设计海报的要点，以及幼儿园共享区活动的开展情况。

(2)幼儿：见过生活中的海报，了解海报的作用，知道幼儿园共享区域的设置并有游戏经验。

2. 物质准备。

海报用纸、A4 纸若干、画笔等美工工具、即时贴、海报图片。

活动过程

(一)导入：讨论引入，激发幼儿参与热情。(1 分钟)

引导语 1：我们收集了这么多海报！这些海报都是在哪发现的，有什么作用？

引导语 2：谁来介绍一下你收集的海报是宣传什么内容的？海报上都有什么？

教师小结：通过大家的观察和讨论，我们了解到海报的内容是由标志性的图案和简单的文字介绍构成的。

引导语 3：新年马上到了，最近我们在共享区开展了很多丰富的活动，可是其他班的幼儿还不知道这些活动，我们需要用海报的形式把信息传递给大家。

引导语 4：共享区近期将要开展的活动有什么？设计的海报都需要呈现哪些内容？

(二)探索发现：为花店、理发店、蛋糕店、梦想剧场尝试设计海报。(15 分钟)

幼儿根据小组分工进行海报设计，教师在幼儿出现困难时进行指导。

引导语：现在请你们用 15 分钟的时间，按照小组计划完成海报。

(三)合作交流：班级分享，自主讲一讲自己小组设计的海报。(8 分钟)

小组成员讲解时，教师重点引导其讲解海报呈现的区域活动内容，加深幼儿对海报设计的认识。

引导语 1：请大家看一看××小组绘制的海报想告诉我们什么？请××小组说明你

们设计的方案以及是如何分工的？

引导语 2：对于小组设计出的内容及想法，大家有没有调整建议？

（四）回顾：教师总结，结束活动。（1 分钟）

引导语：海报设计好了，为了让更多的人了解区域近期的活动，接下来就要一起去贴海报了。

活动自然结束，幼儿张贴海报。

注意事项

小组合作，教师引导幼儿合理分工，在幼儿发生矛盾且无法自己解决的时候可以进行干预。

延伸活动

集体教学活动	区域活动	一日生活	家园共育
语言：宣传我们的共享区	美工区：继续完善海报的内容	为区域海报进行宣传	了解更多有关海报的设计要素，同时关注身边出现海报的环境

二、活动反思

本次活动目标达成较好，活动中幼儿通过观察海报，知道了海报的用途和要素，萌发了制作海报的愿望。在设计海报的环节，幼儿能够分工合作，共同完成制作海报的任务，发现问题并及时解决。如果再组织一次活动，教师应该给孩子更多的空间去探索、表达。在分享海报的环节，大部分幼儿能够大胆地上前与同伴、教师分享自己小组的海报并且思路清晰、语气自然。在分工合作的环节，多数幼儿能够与同伴协商，清楚自己所负责的内容，但也有个别幼儿在合作环节发生了思想游离或是工作内容混淆的情况。出现该情况的原因在于幼儿的个体差异，教师应给予这些幼儿关注和引导，鼓励他们参与到合作任务中去。

三、设计导读

该活动基于大班幼儿在社会领域中能够与同伴在交往中实践、练习着各种积极的交往方式，运用、掌握着被社会和他人许可的社会行为，发展着社会交往能力与社会适应能力的特点而设计。通过活动“我来设计海报”，幼儿自己收集海报，并且关注周围事物。自主观察分析海报能让幼儿感知海报的特点，了解海报的要素，发展了幼儿自主学习能力。幼儿与同伴交流、分享观察结果，发展了幼儿的表达能力。最后设计海报的活动，锻炼了幼儿主动、友好地与他人交往、分享、互助、合作的能力。整个活动过程让幼儿掌握了交往技能，同时培养了幼儿独立解决问题的能力。

活动设计：北京市顺义区港馨幼儿园　邓　贺

设计导读：北京市顺义区教育研究和教师研修中心　李美麒

我是小记者

一、活动设计

观测点

1. 社会：能友好与他人交流，并能解决交流中的问题。

2. 语言：愿意当众表达，表达时自然、从容、自信。

活动目标

1. 学习品质：敢于尝试做记者，能积极主动地和幼儿园工作人员接触，遇事不怕困难。

2. 知识经验：了解记者工作的内容和作用。

3. 能力：能根据自己的采访计划大胆地与人交流。

引导要点

1. 了解记者的工作内容，并在采访前做简单的计划。

2. 能根据自己的计划，大胆、有礼貌地进行采访。

活动准备

1. 经验准备。

(1)教师：了解一些电台、电视台、报纸的名称，了解记者的工作内容。

(2)幼儿：看过电视中一些新闻节目，在家长的引导下听过电台广播、看过报纸，知道新闻是什么。

2. 物质准备。

近期《新闻联播》的片段、一段记者工作视频、园长任务视频、勾线笔和 A4 白纸若干。

活动过程

(一)导入：教师播放一段近期的《新闻联播》片段。(1 分钟)

引导语：今天老师带来一段视频，是每天电视上都会播放的一个节目，我们来看一看是什么。

(二)观察感知：知道新闻的播放渠道。(5 分钟)

引导语 1：刚才我们看到的是什么节目?

引导语 2：除了电视上，我们还能够从哪些地方获取到新闻呢?

引导语 3：小朋友们说得真好，我们能够通过电台、电视、报纸知道很多新闻或者热点事件。和新闻相关的有一个重要的职业——记者。

(三)探索发现：播放记者工作视频，了解记者的工作特点和基本方法。(20 分钟)

引导语 1：视频里的记者是怎样采访的？他们在采访开始前说了什么？采访后说了什么?

引导语 2：两个小朋友一组，互相采访。想一想，都需要说些什么?

引导语 3：你们在体验采访的过程中，遇到了什么问题，是怎么解决的?

引导语4：今天园长妈妈也给我们发来了一段视频。我们看看园长妈妈说了什么？(选择一位感兴趣的教师，去采访他，了解他的工作和基本的工作方法)

引导语5：听清楚园长妈妈布置的任务了吗？你想要去采访幼儿园里的哪位老师？并制订计划。

幼儿分组采访，每组一位教师跟随，并用手机拍摄幼儿的采访过程。

(四)合作交流：通过大屏幕将采访的视频进行分享。(4分钟)

通过观看采访视频，了解采访中自己的优点和不足之处。并讨论如何调整。

引导语1：刚才我们出去进行了实地采访，哪一组小朋友愿意来分享一下？

引导语2：大家觉得我们的采访方法需要做哪些调整？

(五)结束：鼓励幼儿大胆尝试采访。(1分钟)

引导语：在我们的幼儿园中还有很多老师的工作内容是我们不知道的，小朋友们可以继续尝试去采访他们，了解他们。

注意事项

提醒幼儿在采访时要使用礼貌用语。

延伸活动

集体教学活动	区域活动	一日生活	家园共育
语言："我是小小新闻员" 艺术："我身边的人和事"	图书区："新闻播报角" 表演区："我是小记者"	过渡环节："新闻播报"	了解一些电台、电视台、报纸的名称，有目的地去了解记者的工作。采访爸爸妈妈

二、活动反思

此次教学活动目标基本实现，活动中幼儿能够积极主动地与他人互动，有礼貌地表达自己的想法。中班幼儿已经具备关心社区生活、主动与人交往、了解社区生活的能力。在活动中，教师通过创设采访环节吸引幼儿。幼儿通过尝试模仿记者采访的语句，进行实地采访活动，亲身体验记者的工作。如幼儿承诺在本次活动中能够大胆地表达自己的想法，在采访过程中能够积极主动地与被采访人互动，并能清楚有礼貌地表达自己的想法。后期可以组织幼儿进行一次面向整个幼儿园的采访活动，这样幼儿在采访过程中更能有成功的体验。部分幼儿平时在班中不喜欢与他人互动，在以后的活动中，可用表扬与肯定的方式鼓励其表达自己的想法。

三、设计导读

该活动基于大班幼儿能够进一步意识到并开始理解他人有不同于自己的情感、需要，重视成人、同伴对自己的评价，希望被同伴群体接纳，并开始自觉、有意地控制自己的情绪和行为的年龄特点而设计。通过"我是小记者"的活动，帮助幼儿在活动中大胆、积极主动地与幼儿园工作人员进行接触，遇事不怕困难。幼儿通过采访理解他人的工作内容，体会他们的情感、需要，从而重视身边的人。本次活动，还能够让幼儿了解记者的工作特点，并且在采访之前做简单的计划，让幼儿做事有目的，从而使幼儿获得成功的体验，培养幼儿自尊、自信的意志品质。

活动设计：北京市顺义区东兴幼儿园　刘　月

设计导读：北京市顺义区教育研究和教师研修中心　李美麒

争当小小升旗手

一、活动设计

观测点

1. 社会：能在活动中倾听和接受别人的意见。
2. 语言：敢于在众人面前说话，并能清楚表达。

活动目标

1. 学习品质：积极主动地参与活动，大胆自信地推荐自己。
2. 知识经验：知道升旗的礼仪，增强尊敬国旗、爱护国旗的责任感。
3. 能力：能够运用正确的标准评价自己和同伴。

引导要点

1. 感受升旗活动的神圣，知道升旗的礼仪，增强尊敬国旗、爱护国旗的责任感。
2. 能够运用正确的标准评价自己和同伴，推选出大家认可的升旗手。

活动准备

1. 经验准备。

(1)教师：了解班级幼儿的基本情况，有初步的激励方向。

(2)幼儿：参加过升旗仪式，知道升旗流程。

2. 物质准备。

升旗视频，自制选票、投票箱。

活动过程

(一)导入：视频导入，激发幼儿参与热情。(3 分钟)

引导语 1：你们在视频中看到了什么？

引导语 2：国旗护卫队需要几个升旗手和护旗手？

引导语 3：下周一我们非常幸运地获得升国旗的任务。现在我们需要选出一名升旗手和四名护旗手。谁想承担这个任务？

(二)观察感知：讨论升旗手的标准。(5 分钟)

引导语：升旗手和护旗手是一项光荣的任务，你们觉得什么样的小朋友能当升旗手和护旗手呢？

(1)幼儿讨论升旗手的标准，共同梳理标准。

(2)教师重点引导：从遵守班级活动常规、同伴间友好相处、礼貌待人等方面进行讨论。

(三)探索发现：根据标准自荐。(10 分钟)

引导语：小朋友们，升旗手的标准我们已经讨论出来了，现在请大家进行自我推荐，把自己的优点说出来。

(1)介绍自己的姓名、年龄、本领及要竞选的角色。

(2)竞选者展示自己的本领。

(四)合作交流：每名幼儿根据评选标准投票。(10 分钟)

1. 投票。

引导语：请用你们手中的小花进行投票。得票数最多的五人获选。

2. 统计。

引导语：怎么才能知道谁的票多？我们可以怎么统计？

计票员和检票员进行统计。

(五)回顾。(2 分钟)

公布选票结果，采访部分竞选者。

引导语 1：竞选中，你成功了，想对大家说什么？说说怎样做合格升旗手。

引导语 2：虽然这次竞选没有成功，但是你非常有勇气。你想以后在哪些方面努力？

二、活动反思

本次活动目标达成，幼儿能积极主动地参与活动，大胆自信地推荐自己。幼儿知道升旗的礼仪，增强了尊敬国旗、爱护国旗的责任感，能够选出来大家认可的升旗手。活动的最后设计可以更有“仪式感”，比如，让幼儿穿上小旗手的衣服。活动结束后，可以将竞选结果制作成海报，增强幼儿的自信心和成就感，也可以激励这次没有选上的幼儿继续努力。活动中，幼儿在讨论标准以及投票时很积极，大部分幼儿能够说出自己的理由，表达自己的想法。在投票结束后，幼儿自己进行票数统计，能够分工合作，认真地完成计票任务。个别幼儿表现相对欠缺，主要是语言表达不够大胆，需要教师在活动中积极引导，多给这样的幼儿机会，让他们能够充分表达自己的想法，积极参与到活动中来。

三、设计导读

本活动基于大班幼儿重视成人、同伴对自己的评价，希望被同伴、群体接纳，并开始自觉、有意识地控制自己的情绪和行为的年龄特点而设计。以幼儿向往的且感觉自豪的升旗仪式为载体，让幼儿大胆自荐。活动首先用升旗的视频激发幼儿对升旗活动的向往，让幼儿了解升旗仪式需要的人员和基本流程。然后引导幼儿讨论担当升旗手和护旗手的标准，鼓励幼儿大胆表达想法，并与同伴协商制定标准。在自荐与评价同伴的环节支持幼儿大胆表达，并引导幼儿倾听和接受别人的意见。该活动的设计对幼儿的社会性发展颇有价值。

活动设计：北京市顺义区港馨幼儿园　张东霞

设计导读：北京市顺义区教育研究和教师研修中心　李美麒

第五章　科　学

第一节　小班——科学

磁铁找朋友

一、活动设计

观测点

1. 科学：能发现常见物体的结构与功能之间的关系；能经常动手动脑寻找问题的答案。
2. 学习品质：有好奇心。

活动目标

1. 学习品质：喜欢玩磁铁游戏，对磁铁有好奇心。
2. 知识经验：在观察、操作过程中发现磁铁能吸铁的特性。
3. 能力：通过操作探索，提高幼儿观察、语言表达等能力。

引导要点

1. 引导幼儿在观察、操作过程中了解磁铁的特性，知道磁铁能将铁制品吸住。
2. 引导幼儿能用语言描述出自己的发现，并愿意与大家分享。

活动准备

1. 经验准备。

(1)教师：了解小班幼儿科学领域学习特点，理解《指南》对于小班幼儿进行科学探究的目标要求；掌握本班幼儿观察实验能力、科学思考能力、表达交流能力的发展现状。

(2)幼儿：玩过磁铁钓鱼的游戏。

2. 物质准备。

圆形的磁铁、曲别针、纸片、积木、插片、螺丝、螺母、铁珠、布、沙子、塑料盒、集体记录表。

活动过程

(一)导入：教师表演小魔术，激发幼儿参与活动的兴趣。(1 分钟)

引导语：今天老师给小朋友变一个魔术，用老师手里这个神秘的东西，把盒子里的东西变出来。

(二)感知体验：认识磁铁特征。(2 分钟)

引导语 1：你们知道它是什么吗？摸一摸有什么感觉？

引导语 2：你们觉得还有哪些东西是它的朋友？

(三)模仿探索：尝试实验，感知磁铁吸铁的特性。(8 分钟)

引导语 1：我们在沙池里找一找，到底哪些物品是磁铁的朋友，哪些不是呢？

引导语 2：请你把找到的磁铁的朋友贴在记录表的笑脸处，不是的贴在记录表的哭脸处。

(四)自由表现：表达自己对磁铁的认识。(3 分钟)

引导语：你找到的磁铁的朋友是什么样的？哪些东西不是磁铁的朋友？

小结：磁铁能吸住铁及铁制品。

(五)结束。(1 分钟)

引导语：刚才我们已经知道磁铁的朋友是铁制品，现在我们在班上找一找磁铁的朋友吧！

注意事项

提醒幼儿在沙中找物的时候注意不要把沙子弄到自己的身上或眼睛里。

延伸活动

引导语：请小朋友们回家后在家里也找一找磁铁的朋友，明天来幼儿园的时候和老师、小朋友们分享一下你的发现。

二、活动反思

磁铁是生活中常见的物品，但幼儿对它的感知经验是零散的，如果没有成人的引导，部分幼儿对它的感知认识是不清晰的。本活动以“沙中寻宝”游戏导入，非常符合小班幼儿的年龄特点。幼儿对这个活动非常感兴趣，4 名幼儿主动反复去沙中寻找宝贝，达到了较好的教学效果。如果将教师表达的磁铁能吸铁和铁质的东西的语言淡化些，会让说教的感觉减轻，活动效果会更好一些。

三、设计导读

《指南》在健康领域“科学探究”的目标 2“具有初步的探究能力”中，针对 3～4 岁幼儿提出，“能用多种感官或动作去探索物体，关注动作所产生的结果”。磁铁是幼儿游戏、生活中经常接触到的物品，教师根据幼儿以具体形象思维为主的特点，围绕教学目标开展活动。活动以魔术形式导入，引出问题，激发幼儿探究的兴趣。在感知体验环节，以提问方式调动幼儿原有经验，引导幼儿大胆猜想。在模仿探索环节，教师鼓励引导幼儿通过直接感知、亲身体验和实际操作进行科学学习。教师在活动中充当着引导者和玩伴的角色，给幼儿创造了充分思考、充分感知、充分讨论、充分观察的空间。活动中，教师提供了丰富多样的操作性材料，让每个幼儿运用多种感官、多种方式进行探索，充分感知磁铁的特征。自由表现环节通过记录表来帮助幼儿提升经验，结合记录结果引导幼儿推理出磁铁的特性。整个活动中，幼儿在做中学、学中做，大胆探索磁铁的性质，并能和同伴交流自己的发现，体现了小班幼儿探究能力发展的学习特点。

活动设计：北京市顺义区幸福幼儿园　王冬梅

设计导读：北京市顺义区幸福幼儿园　张　玲

种大蒜

一、活动设计

观测点

1. 科学：能用多种感官探索物体；能够亲近自然，喜欢探究。

2. 学习品质：能在活动中积极主动地参与探究活动。

活动目标

1. 学习品质：在种植活动中按照自己的意愿进行尝试。

2. 知识经验：能够运用多种感官发现大蒜的特征，体验发现的乐趣。

3. 能力：尝试自己种植大蒜，探索种植大蒜的方法。

引导要点

1. 鼓励和支持幼儿运用多种感官去发现大蒜的特征。

2. 引导幼儿探索种植大蒜的方法。

活动准备

1. 经验准备。

(1)教师：了解《指南》中对于小班幼儿种植活动的目标及要求；了解小班幼儿的年龄特点及本班幼儿在种植方面的发展水平。

(2)幼儿：和教师一起参加过种植活动；知道种植所需的材料工具。

2. 物质准备。

与幼儿人数相等的铲土工具、托盘、大蒜、纸杯、土、小标识、集体记录表、彩笔、黑板、相机等。

活动过程

(一)导入：回忆以前种植经历，调动幼儿原有经验。(1 分钟)

引导语：我们以前一起种植过花生和黄豆，我们是怎样种的？看看今天老师给小朋友带来了什么？

(二)感知体验：引导幼儿利用多种感官，感知大蒜的特征。(4 分钟)

1. 出示大蒜，引发幼儿讨论。

引导语：如果把大蒜种在土里，大蒜能发芽吗？

2. 运用手、眼、鼻等感知大蒜的特征。

引导语：大蒜是什么样子的？

3. 引导幼儿从看、闻、摸三方面说说自己的发现。

引导语：请小朋友说一说，你用眼睛看起来大蒜是什么样的？用鼻子闻起来是什么味？用小手摸起来是什么感觉？

4. 教师小结。

引导语：大蒜是由多个蒜瓣组成的。大蒜的外面有皮，每个蒜瓣都有蒜根，尖尖的地方是芽。

(三)模仿探索：鼓励幼儿按照自己的想法种植大蒜。(7 分钟)

1. 幼儿猜想。

引导语：你认为大蒜应该怎样种才能发芽呢？

教师将每一个幼儿的猜想记录在集体记录表上。

2. 幼儿按照自己的想法种大蒜，老师拍照。

3. 教师协助幼儿在小花盆外面贴上自己的小标识。

(四)自由表现：教师引导与鼓励幼儿介绍自己种大蒜的过程。(2 分钟)

利用照片的形式，将幼儿不同的种植方法进行展示。

(五)结束。(1 分钟)

引导语：小朋友，把我们种好的大蒜放在咱们班的种植角，看一看谁种的大蒜能够发芽。

注意事项

指导幼儿在往花盆里倒土时，要把小花盆放在托盘上，注意尽量不要弄到桌子上；另外，提醒幼儿不要用沾上土的手抹眼睛、鼻子或嘴巴，注意卫生。

延伸活动

鼓励幼儿自己照顾自己种植的小种子，每天都去观察大蒜的变化。

附录

记录表文字说明：将猜想出的种大蒜的方法记录在下方的表格中，将后续的观察结果进行记录(见表 5-1)。

表 5-1　怎样种大蒜

时间：

猜想？ 							
验证：							

二、活动反思

种植活动对于小班来说有一些难度，但教师利用大蒜开展种植活动，将活动的难度降低到小班幼儿能够接受的水平。利用种在土里的植物能够发芽的幼儿前期经验，通过猜想、剥蒜、种蒜的过程，让幼儿能够眼、鼻、手一起参与，符合小班幼儿的年龄特点。在整个活动中教师使用记录表来记录幼儿的发现。记录展现的方式为现场画图，这样便于幼儿理解。

三、设计导读

小班幼儿科学探究的特点是“随机式探究”，体现的是在动作中思考、在动作中探究。活动从幼儿生活经验出发，利用幼儿熟悉的食材——大蒜，引导幼儿运用看、摸、闻来认识其明显特征，幼儿用自己的方法尝试种植大蒜，可谓既动手又动脑。活动中，教师提供了具体的操作情境，并对幼儿活动的情况进行了及时反馈，以此促进幼儿科学探究能力的提高。该活动符合小班幼儿运用多种感官感知事物特征，在动作的尝试中进行探究的年龄特点，符合《指南》“科学探究”子领域中描述的“能用多种感官或动作去探索事物，关注动作所产生的结果”的要求。

活动设计：北京市顺义区幸福幼儿园　张红霞

设计导读：北京市顺义区裕龙二区幼儿园　霍东娜

谁藏起来了

一、活动设计

观测点

1. 科学：能在探索中认识周围事物和现象，能感知材料的特性。
2. 语言：愿意讲话并能清楚地表达自己的需求和想法。

活动目标

1. 学习品质：积极参与活动，对颜色游戏感兴趣。
2. 知识经验：熟悉动物的明显特征。
3. 能力：能用语言大胆讲出自己在游戏中的发现。

引导要点

1. 引导幼儿在游戏中发现不同颜色的小动物与相同颜色的色卡重叠后会不见。
2. 引导幼儿大胆讲述自己在游戏中的发现。

活动准备

1. 经验准备。

(1)教师：对红色、黄色、绿色和蓝色4种颜色重叠实验进行预操作；了解本班幼儿掌握颜色和动物的明显特征的情况。

(2)幼儿：认识红色、黄色、绿色和蓝色4种颜色，熟悉动物的明显特征。

2. 物质准备。

《谁藏起来了》PPT课件；小动物图片人手一份(包括4种颜色)，包在袋子里，放在小椅子下面；黄色、绿色、红色和蓝色的色卡各一张。

活动过程

(一)导入：以绘本故事引发幼儿的好奇心。(3分钟)

引导语1：小朋友们，今天老师给你们带来了一个很好听又很好玩的故事，咱们一起来听一听、看一看。(教师出示PPT)

引导语2：故事里的小动物想跟我们玩捉迷藏的游戏，你们愿意吗？

(二)感知体验：进一步理解绘本故事。(2分钟)

引导语1：我们请它们出来好不好？快看，这么多的小动物，你们认识它们吗？

引导语2：你是从哪里看出来的？还有谁呢？有长长鼻子的动物朋友是谁？大象今天穿了什么颜色的衣服？

(三)模仿探索：引导幼儿关注动物主要特征和相同颜色叠加的特点。(7分钟)

引导语1：现在小动物们要跟我们玩谁藏起来了的游戏，它们藏在了颜色宝宝里。睁大眼睛仔细看，哪个小动物在跟我们玩游戏？(红色)

引导语2：咦？谁藏在黄色宝宝里不见了？(黄色)哇！驯鹿被我们小朋友找到了，我们请它出来。

引导语3：这次小动物在和哪个颜色宝宝捉迷藏呀？(绿色)猜猜看，谁藏起来了？河马藏在绿色宝宝里。

引导语4：小朋友们，你们一下就找到它们了。这次小动物说要难一点了，多几个动物藏起来，你们能找到吗？长颈鹿藏在红色宝宝里，还有呢？(同样采用捉迷藏的游戏引导幼儿找出躲在颜色宝宝里的小动物)

引导语5：(出示蓝色卡纸)这是什么颜色宝宝？(蓝色)谁藏在蓝色宝宝里会看不见呢？你是怎么知道的？我们一起来看一看吧。你能用好听的话请它们出来吗？(大象藏在蓝色宝宝里)

小结：动物和颜色宝宝的颜色是一样的，小动物就会在颜色宝宝里藏起来，它们的颜色会重叠在一起，不容易找到。

(四)自由表现：引导幼儿按颜色卡纸送动物宝宝回家。(3分钟)

引导语1：这是什么颜色宝宝来了？黑色呀，黑色来了，所有的小动物都被藏起来了，我们把它们找出来好不好？

引导语2：小动物们藏到了我们小椅子下面的口袋里，请你把它们找出来；然后和旁边的宝宝说一说，你找到的是谁，它穿了什么颜色的衣服。小朋友们，把你们的小动物藏到黑板上的颜色宝宝里面吧。

(五)结束。(1分钟)

引导语：《谁藏起来了》是一本非常有趣的书，里面还有很多好玩的游戏，老师把它放在我们的图书角，孩子们可以去看一看。

注意事项

提醒幼儿注意坐姿。

延伸活动

集体教学活动	区域活动	一日生活	家园共育
语言：《谁藏起来了》 科学："颜色汉堡包"	益智区："颜色对对碰" 图书区：绘本故事《谁藏起来了》 美工区：绘画"我藏起来了"	过渡环节：作品讲述	亲子制作：多彩的幼儿园 亲子制作：废旧报纸的再利用

二、活动反思

绘本是幼儿喜欢的读物，教师要巧妙地利用绘本内容开展活动。本活动从绘本导入，引导幼儿观察动物衣服的颜色和典型特征，为后续的捉迷藏游戏提供经验。活动简单而有趣，符合小班幼儿的年龄特点。

三、设计导读

绘本是幼儿喜欢的，小动物是幼儿喜爱的，颜色是幼儿经常接触的。该活动将三者结合开展集体教学活动，是一件非常巧妙的事情。活动用小动物捉迷藏的形式，引导幼儿观察发现一种颜色的小动物藏到同颜色、不同颜色后面的变化。活动最后的实操环节，让幼儿对一种颜色藏到相同颜色后看不见，藏到不同颜色后发生变化的认识得到了验证，获得了较为深刻的感悟。

此活动符合小班幼儿通过观察和操作获取信息的年龄特点，体现了《纲要》科学领域“内容与要求”所提出的“为幼儿的探究活动创造宽松的环境”“引导幼儿对周围中的……等现象产生兴趣”。

活动设计：北京市顺义区宏城幼儿园　李　宁

设计导读：北京市顺义区裕龙二区幼儿园　霍东娜

小鸭子要洗澡

一、活动设计

观测点

1. 艺术：喜欢自然界与生活中美的事物。

2. 科学：具有初步的探究能力；能够猜测和验证。

活动目标

1. 学习品质：乐于参加此次活动，对运水活动感兴趣。

2. 知识经验：知道水是具有流动性的，要用封闭的容器来盛水。

3. 能力：尝试在少洒水的情况下，把水从 A 处运到 B 处，挑战如何将漏水的工具变成不漏水的工具进行运水。

引导要点

1. 引导幼儿探索用漏水的容器进行运水的方法。

2. 鼓励幼儿适当地调整容器，将不适宜的工具改为能够运水的工具(如堵住漏水口起到封闭作用)。

活动准备

1. 经验准备。

(1)教师：了解 3～4 岁幼儿的相关经验。

(2)幼儿：有玩水的经验。

2. 物质准备。

若干小水盆(水盆上有标记线)、小鸭子、水杯、碗、瓶子、漏斗、筷子筒、漏水的瓶盖、小漏勺、音乐及录音机等。

活动过程

(一)导入：情境引发幼儿为鸭宝宝洗澡的欲望。(1 分钟)

引导语 1：小鸭子出去玩，把自己弄得脏脏的，妈妈很生气，怎么办呢？

引导语 2：洗洗澡还真是一个好办法。可是家里的水没有了，你们能帮小鸭子运一些水来吗？

(二)感知体验：在问题情境中探究如何选择合适的运水工具。(3 分钟)

引导语 1：老师这里有几样工具，小朋友们看一看、摸一摸，这些工具有哪些不同呢？

引导语 2：你猜一猜哪个工具更适合运水，把你认为更适合运水的工具画在记录表上。

引导语 3：注意哟，我们今天一定要把水安全送到小鸭子家。如果水洒在半路，小鸭子会不高兴的。

(三)模仿探索：感知容器运水的适宜性。(8 分钟)

引导语 1：小朋友们想一想、说一说，哪种工具能够帮助小鸭子运水呢，哪个工具运水多，哪个工具运水少呢，哪个运得快，哪个运得慢呢。

引导语 2：你是用什么工具运水的？你运了几次？它漏水了吗？你是怎么不让它漏水的？

引导语 3：为什么有的工具会让水洒在地上呢？

(四)自由表现：幼儿展示或改进自己所使用的工具，比较运水工具的适宜性。(3 分钟)

引导语 1：有些让水漏掉的工具能不能改变一下，让它们也能够运水呢？

引导语 2：你觉得哪个工具最好用？请你示范一下。

(五)结束：听音乐运水。(1 分钟)

引导语：今天我们认识了很多适合用来帮小鸭子运水的容器。那么，我们一起来随着好听的音乐，帮小鸭子洗澡吧！哪个工具更适合运水？

附录

表 5-2　运水工具记录表

工具	 猜想	 验证

续表

工具	 猜想	 验证

注意事项

该活动因需往返运水，教师要选择空间较大、地面防滑的场地。

延伸活动

集体教学活动	区域活动	一日生活	家园共育
科学：“小鸭子要洗澡”	科学区：提供更多不同容量、造型的容器，设置丰富的问题情境，供幼儿巩固这一技能和对容器的感知	过渡环节：运用自己的运水工具为班上的花浇水	1. 在家里找找，还有哪些容器是可以运水的？不能运水的工具怎么改造成能运水的工具呢？并进行记录 2. 利用废旧材料制作一些浇花容器

二、活动反思

舀水对于小班幼儿来说是件容易的事。但如果将漏水的工具改造成不漏水的工具进行舀水，对于小班幼儿来说，就是一个发现问题、分析问题、解决问题的过程。由帮脏了的小鸭子洗澡导入活动，增强了幼儿参与的意愿。幼儿第一次选择不漏水的工具运水，而后自己把漏水工具改造成不漏水工具，活动就有了层次性。个别幼儿在使用不漏水的工具时，还尝试使用了不同的工具进行运水，展现了该幼儿敢于大胆使用多种材料的品质。

三、设计导读

小班幼儿探究问题的方式是典型的“做中学”。喜欢玩水是幼儿的天性，水对于幼儿来说是很熟悉的，因此了解水的流动特征对于小班幼儿来说并不是很难的事。活动开始，教师设置问题情境——帮脏了的小鸭子洗澡，从而促使幼儿使用多种工具运水。在这个过程中让幼儿感知水的流动性是一个巧妙的安排。工具的选取并没有全部使用适宜的物品，而是选用一些漏水的容器，使幼儿的探究活动有了小小的挑战。在这个过程中，幼儿的观察实验能力、科学思考能力、表达交流能力也得到了发展。

该活动较好地体现了小班幼儿在活动中思考，在活动中探究的年龄特点。教师及时的引导与帮助，有效促进了教学目标的达成，体现了《指南》科学探究子领域的要求。

活动设计：北京市顺义区宏城幼儿园　张媛媛

设计导读：北京市顺义区教育研究和教师研修中心　刘海燕

第二节　中班——科学

颜色对对碰

一、活动设计

观测点

1. 科学：能对事物或现象进行观察比较，发现其相同与不同之处；能用符号进行记录。

2. 学习品质：具有好奇心并能动手探索。

活动目标

1. 学习品质：敢于大胆选择两种颜色进行调配。

2. 知识经验：幼儿通过操作，知道两种颜色碰撞后能够变成另一种颜色。

3. 能力：能够认真观察颜色碰撞实验后的明显变化。

引导要点

引导幼儿大胆猜测、大胆操作、尝试验证猜测结果。

活动准备

1. 经验准备。

(1)教师：知道两种颜色调配后会产生什么样的变化。

(2)幼儿：喜欢画画。

2. 物质准备。

滴管若干，红、黄、蓝三色彩笔水若干，调色盘人手一个，记录单，红、黄、蓝三色色卡若干。

活动过程

(一)导入：通过绘画导出主要内容，激发幼儿对颜色的兴趣。(1 分钟)

引导语 1：小朋友，你们喜欢画画吗？喜欢什么颜色？

引导语 2：今天我们玩一个“颜色碰碰”的游戏。

(二)观察感知：引导辨认颜色，猜想调配后的颜色。(2～3 分钟)

引导语：小朋友，你们看看老师手里这是什么颜色？(出示颜色卡)。“颜色碰碰”游戏就是把两种颜色放一起。你想让哪两种颜色碰在一起，小朋友们猜猜它们碰在一起会有什么变化？会变成什么颜色？幼儿猜想。(教师用色卡记录在记录单上)

(三)探索发现：动手探索，发现两种颜色调配的结果。(16 分钟)

引导语 1：小朋友们你们猜的对吗？你还想把哪两个颜色“碰”在一起，可以亲自去试一试。

引导语 2：小朋友们先选择两种色卡贴在记录单第一、第二个圆圈内，并猜想一下会出现什么颜色。记录在猜想的格中，然后用滴管分别吸你选的两种颜色放在调色盘里，用小棍搅拌，验证你是否猜对。

(四)展示表现：引导和鼓励幼儿在大家面前介绍自己的发现。(2～3 分钟)

实验的结果，与猜想是否一致。

引导语 1：刚才小朋友们都进行了实验，谁来介绍一下你的实验结果？

引导语 2：在进行两种颜色碰撞实验时，你们有什么发现吗？

引导语 3：这两个小朋友选择的颜色一样，为什么结果不一样呢？

(五)结束：引导幼儿通过对比观察，发现配色的规律。(1～2 分钟)

引导语：刚刚的实验过程中，你发现了什么？

例：一滴红色与两滴黄色碰撞后，颜色偏黄。两滴红色与一滴黄色碰撞后，颜色偏红。

注意事项

提醒幼儿注意收纳工具。

延伸活动

集体教学活动	区域活动	一日生活	家园共育
“颜色变变变”，用调配的颜色画渐变画	继续尝试颜色配对（三色、四色）	发现生活中的颜色	亲子制作：“颜色变变变”“有趣的色彩”

附录

表 5-3　颜色对对碰

选颜色	猜想	验证

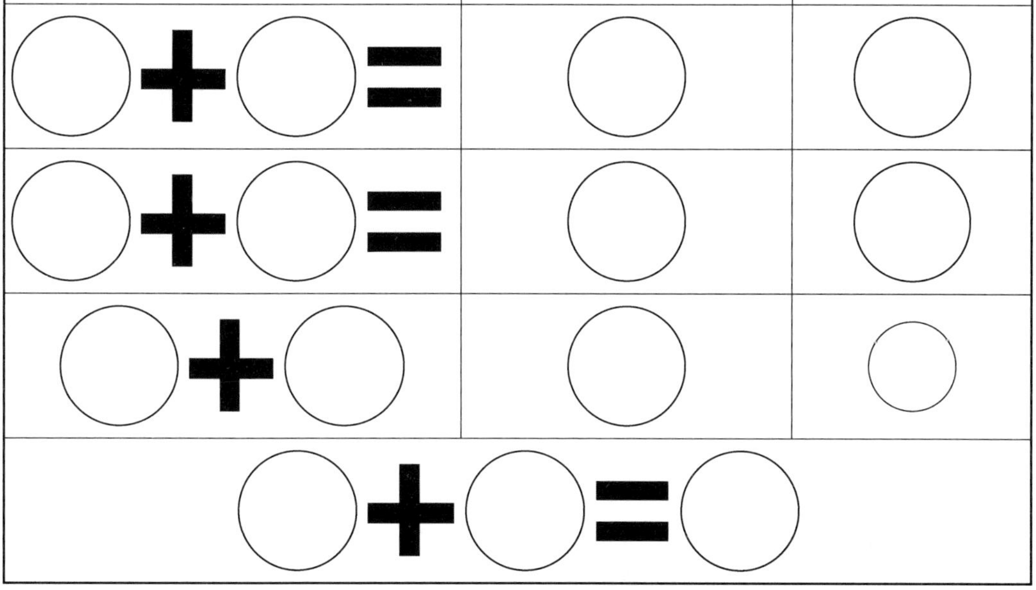

注：表格以三列呈现，第一列选取两张基础色卡，第二列将猜想结果用色卡粘贴，第三列记录实验后的结果。

二、活动反思

本次活动从幼儿的生活中来，源于幼儿都很喜欢的玩色游戏。为了让幼儿利用多种感官感知颜色的变化，教师采用了谈话、记录、操作、观察等多种形式，充分调动了幼儿的积极性。

整个教学活动很顺利，从幼儿的现场表现可以看出，教师的教学目标已达成。大部分幼儿都能够大胆选择两种颜色尝试调配玩颜色的游戏。在操作过程中，幼儿兴奋地告诉教师："老师，我用红色和黄色混在一起可以变橙色。"从他们的表情、语言、动作中可以看出，他们很喜欢颜色变化的过程。同时，幼儿能够仔细观察，并且将自己观察的结果记录下来。

需要改进的是，教师发现部分幼儿在调色的过程中，存在着把颜料弄洒的现象，应该在每组投放一块抹布或一包纸巾，方便幼儿擦拭。同时，记录的桌子和实验的桌子可以分开摆放，方便幼儿记录。

三、设计导读

该活动基于中班幼儿在科学领域有好奇心、求知欲，喜欢进行简单探究的特点，通过"颜色对对碰"的游戏进行两种颜色的配对，引导幼儿能够通过自己的观察，发现两种颜色碰撞后的明显变化。

活动以幼儿喜欢的画画导入，激发了幼儿的积极性，还唤醒了幼儿对颜色的已有经验。观察感知环节，教师组织幼儿自主选择两种颜色进行对对碰，并结合自己的经验猜想会出现什么颜色，然后进行记录。这个环节主要选择三原色红、黄、蓝，因为这是幼儿经常使用的颜色。教师用色卡进行记录，方便幼儿观看，也符合中班幼儿记录的特点。探索发现环节主要是幼儿选择两种颜色进行配对尝试、探索、观察、发现颜色的变化。教师给幼儿提供颜色，幼儿使用滴管进行颜色配对，呈现的效果更加明显直观。幼儿将配对好的颜色直接滴在记录单上，目的是使结果能直观地呈现。展示表现环节主要是对前期的猜想进行验证，鼓励幼儿说出不同的结果，即因为颜色多少而出现的颜色偏差。幼儿再次操作时，教师要明确两种颜色的量，一种多，另一种少，目的是验证颜色量的多少会如何影响配对后的颜色变化。

整个活动以"颜色对对碰"贯穿始终，通过幼儿操作探究发现两种颜色配对的明显变化，进而激发幼儿探究的欲望，培养幼儿的观察能力和大胆尝试的学习品质。

活动设计：北京市顺义区裕龙二区幼儿园　杨紫薇
设计导读：北京市顺义区裕龙二区幼儿园　霍东娜

穿墙术

一、活动设计

观测点

1. 科学：能够对实验结果进行猜测和验证；能用符号进行记录。
2. 学习品质：能够主动参与磁铁实验活动。

活动目标

1. 知识经验：感知磁铁的磁力具有穿透性，并探索磁力的穿透性不是无限的。

2. 能力：能通过对比观察、发现磁力的奥秘。

引导要点

1. 引导幼儿进行实验，记录实验结果。

2. 引导幼儿通过实验，分析出磁力的穿透性不是无限的。

活动准备

1. 经验准备。

(1)教师：熟知磁铁的特性。

(2)幼儿：知道磁铁能吸东西。

2. 物质准备。

圆形磁铁、薄铁片、攀爬小人图片、记录表、薄厚不同的泡沫板、薄厚不同的布、薄厚不同的书、薄厚不同的木板、薄厚不同的塑料板等。

活动过程

(一)导入：利用魔术，激发幼儿兴趣和好奇心。(1 分钟)

引导语：老师给你们表演一个魔术，可神奇了。(教师演示小人在纸上向上爬)

(二)观察感知：教师操作，引导幼儿通过观察，感知磁铁的磁力具有穿透性。(2 分钟)

引导语 1：为什么小人能向上爬？

引导语 2：为什么磁铁隔着纸还能吸铁片呢？

(三)探索发现：幼儿探索教师边观察，边用语言引导，鼓励幼儿尝试操作不同的材料，表述发现的现象。(16 分钟)

引导语：你们猜一猜磁铁还能隔着什么东西把贴有铁片的小人吸起来呢？老师给你们准备了一些实验材料。你们先猜一猜能不能吸起来，然后再进行验证。

幼儿猜想、动手操作、记录。

(四)展示表现：教师鼓励幼儿大胆分享、交流，用语言表达自己的发现。(2～3 分钟)

教师与幼儿一起观察，引导幼儿发现什么样的东西磁力能穿过去，什么样的东西磁力不能穿过去。

引导语 1：我们一起来看一看实验结果，磁铁能穿过哪些材料吸起铁片？这些材料有什么共同的特点？

引导语 2：磁铁隔着哪些材料不能吸起铁片？这些材料又有什么共同的特点？

(五)结束。(2～3 分钟)

引导语 1：那谁有办法能够让磁铁的磁力穿过这些厚厚的材料吸起小人呢？

引导语 2：你们说了很多的方法，到底行不行呢？一会儿我们去活动区试一试。

延伸活动

区域活动：继续探索磁铁穿透哪些材料能吸起小人。

附录

表 5-4　个人记录表

时间：　　　　　　　　姓名：

粘贴选择的材料	猜想	
	验证	

（记录表说明：粘贴好选择的材料卡片，把自己的猜想和发现的结果分别记录在表格中）

表 5-5　集体记录表

（记录表说明：把成功的结果贴在笑脸处，不成功的结果贴在哭脸处。）

二、活动反思

这次教学活动开展得很顺畅。在探索的过程中，当小人被吸起来的时候，幼儿们是兴奋的，部分幼儿发出了开心的欢呼声。当隔着较厚的纸片、没能成功把东西吸起来时，有幼儿说："看来磁铁也不是万能的啊！"证明他们通过实验发现了磁力的穿透性不是无限的。同时，在整个活动过程中，幼儿都能认真观察，和同伴交流互动，通过不同材料的对比和观察，将自己的观察结果写在记录单上。

需要改进的是，想让幼儿进行科学对比，变量应该只有一个，其他因素都保持一致。所以，对比观察时用的薄厚材料应该再严谨一些，材质应该是一样的，这样会更有助于幼儿的探究。

三、设计导读

该活动基于中班幼儿在科学领域有好奇心、求知欲，喜欢进行简单探究的特点而设计，通过围绕"磁铁吸铁片小人"的简单探究，引导幼儿感知磁铁的磁力具有穿透性，但其穿透性不是无限的。

活动以"磁铁吸铁片小人"的魔术导入，激发了幼儿的兴趣，并贯穿了整个的活动。在观察感知部分，幼儿通过观察教师的演示，了解了磁铁具有穿透性。在探索环节，教师出示了泡沫板、布、书、木板、塑料板这些材料，抛出问题"猜一猜磁铁还能隔着什么东西把贴有铁片的小人吸起来呢？"引发幼儿猜想，然后教师鼓励幼儿自主进行探索、尝试、验证，并进行记录。在幼儿探索过程中，教师要有意识地引导幼儿对比观察。

活动设计：北京市顺义区幸福幼儿园　肖亚利

设计导读：北京市顺义区裕龙二区幼儿园　霍东娜

沉　浮

一、活动设计

观测点

1. 科学：能根据观察结果提出问题，并大胆猜测答案；能用图画或其他符号进行记录。

2. 社会：能在活动中尝试有一定难度的活动。

3. 学习品质：具备主动性和参与性。

活动目标

1. 学习品质：积极主动参与沉浮探究活动，感知探索的快乐。

2. 知识经验：依据物体的沉浮特性，能使沉下去的物体浮上来。

3. 能力：能用图画或者其他符号进行记录。

引导要点

引导幼儿在实践中获得对物体沉浮特性的认知，并能用标记进行记录。

活动准备

1. 经验准备。

(1)教师：知道石头、毛根、磁铁雪花片等材料的沉浮特性。

(2)幼儿：知道哪些物体沉下去，哪些物体浮上来。

2. 物质准备。

图片“小乌龟帮小蚂蚁过河”，水箱 8 个，雨花石、木片、雪花片、泡沫片、纸巾、装有水的塑料瓶各 8 份，记录表 8 份，大记录表 1 张，抹布每组 1 块。

活动过程

(一)导入：小乌龟帮小蚂蚁过河。(1～2 分钟)

请幼儿看图片，教师讲述。

引导语 1：今天天气可真好，小乌龟和小蚂蚁要出去玩。它俩走啊走，来到了河边。小乌龟说：“啊，这里的河水好清啊，我们一起到河里去玩吧!”小蚂蚁却摇摇头说：“不行不行，我不会游泳，会被淹死的，太危险啦!”小乌龟说：“那可怎么办呢?”(请幼儿想办法，引导幼儿说出蚂蚁在水里会被淹死，需要能浮起来的物品当小船)

引导语 2：嗯，小乌龟也想到了这个办法。小乌龟说：“哎，有了，我可以送一些东西给你，或许这些东西可以帮助你浮起来。”

(二)观察感知：教师出示材料，让幼儿猜一猜哪些物品可以当小蚂蚁的小船。(2～3 分钟)

1. 出示材料：雨花石、木片、雪花片、泡沫片、纸巾、装有水的塑料瓶。

引导语：小朋友看看小乌龟给小蚂蚁找来了什么东西？你觉得哪些东西能给小蚂蚁当小船呢？猜一猜。

2. 幼儿讨论，教师将讨论结果记录在集体记录表中。

(三)探索发现：幼儿进行试验，将结果记录下来，并分享交流。(15 分钟)

幼儿进行试验，并将结果记录在记录表中。

引导语：小朋友，可以依据你的猜想为小蚂蚁做一艘船。小朋友要先把袖子撸起来，然后轻轻地把材料放入水中，如果桌子湿了要及时用抹布擦干。

(四)展示表现：幼儿分组探索让沉下去的物体浮上来的方法，教师将方法记录下来。(5分钟)

引导语1：现在请小朋友把你给小蚂蚁设计的船介绍给大家。

引导语2：你刚才是怎样让沉下去的瓶子浮起来的？

引导语3：在我们的生活中，什么时候会借助能浮在上面的物体让会沉下去的物体浮起来的？

(五)结束：教师结合图片总结。

引导语：有什么办法可以使浮起来的东西沉下去呢？小朋友们可以在活动区试一试。

附录

表5-6　探索物体沉浮

 ↓	 ↑

（记录表文字说明：幼儿猜猜哪个物体沉下去，哪个物体浮上来，将猜想的结果粘贴在相对应的表格中）

表5-7　个人记录表

用自己的小标记记录一下你使用的材料：							
 a	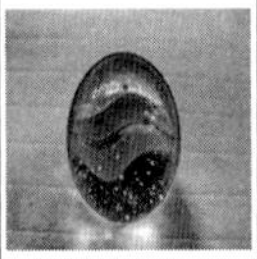 b	 c	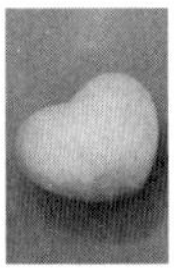 d	 e	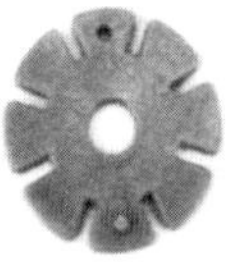 f	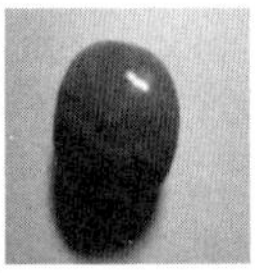 g	 h

（记录表文字说明：实验后将实验结果记录在表格中）

二、活动反思

从幼儿的表现来看，此次活动的教学目标实现了。在操作环节，当幼儿成功地用自己选取的材料给小蚂蚁做了一艘“船”的时候，他们兴奋地跑过来拉着教师过去看。从幼儿的表情、语言、动作来看，幼儿在探索的过程中是很快乐的。大部分幼儿都能够用图画或者其他符号将自己的实验结果进行记录。幼儿通过生疑、猜想、亲身操作体验，最终获得了沉与浮现象的感知。

在此次教学过程中，教师的亮点有：(1)为幼儿设置小乌龟帮小蚂蚁过河的情境，引起幼儿的探索欲望，符合中班幼儿的年龄特点；(2)从实际生活的角度出发，让幼儿发现更多更适合小蚂蚁安全过河的材料。在此次教学过程中，小溪表现很出色。她积极回答老师的问题，在动手操作时认真而专注；能大胆提出把装满水的瓶子中的水倒掉，再装其他物品时瓶子会使这些物品浮起来的假设，并且用实验结果证明自己的猜想是正确的。在整个自主探究的过程中，所有幼儿都能够认真而专注地操作自己的材料，说明幼儿对这个活动很感兴趣，也很有自己的想法。

如果重新组织这一教学活动，教师可以在操作材料中加入橡皮泥这种易变化的材料，提升幼儿思考操作的空间，让操作更具挑战性。

三、设计导读

该活动基于中班幼儿有好奇心、求知欲，喜欢进行简单探究的特点，通过围绕“帮助小蚂蚁进行沉浮实验”的简单探究，引导幼儿感知物体在水中的沉浮特性。

通过顺应幼儿的天性，将探究内容融于幼儿熟悉的日常生活中，符合生活中学习的理念。通过故事导入，激发起幼儿参与活动的兴趣，用故事情节将猜想、探索、交流环节有效连接，过程自然流畅，没有教育痕迹。幼儿在活动中大胆尝试，细心记录，在教师引领下，了解不同材质材料沉浮的特性。此活动能够激发幼儿的探索积极性，在每一个环节都能引发浓厚的兴趣，发展幼儿的探究能力和记录技能。

活动设计：北京市顺义区幸福幼儿园　杨　阳

设计导读：北京市顺义区幸福幼儿园　张　玲

帮小兔子取萝卜

一、活动设计

观测点

1. 科学：能根据观察结果提出问题并大胆猜测答案；在探究中认识周围事物和现象；能感知和发现简单物理现象，如形态变化等。

2. 学习品质：能够主动思考解决问题的办法。

活动目标

1. 学习品质：能够积极主动大胆猜想、验证，想办法解决问题。

2. 知识经验：了解冰的特性——融化、硬。

3. 能力：能够用多种方法从冰中取出物体。

引导要点

1. 引导幼儿积极主动想办法取出冰中的胡萝卜。

2. 引导幼儿通过实验验证自己的想法。

活动准备

1. 经验准备。

(1)教师：了解冰的特性。

(2)幼儿：前期有玩冰的经验。

2. 物质准备。

冻着胡萝卜的冰块，小盆、锤子、筷子、毛巾、热水、凉水、水彩笔，幼儿记录单等。

活动过程

(一)导入：故事导入，通过把胡萝卜从冰里取出来的活动主题，激发幼儿学习兴趣。(2 分钟)

引导语：今天老师给小朋友带来了一个好听的故事。小朋友们认真听故事里发生了一件什么事情。

(二)观察感知：出示冻好的胡萝卜冰块，引导幼儿说出取出胡萝卜的方法。(1～2分钟)

引导语 1：胡萝卜怎样了？你见过的冰是什么样子的？咱们来看一看。

引导语 2：小兔子可着急了，请小朋友们快来帮助小兔子想一想怎样把胡萝卜从冰里取出来吧？

(三)探索发现：引导幼儿按照自己的想法进行操作验证，取出冰里的胡萝卜。(16 分钟)

引导语 1：在操作之前，请大家想一想需要注意哪些事项呢？下面就请小朋友到班上寻找材料，按自己说的方法试一试。

引导语 2：用热水的小朋友们到老师这里来，和老师一起操作；用“摔”的方法取出胡萝卜的小朋友去教室外面要穿好外衣，避免感冒。

引导语 3：请大家把自己的记录单记好后贴在前面的黑板上，先做完的小朋友可以用其他方法再试一试，也可以去看一看别人是怎么操作的。

(四)展示表现：鼓励幼儿分享交流自己的方法与结果。(4 分钟)

引导语 1：现在请小朋友们说一说你用了什么方法取出胡萝卜，结果怎样。

引导语 2：请小朋友说一说：为什么这种办法能取出胡萝卜，而哪种办法不能取出胡萝卜。

(五)结束：收拾物品。(1 分钟)

引导语：今天小朋友都很棒，能够大胆猜想并且验证自己的想法，希望大家今后在各种活动中都能够大胆猜想并进行验证，争当小小科学家。现在请小朋友们把桌子上的物品收好。

注意事项

1. 幼儿活动后整理桌面，收拾好物品。

2. 提供的热水不要太热，避免烫伤小朋友。

3. 对于一些见效慢当时没有成功的方法要引导幼儿分析原因，不能凭借一次实验就简单得出结论。(如用太阳晒的方法)

附录

1. 故事：一个冬天的早晨，小兔子刚睁开眼睛就对妈妈说："妈妈，妈妈，我饿了，我要吃东西。"妈妈说："胡萝卜在厨房的桶里面，你自己去拿吧。"小兔子一听有胡萝卜，就飞快地爬起来向厨房跑去。它朝桶里一看，大声地叫了起来："妈妈，妈妈，快来呀，胡萝卜被冻在冰里了。"妈妈笑着说："孩子，你已经长大了，该学一些本领了，你自己想办法把胡萝卜从冰里取出来吧。"小兔子摸了摸冰块犯了难。这可怎么办呀？小朋友们，你们用什么办法能帮小兔子把胡萝卜从冰块里取出来呢？

2. 记录表。

表 5-8　从冰中取萝卜

姓名：　　　　　　　　　　　　　　　　　　　　　　　　　　时间：

方法	结果

(注：小朋友首先把姓名和日期写好，然后将自己要用的帮小兔取萝卜的方法画下来，在进行尝试后用√、×表示成功与失败，在结果处标记好)

二、活动反思

本次活动的主要目标是"通过操作尝试把冰中的物体取出"。在活动过程中，幼儿能够大胆猜想从冰中取出胡萝卜的方法，然后去验证自己的方法。整个活动过程中，幼儿都在尝试用多种方法从冰中取出物体。通过操作也从中了解到冰的坚硬等特性，很好地完成了教学目标。

本次活动主要有两个亮点：一是在导入环节以幼儿喜欢的故事形式导入，这快速地激发了幼儿探究问题、解决问题的兴趣；二是操作性强，幼儿可以实际操作，亲自体验帮助小兔子从冰中取萝卜的过程，同时，引导幼儿针对问题进行猜想、验证，幼儿参与度很高。

在活动中幼儿始终保持高涨的兴趣。有两个幼儿在阳台的硬地上，试图用摔的办法取出胡萝卜。当时正值冬季，外面很寒冷，但是这两个幼儿并没有被寒冷吓倒，而是积极勇敢地尝试解决问题，充分体现了其不怕困难的学习品质。活动中也有个别幼儿表现出不自信。如有两个幼儿想用"冷水泡冰块"的方法，但当他俩看到别人用热水泡冰块，很快就使冰块融化，取出了胡萝卜时，便有些胆怯，觉得自己想出的方法不行，有些畏难情绪。于是教师鼓励幼儿，让他们大胆尝试。当他们成功取出胡萝卜时，教师表扬了他们，增强了幼儿的自信心。

在活动过程中也发现了一些问题。如在记录环节可以将记录表重新调整，改为“需要的材料”“方法”“结果”，这样便于幼儿理解，也方便幼儿在展示表现环节进行讲述。同时，可以把记录单上的文字变成图案，便于幼儿理解。

三、设计导读

该活动基于中班幼儿在科学领域有好奇心、求知欲，喜欢进行简单探究的特点，通过“冰中取胡萝卜”的实验探究，引导幼儿感知水是有不同的形态的，并探究形态变化的条件。活动培养了幼儿大胆探究及解决问题能力。

活动设计：北京市顺义区幸福幼儿园　葛增杰

设计导读：北京市顺义区幸福幼儿园　张　玲

踩影子，画影子

一、活动设计

观测点

1. 科学：能够通过观察、比较发现事物的相同与不同。
2. 艺术：能运用绘画表现自己观察到的事物。
3. 学习品质：能在活动中具有好奇心。

活动目标

1. 学习品质：在观察、记录影子变化的过程中，有好奇心和探究欲。
2. 能力：通过观察能发现影子在不同时间的变化。

引导要点

1. 引导幼儿发现太阳在天空中位置的变化，影响着一个固定物体的影子的位置。
2. 引导幼儿通过观察发现影子在不同时间的变化。

活动准备

1. 经验准备。

(1)教师：学习《指南》《纲要》中关于 4～5 岁幼儿的年龄特点和科学领域的目标；深入调查了解本班幼儿关于光影现象的前期生活经验和实际发展水平。

(2)幼儿：知道影子的存在，知道有光才有影子，有描画影子的经验。会使用记录表，能够用简单的符号和图画记录自己的观察结果。

2. 物质准备。

音乐《影子和我》、粉笔、水彩笔、影子观察记录表(三格记录表，前两格前期请幼儿观察并填画好：早上来园时间和午餐后散步时间)，等等。

活动过程

(一)导入：经验回顾，引出主题。(1～2 分钟)

阳光明媚的下午，教师带领幼儿来到操场上，开展关于影子的对话。

引导语 1：小朋友们，昨天我们一起玩了画影子的游戏，你有没有把好朋友的影子完整地画下来呢？

引导语 2：被画的小朋友有什么感想吗？

小结：通过画好朋友的影子，我们知道了影子会跟着人动作的变化而变化。

(二)观察感知：玩踩影子的游戏，尝试探索藏起影子的办法。(5～6 分钟)

幼儿在追逐躲避的过程中，尝试不让别人踩到自己的影子，并且设法踩到别人的影子。

引导语 1：接下来我们玩一个关于影子的小游戏，请你听好游戏规则——第一是游戏过程中，要保证你自己和其他小朋友的安全；第二是听到哨声时，请你马上回到老师身边来；第三是想办法保护好自己的影子不被别人踩到；第四是设法去踩别人的影子。

教师吹哨，游戏开始；5 分钟后教师吹哨，幼儿回到教师身边，游戏结束。

引导语 2：刚才玩游戏的过程中，你踩到别人的影子了吗？你保护好自己的影子了吗？你们有什么好办法能不让别人踩到自己的影子呢？

引导语 3：原来藏起影子的方法就是躲在别的阴影里，或者用自己的身体盖住影子。

(三)探究发现：通过观察绘制影子，尝试发现物体的影子后早中晚的变化。(12 分钟)

教师提供绘画材料，请幼儿将影子观察记录表(表 5-9)绘制完成，并通过对比发现大树在不同时间影子发生了变化，树影的变化和太阳位置的变化有关系。

出示记录表，回顾前期绘制经验。

引导语：早上来园的时候和午餐后散步的时候，我们大家一起观察了太阳和大树的影子，并且把它们都画在了记录表上。现在时间又过去了 4 小时，请你认真观察太阳和树影，然后把你观察到的画在记录表的最后一个格里。

幼儿进行观察和绘制。

(四)展示表现：展示幼儿的记录表，分享幼儿的对比发现。(3 分钟)

教师展示幼儿的记录表，请幼儿说一说早、中、晚太阳有什么变化，而大树的影子又有什么变化。

引导语 1：我们一起来看一看，你画的大树的影子有什么变化。

引导语 2：所以物体影子位置的变化和什么有关系呢？

教师总结：哦！通过今天一天的观察，我们发现大树影子位置的变化和阳光照过来的位置变化有关。早晨，太阳在小广场这边(东边)的时候，大树的影子在小滑梯这边(西边)；中午，太阳在头顶上(正中偏南)的时候，大树的影子在大树下边靠近台阶(正下偏北)；傍晚太阳在大滑梯那边(西边)的时候，大树的影子在小花坛这边(东边)。

(五)结束：探索户外其他固定物体，在早、中、晚 3 个时段影子的变化。(1 分钟)

引导语：今天我们知道了太阳位置的变化影响着大树影子的位置。如果另选一个院子里的物体，它的影子的位置也会变吗？变化的位置也与太阳位置的变化有关吗？我们明天继续观察。

注意事项

在早、中、晚三个时段观察和绘制影子的时候，提示幼儿要在同一个位置上。

在玩踩影子游戏时，提醒幼儿注意安全。

延伸活动

在科学区投放影子观察记录表和一些小型玩具、手电筒等，让幼儿可以继续深入探究光影位置的关系。

附录

表 5-9　影子观察记录表

阳光和影子	清晨	中午	傍晚

二、活动反思

本次活动的教育目标基本完成。首先，幼儿在做游戏的过程中非常开心，并且非常想知道影子为什么会变换位置，表现出了强烈好奇心和探究的欲望。其次，幼儿在藏影子的过程中，发现影子可以被遮盖，并且找到了遮挡影子的方法。通过影子观察记录表，幼儿发现了阳光和影子位置之间的联系，明白了太阳的位置不同会影响影子的位置。在教师引领和同伴交流的过程中，幼儿知道了影子在不同时间段都会发生变化。

如果再组织一次活动，教师可为幼儿多创造一些在集体面前发言的机会，因为通过发言，幼儿可以将自己的经验进行梳理，通过倾听同伴发言，也能吸取新经验。

三、设计导读

《指南》科学领域“科学探究”部分目标 3 指出，4～5 岁幼儿能感知和发现简单物理现象，如物体形态或位置变化等。这个年龄阶段的幼儿“开始寻找问题的答案”。作为成人应将幼儿引入好奇和探究的情境中，引导其自主发现问题的真相，满足其好奇心和探究欲。选取影子作为激发幼儿探究欲望的点，探究材料唾手可得，不需要耗费师生的精力。活动从幼儿直接感知人的影子会动入手，引发幼儿探索将影子藏起来的方法。通过绘画对比，幼儿发现同一棵树的影子会随着太阳位置的变化而变化。活动从动到静，也让幼儿的思维经历了观察、探索、思考的过程，有助于幼儿探究能力的培养。

活动设计：北京市顺义区怡馨幼儿园　刘　颖

设计导读：北京市顺义区教育研究和教师研修中心　刘海燕

有用的纸

一、活动设计

观测点

1. 科学：能对事物或现象进行观察比较，发现其相同和不同之处；亲近自然，喜欢探究。

2. 学习品质：能在活动中表现出好奇心。

活动目标

1. 学习品质：在观察、探索常见的纸的过程中，培养幼儿的探究能力。

2. 知识经验：认识纸的易折、易湿等特性。

3. 能力：学习运用完整的语言概括性地描述纸的特性。

引导要点

1. 引导幼儿用眼、手、耳、鼻，观察、探索常见的纸的特性。

2. 引导幼儿用完整的语言描述常见纸的特性。

活动准备

1. 经验准备。

(1)教师：了解4～5岁幼儿的科学探究能力以及物质科学方面的核心经验；了解《指南》科学领域的目标与要求。

(2)幼儿：在生活中接触过各种纸。

2. 物质准备。

(1)4小盆水，每张桌子摆一盆水。

(2)卫生纸、餐巾纸、牛皮纸、A4打印纸、彩色卡纸、铜版纸各20份，分别放在20个筐中。

活动过程

(一)导入：出示多种纸张，提出问题，引发幼儿兴趣。(3分钟)

引导语：这是什么？你们知道这些纸的用途吗？

(二)观察感知：通过多种感官感知纸的明显特征。(5分钟)

1. 幼儿用看、听、闻、摸感知纸的特征，并用自己的方式记录在表上。

引导语：请你们依次用看、听、摸、闻的方法，探索一下这些纸的特点，并用自己的方式记录在记录表上。

2. 师幼小结：这几种纸的颜色、薄厚、软硬都不同。

(三)探索发现：实操感知，认识纸的特性。(10分钟)

1. 幼儿进行试验，检验各种纸的吸水性、可折性、易撕性等。

引导语：你们每人都有各种各样的纸，小朋友们可以大胆地用你们的小手揉一揉、折一折，看看不同的纸都有什么特点。桌子上老师准备了几盆水，你们也可以试一试纸在水里的变化。别忘了，试验结果要记录在记录表上。

2. 请幼儿分享，幼儿间互相学习。

3. 师幼小结：纸具有易撕、易湿、易皱、可折、体轻等特性。

(四)展示表现：总结概括纸的特性。(5 分钟)

引导语：刚才我们一起了解了卫生纸、餐巾纸、牛皮纸、A4 打印纸、彩色卡纸、铜版纸的特点。谁来说一说这些纸都有哪些特性呢？

(五)结束：收集今天课堂之外看到的纸，为下一步的探究活动做准备。(1 分钟)

引导语：生活中还有很多各种各样的纸，请你收集一下各种纸，带到班级里，我们一起来认识一下它们的特性。

注意事项

提醒幼儿注意收放工具以及坐姿。

延伸活动

集体教学活动	区域活动	一日生活	家园共育
科学：“哪种纸最吸水”“哪种纸最适宜”等一系列活动	美工区：欣赏不同的纸制艺术品，用纸画画	引导幼儿节约用纸，不浪费	亲子制作——纸娃娃，向同伴介绍，使用的纸的名称

附录

表 5-10　不同特性的纸的观察记录表

				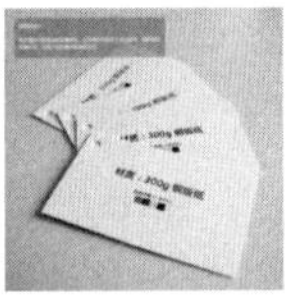	

二、活动反思

在观察、操作的过程中，幼儿能够按照教师的引导进行自主操作，并且通过实验，发现了纸的易折、易湿等特性。在分享环节，幼儿积极踊跃地举手发言，勇敢地在集体面前表达。由此看来，本节活动的教育目标达成。

需要改进的是，教师对个别幼儿的关注还不够，有时候忽略了对个别幼儿的回应，今后的活动中，要对幼儿的问题进行回应，增强幼儿的认同感。

三、设计导读

该活动基于中班幼儿在科学领域有好奇心、求知欲，喜欢进行简单探究的特点。中班幼儿已经到了能够摆脱事物外在特征的束缚，认识事物之间外在的、直观的联系的年龄，对事物的联系和认识需要在实验的过程中进行探索。纸是生活中常见的物品，幼儿对其的感知有很多的前期经验，但这些经验是零散的、不系统的。本节活动中教师提供了6种不同材质的纸，让幼儿通过动手操作等环节的观察、思考，发现纸的易撕、易湿、易皱、易折等特性，并用完整的语言表达自己的发现，这不仅锻炼了幼儿的观察能力、科学思考能力、语言表达能力，而且发展了幼儿的概括能力、推断能力。教学环节设计层层递进，目标明确，符合幼儿认知发展规律。

活动设计：北京市顺义区石园北区幼儿园　孙红佳

设计导读：北京市顺义区教育研究和教师研修中心　刘海燕

第三节　大班——科学

制作不倒翁

一、活动设计

观测点

1. 科学：能够对实验结果进行猜测和验证。
2. 语言：愿意讲话并能清楚地表达。
3. 学习品质：能够主动参与不倒翁制作活动。

活动目标

1. 知识经验：通过探索、操作、比较，归纳出不倒翁的特点和不倒的原理。
2. 能力：培养幼儿的推理、归纳能力。

引导要点

1. 引导幼儿发现不倒翁不倒的原理。
2. 引导幼儿尝试解决在制作中遇到的平衡问题。

活动准备

1. 经验准备。

(1)教师：知道不倒翁不倒的原理。

(2)幼儿：玩过不倒翁。

2. 物质准备。

制作不倒翁的材料、记录表、记录笔，等等。

活动过程

(一)导入：以猜谜的形式，激发幼儿兴趣和好奇心。(1～2分钟)

引导语：今天老师带来了一个谜语，听完谜语后，请你猜一猜老师说的是什么。(玩具：不倒翁)

(二)观察感知：观察、感知不倒翁不倒的特点。(8分钟)

老师出示不倒翁，请幼儿看一看、摸一摸、玩一玩。

引导语1：谁来说一说你是怎么玩不倒翁的？(没动它时，它是直直的，推它时怎么也倒不了。)

引导语 2：不倒翁为什么不倒呢？

(三)探索发现：幼儿尝试制作不倒翁，发现问题并尝试解决问题。(5 分钟)

教师观察幼儿制作过程，引导幼儿试玩自己做好的不倒翁，解决遇到的问题。

引导语 1：老师给小朋友们准备了这种底部是半球体的蛋壳，你们想尝试制作一个不倒翁吗？

引导语 2：怎样让不倒翁不倒？

(四)合作交流：幼儿完成不倒翁的制作，并分享、交流自己的发现。(12 分钟)

1. 展示幼儿制作的不倒翁。

引导语 1：你是怎样做的？

引导语 2：老师还发现了有的小朋友没做成功，你们遇到了哪些问题？听了大家的介绍，你们知道自己为什么没做成功了吗？你们想怎样调整？

2. 出示成品玩具不倒翁，并打开展示。

引导语 3：我们来看看玩具不倒翁肚子里是什么样的。

教师与幼儿共同归纳出不倒翁不倒的原理：不倒翁底部是个半球体。因为下面有物体，重量集中在不倒翁的底部，所以不倒翁的上半部分轻，下半部分重。我们要对物体进行固定，并将物体固定在不倒翁底部的中央位置。

(五)结束。(2 分钟)

引导语 1：不倒翁的秘密被大家发现了，接下来我们要把没有制作成功的不倒翁按大家提出的建议调整一下。

引导语 2：小朋友们，在活动区里有很多平底儿的纸盒，你们能将它变成不倒翁吗？小朋友们可以去活动区试一试、做一做。

附录

1. 谜语。

说你呆，你不呆，
胡子一大把，样子像小孩。
说你呆，你不呆，
推你倒下，你又站起来。

2. 个人计划。请把选择的材料放入蛋壳中。

时间：

姓名：

3. 集体记录。

表 5-11　集体记录表

成功	不成功

二、活动反思

本次活动以制作不倒翁为挑战任务，引导幼儿通过探索、操作、比较，归纳出不倒翁的特点和不倒的原理。幼儿学会了提出问题，探索问题并尝试着解决问题，获得了有益的经验。幼儿认真地做着，先做不倒翁的底座，把硬币、橡皮泥、小钢球等材料固定到不倒翁的底座里，变成不倒翁的身体。幼儿推一推，发现不倒翁果然没有倒下，开心地笑了起来，说："哇，不倒翁真的是不倒啊！"活动亮点是女孩娟娟在总是做不成功要放弃的时候，教师引导她进一步观察身边同伴的探究方式，于是她坚持完成了作品并且成功了。如果下次再组织活动，教师可将"为什么不倒翁不倒"的原理用更简单、直接的话叙述：不倒翁的重心低而稳，底部光滑而圆润，就不会倒了。如果下次调整材料，可增加材料投放种类，给能力强的幼儿更多创新空间，更好地激发幼儿积极主动参与探究活动的兴趣。

三、设计导读

该活动基于大班幼儿能够积极探究自己感兴趣的事物和现象，提出问题，并用自己的方式解决问题的特点而设计。通过制作不倒翁活动，教师引导幼儿探究不倒翁的特点及不倒的原理。

活动中，教师以谜语导入，激发调动了幼儿的积极性，然后出示不倒翁实物，引导幼儿利用多种感官(视觉、触觉、听觉)认识不倒翁的外部结构，特别是底座，对不倒翁有一个具体的认识。在个体操作探究环节，教师再次提示"不倒翁为什么不倒，底座该如何做"。教师要在巡视中鼓励幼儿发现问题，并引导幼儿思考解决问题。在这个过程中，幼儿是主体，进行自主操作；教师只是材料的提供者、引导者，主要是引发幼儿思考，而不是直接告诉幼儿答案。对于不成功的作品，教师主要是引导幼儿分析原因，确定如何调整。

整个活动以制作不倒翁为主线，在制作中，幼儿自主探索、发现问题、解决问题，不仅培养了幼儿推理、归纳能力，而且培养了幼儿主动参与探究的学习品质。

活动设计：北京市顺义区幸福幼儿园　肖亚利

设计导读：北京市顺义区裕龙二区幼儿园　霍东娜

自制陀螺

一、活动设计

观测点

1. 科学：能够积极探究，并能对结果进行猜测并验证。

2. 语言：愿意讲话并能清楚地表达。

活动目标

1. 学习品质：能主动尝试探索。

2. 知识经验：能够用不同材料制作一个陀螺。

3. 能力：尝试用不同方法解决在制作陀螺过程中遇到的连接、平衡问题，使陀螺平稳旋转。

引导要点

1. 引导幼儿自主选择不同材料制作一个“陀螺”。

2. 引导幼儿尝试解决在制作中遇到的连接、平衡问题。

活动准备

1. 经验准备。

(1)教师：知道大班幼儿科学探究能力的关键经验；熟悉参加活动的幼儿在科学探究能力方面的现有水平。

(2)幼儿：有玩陀螺的经验；在收集材料的过程中感知了不同材料的属性特征及其与制作陀螺的关系。

2. 物质准备。

多种制作陀螺的材料。

活动过程

(一)导入：请幼儿介绍自己要做的陀螺，激发幼儿兴趣和好奇心。(3 分钟)

引导语：小朋友们，在收集材料的过程中，我们发现陀螺的样式和制作陀螺的材料多种多样，今天你想制作一个什么样的陀螺呢？

(二)观察感知：幼儿自主挑选准备制作陀螺的材料。(2 分钟)

引导语：小朋友们，我们收集了很多可以自制陀螺的材料，你们可以根据自己的想法寻找需要的材料来制作陀螺。

(三)探索发现：幼儿自由操作材料，发现问题并尝试解决问题。(10 分钟)

教师观察幼儿活动，鼓励幼儿解决在制作过程中遇到的问题。引导幼儿试玩自己做好的陀螺。

引导语 1：怎样使用辅助材料连接陀螺面与中心轴，才能使陀螺旋转得更稳固？

引导语 2：怎样使拼插的陀螺对称、平衡？

(四)合作交流：幼儿完成陀螺制作，和其他幼儿分享交流自己的发现。(12 分钟)

教师邀请幼儿展示自己的陀螺作品，并鼓励幼儿大胆向他人介绍自己的作品，与他人分享自己制作陀螺过程中遇到的问题和解决办法，教师给予点评指导。

引导语 1：在制作(拼插)的过程中你遇到了什么问题？是怎样解决的？

教师关注在自制陀螺过程中连接、平衡出现问题而没有解决的幼儿，鼓励其他幼儿给予经验分享。

引导语 2：有的小朋友的陀螺没有连接好，转不稳，谁来找出原因并给小朋友一些修改建议呢？

引导语 3：小朋友可以合作修改陀螺，并成功地让陀螺转起来。

引导语 4：在自制陀螺的过程中，老师看到你们遇到了各种各样的困难——陀螺面和中心轴固定不牢固，插好的陀螺面旋转不稳定，甚至掉下来……但是，你们最后通过不断地尝试，找到了让陀螺又快又平稳旋转起来的方法。你们真棒！

(五)结束：总结活动，经验延伸。(3 分钟)

引导语：虽然今天的活动结束了，但在区域活动中，希望小朋友们尝试用更多不同的材料和方法制作陀螺，并勇敢地和大家介绍你自制的陀螺和活动中的发现。

注意事项

1. 在使用各种辅助工具的时候，教师提醒幼儿注意辅助工具使用安全。
2. 教师在活动过程中，注意观察幼儿发现问题意识及解决问题方法。

延伸活动

1. 家园合作：鼓励家长和幼儿一起收集制作陀螺的材料。
2. 区域活动：继续投放不同的制作陀螺材料，并注重观察幼儿解决问题的方法。

二、活动反思

本次活动中幼儿一直处于积极探索的状态。整个活动自然流畅，层次分明，又具有一定挑战性。在实践中，教师改变传统的“教”的模式，给幼儿提供了大量的自主探究机会，使幼儿学得更主动、更自由、更有活力。观其行，激其趣。通过“做”陀螺，让幼儿在做中学、做中思、做中亲身感受和探索科学。教师在巡视指导中注意到一名幼儿试了几种材料都失败了。当他要放弃的时候，教师同他一起寻找更适合的材料。分享环节重点围绕制作中遇到的困难和解决开展，教师鼓励幼儿积极与材料及同伴互动。在多重互动的过程中，幼儿获得成功和自信。针对活动的延伸，教师可把幼儿总结的“问题解决表”投放到区域墙饰上，供幼儿经验分享。

三、设计导读

大班幼儿在科学领域的问题意识逐渐增强，对事物和现象之间的联系也有了一定的认识，不仅会刨根问底，而且能够自己探索寻找答案。

自选材料自制陀螺的活动形式能引导幼儿根据自己的想法自制陀螺。在完成作品后的试玩过程中，幼儿能发现问题并尝试主动思考解决办法，探索影响陀螺旋转的因素，并将自己在制作过程中的经验进行分享与交流。活动培养了幼儿观察实验、科学思考、表达交流、设计制作的能力，同伴间的相互支招与帮助，更是提高了成品的使用效果，幼儿的主动性、坚持性及创造性也得到了进一步的培养。

活动设计：北京市顺义区幸福幼儿园　焦　杰

设计导读：北京市顺义区教育研究和教师研修中心　刘海燕

让纸站起来

一、活动设计

观测点

1. 科学：能发现常见物体的结构与功能之间的关系；能动手动脑寻找问题的答案。

2. 学习品质：能在活动中探究与尝试折纸。

活动目标

1. 学习品质：探究与尝试让纸站立起来的多种方法，体验成功的乐趣。

2. 知识经验：了解不在同一直线上，至少 3 个点有接触桌面，才能让纸站起来的原理；知道桌、椅等物体利用了这个原理。

3. 能力：能够积极参与讨论，乐意在集体中表达自己在操作中的发现。

引导要点

1. 引导幼儿大胆尝试让纸站立起来的多种方法。

2. 引导幼儿观察、发现、记录纸站立起来后接触桌面的轨迹。

活动准备

1. 经验准备。

(1)教师：了解大班幼儿在科学领域的学习特点。了解《3-6 岁儿童学习与发展指南》对于大班幼儿进行科学探究的目标要求。对于纸的站立实验进行预操作。

(2)幼儿：进行过折纸活动，有合作绘画的经验。

2. 物质准备。

废旧纸张若干、集体记录表、彩笔每人一支等。

活动过程

(一)导入：出示废旧纸张，引发幼儿兴趣。(1～2 分钟)

引导语 1：看看老师的手里拿着什么，它是什么样子的？

引导语 2：这些纸是平平的、薄薄的长方形。

(二)观察感知：幼儿分组尝试，看看纸能否站起来。(5 分钟)

引导语 1：今天我们让纸变个魔术，看看它能否站起来。

引导语 2：想一想可以用什么方式让纸站起来。

(三)探索发现：尝试用多种方式让纸站起来。(12 分钟)

1. 第一次探索：幼儿尝试通过折、卷等多种方式让纸站在桌上。

引导语：请你想办法让纸站起来，看谁的纸站立得最稳。

2. 第二次探索：想办法记录站立在桌面上的纸的轨迹。

引导语：请小朋友们看一看，自己的纸是怎样站起来的。想办法把站起来的纸与桌面的轨迹画在记录表上。

(四)合作交流：运用记录表分享纸站起来的方法。(8 分钟)

引导语 1：你是怎么让纸站起来的？

引导语 2：你发现纸站立起来的秘密了吗？

引导语 3：你还发现过生活中什么物品也能让一个平面站起来呢？

将幼儿的记录表贴在黑板上。

梳理提升：至少有 3 个不在同一直线上的点接触平面时才能让纸站立住，即三角形或其他形状的结构才更具有稳定性。

(五)结束。(2 分钟)

引导语：今天小朋友们都尝试用不同方法让纸站了起来。区域活动时，你们还可以对照我们的记录表，试试其他小朋友用到的方法，或者探索出更多的好方法。

注意事项

提醒幼儿在操作纸的时候注意安全，避免划伤手指。

延伸活动

请幼儿欣赏几个高大而又屹立不倒的建筑物的视频，让幼儿知道这些建筑运用了三角形的稳定性的原理。

附录

表 5-12　你能让纸站起来吗？

时间：

第一次	第二次

二、活动反思

本次活动整体达成了教育目标。幼儿通过尝试、探究出了对折、折飞机、折扇型等多种“让纸站起来”的方法。在一次次探究、一次次集体分享中，幼儿体验、发现、提炼解决问题的方法，最终大部分幼儿都找到了至少两种“站起来”的办法。值得肯定的是，幼儿圆圆从第一次不知道如何让纸站起来，而后到他观察了身边同伴的好办法，于是也积极尝试了折飞机、折扇形的方式。

三、设计导读

大班幼儿喜欢有一定挑战性的内容。他们关注事物的变化、奇特的现象，以及事物的细节特点与功用。他们的探究兴趣开始表现出个性化倾向，个体差异明显。他们能根据自己的想法进行自主探究，乐意反复尝试，探究解决问题，不轻易放弃。一些大班幼儿开始喜欢追问，对事物的内隐特征或结构表现出探究兴趣。他们经常边探究边交流讨论，甚至还会出现争论与协商。

结合大班幼儿的探究特点，本次活动运用“怎样让纸站起来”的问题激发幼儿的探究兴趣。材料虽然简单，但突破了幼儿熟悉的纸的用途，挑战了幼儿的原有经验。鼓励幼儿大胆探索用多种方式让纸站起来，幼儿兴趣高涨。在此基础上，教师引导幼儿观察纸站起来的秘密，幼儿通过描画纸与桌面接触轨迹的方式，发现纸站起来的秘密，从而发现这种原理在生活中的运用。活动过程以幼儿为主体，培养了幼儿观察、操作、探索、记录、表达交流等能力，提升了幼儿认真专注、不怕困难、敢于探究与尝试、乐于想象与创造等良好学习品质。

活动设计：北京市顺义区幸福幼儿园　张红霞

设计导读：北京市顺义区幸福幼儿园　张　玲

缝　隙

一、活动设计

观测点

1. 科学：能够大胆猜想和验证；能按语言指示取放物品。

2. 学习品质：能主动思考和解决问题。

活动目标

1. 学习品质：不怕困难，能够大胆猜想、操作，想办法解决问题。

2. 知识经验：积累收纳经验。

3. 能力：通过分工合作，有序、合理地收纳物品。

引导要点

1. 引导幼儿观察物品，发现物品的大小、软硬等不同。

2. 引导幼儿发现先装大的不易变形的，再装小的软的来填补空隙，在有限的空间内装更多的东西。

3. 引导幼儿分析失败的原因。

活动准备

1. 经验准备。

(1)教师：能够用填补空隙的方法整理物品。

(2)幼儿：认识日常生活中的常见物品，有旅行的经历。

2. 物质准备。

整理箱3个；薄厚、大小不同的衣物、鞋、手套、帽子、围巾、袜子；大小不同、形状不同的瓶装、袋装及毛巾浴球等易变形的洗漱用品；大小不同的盒装、袋装、罐装及棒棒糖、果冻等小型食品。

活动过程

(一)导入：创设情境，激发幼儿的学习兴趣。(1分钟)

引导语：老师要带小朋友们去旅行，需要带很多的东西，现在就请小朋友们把物品整理好，分类装进箱子里。

(二)观察感知：观察材料，幼儿猜想整理物品的方法。(5分钟)

引导语1：请小朋友们先来看看都有哪些物品。看一看、摸一摸，感受一下它们有哪些不同。

引导语2：请小朋友们说一说怎样装能够使箱子里装更多的东西。要先装什么，后装什么？为什么？

(三)探索发现：幼儿尝试合理利用空间。(10 分钟)

引导语 1：在整理之前老师要提一些小要求：三人一组，分工合作，有不同的意见要商量；物品摆放要整齐，装好后要把盖子盖严、盖好；爱护物品，轻拿轻放。

引导语 2：下面就请小朋友们来试一试，记住老师的要求。

(四)合作交流：鼓励幼儿分享交流自己的方法与结果。(10 分钟)

引导语 1：请各组小朋友说一说刚才是怎样整理的，按照什么顺序装的？成功了吗？为什么没有成功？应该怎样改进？

引导语 2：我们应该先装什么，后装什么？为什么？

引导语 3：整理物品时要先装大的不易变形的物品，再装小的、软的可以变形的物品来填补空隙，这样就能在有限的空间装更多的东西。

没有成功的小组再次进行操作。

引导语 4：如果你没有成功，请你按照刚才总结的方法再去试一试。如果你成功了，你可以去帮助没有成功的小朋友。

(五)结束：进行总结，收拾物品。(3 分钟)

引导语：今天小朋友们都很棒，知道了填补空隙是整理物品的一种方法。小朋友们想一想，我们去旅行还需要哪类物品，大家可以带来继续整理。请小朋友将收拾好的物品放到指定的地方。

注意事项

1. 鼓励幼儿想办法往整理箱中装更多的东西。
2. 提醒幼儿整理时不要损坏物品。
3. 提醒幼儿要把盖子盖严、盖好。
4. 提醒幼儿在活动中要相互协商。

延伸活动

结合幼儿的日常生活继续练习整理其他类物品，如整理自己的小书包、小格子以及玩具柜等。

集体教学活动	区域活动	一日生活	家园共育
社会：整理自己的书包和格子	继续尝试其他整理活动	值日生整理玩具柜	共同培养幼儿自己的事情自己做的好习惯

二、活动反思

在本次活动中，本着“幼儿在前、教师在后，尝试在前、指导在后”的活动原则。在出示操作材料后，教师便开门见山地提出问题：“你们最多可以在小桶里装几个塑料蛋？”幼儿通过探索感知不同缝隙可以装不同材质的材料。在随后整理“衣服装拉杆箱”“食品装收纳盒”和“生活用品装收纳篮”的不同情境中，教师鼓励幼儿运用已有经验进行不规则物品收纳的猜想、假设；在活动中大胆“放手”操作，通过分工合作、亲自试装，探索和讨论如何把它们都装进去的方法。最后幼儿获得收纳经验。活动中的不足之处，在第一环节小结时，应该把“空隙”的概念讲给幼儿，这样有助于后续幼儿用准确词语表达。

三、设计导读

《纲要》指出：“科学教育应密切联系幼儿的实际生活进行，利用身边的事物与现象作为科学探索的对象。”本次活动以整理收纳物品为内容，引导幼儿学习整理物品的方法，在日常生活中培养幼儿发现问题、解决问题的能力。

活动设计：北京市顺义区幸福幼儿园　葛增杰

设计导读：北京市顺义区幸福幼儿园　张　玲

有趣的泡泡工具

一、活动设计

观测点

1. 科学：能发现常见物体的结构与功能之间的关系；能经常动手动脑寻找问题的答案。

2. 学习品质：能在活动中敢于探究和尝试。

活动目标

1. 学习品质：乐意尝试不同形状的吹泡泡工具，体验发现的乐趣。

2. 知识经验：知道正方形、三角形、心形、星星等不同形状的吹泡泡工具，吹出来的泡泡都是球形的。

3. 能力：能够积极参与讨论，乐意在集体中表达自己在操作中的发现。

引导要点

1. 引导幼儿知道无论什么形状的平面吹泡泡工具，吹出来的泡泡都是球形的。

2. 引导幼儿尝试不同形状的吹泡泡工具，体验发现的乐趣。

活动准备

1. 经验准备。

(1)教师：了解大班幼儿科学领域学习的特点。了解《3-6 岁儿童学习与发展指南》中大班幼儿科学探究的目标要求。对于不同形状的吹泡泡工具进行吹泡泡实验预操作。

(2)幼儿：使用圆形的吹泡泡工具玩过吹泡泡游戏，制作过泡泡画。

2. 物质准备。

彩色泡泡水、平底小碗每桌两个，可以弯曲的电线若干，集体记录表一张，小卡片若干，每人一支彩笔，废旧报纸，每桌一份纸巾，每人一张白纸。

活动过程

(一)导入：激发幼儿原有经验。(3 分钟)

引导语：以前你吹过的泡泡是什么样的？用什么形状的吹泡泡工具吹出了什么形状的泡泡？

(二)观察感知：请幼儿交流自己的想法。(5 分钟)

引导语：老师这里有圆形、三角形、心形、星星等不同形状的泡泡工具，你们猜一猜它们能吹出什么形状的泡泡。

(三)探索发现：请幼儿尝试实验。(15 分钟)

引导语：我们再来制作几种不同形状的吹泡泡工具，请你试一试这些形状的工具都能够吹出什么形状的泡泡，并将实验结果记录在小卡片上，粘贴在集体记录上。

(四)合作交流：结合集体记录表请幼儿进行交流。(6 分钟)

引导语：在实验过程中，你发现了什么？用什么形状的工具吹出了什么形状的泡泡？

小结：无论什么形状的吹泡泡工具，吹出来的泡泡都是球体。

(五)结束：开展吹泡泡游戏。(1 分钟)

引导语：今天我们看到不管什么形状的工具都能吹出球形的泡泡。春天来了，我们可以拿着自己制作的不同形状的工具，去户外玩玩吹泡泡的游戏，在阳光下观察一下泡泡的颜色是什么样的。

注意事项

1. 提醒幼儿在吹泡泡时注意，泡泡水不要溅到自己的嘴或眼睛里。
2. 提醒幼儿在使用电线时注意安全，两端的铁丝不要扎到手。

延伸活动

带领幼儿到户外玩吹泡泡游戏，在阳光下观察泡泡的颜色。

附录

表 5-13　集体记录表：有趣的泡泡工具

时间：

工具形状	泡泡形状	
	幼儿 1	幼儿 2

二、活动反思

本次活动达到了预期目标，幼儿自主制作了正方形、三角形、心形、星星等不同形状的吹泡泡工具，观察了吹出的泡泡的形状。活动过程中有两个亮点。亮点一，在集中交流与讨论中，幼儿从记录表的结果中得出一个结论：不管用任何形状的吹泡泡工具，吹出的泡泡都是球形的。活动成功地向幼儿渗透了“实践是检验真理的唯一标准”的意识，即任何事都不能凭自己的猜想或听别人所说，应该动手去试一试、做一做。亮点二是，幼儿嘉怡能够比较清楚地表达自己的发现。教师没有否定幼儿的发现，而是鼓励她再试一试看看是否都是这样的规律。

三、设计导读

这是一次操作实验活动，活动内容来源于幼儿喜欢的吹泡泡游戏。幼儿通过自主设计、制作不同形状的吹泡泡工具，进行亲身体验、实际操作，发现不管是什么形状的吹泡泡工具，吹出来的泡泡都是球体。活动体现了“做中学”理念，采用问题引领，培养了幼儿动手、动脑，亲身体验并大胆尝试寻求问题的答案的能力，同时也培养了幼儿遇到问题时积极想办法，自己解决问题的能力，较好地完成了教学目标。

大班幼儿已具备了实验记录的能力，教师为幼儿准备了一张记录表，幼儿将自己实验的形状和猜想的不同形状的吹泡泡工具可以吹出什么形状的泡泡记录下来，然后再一一地进行尝试，并记录实验结果，然后再进行分享交流。这个过程中幼儿的操作更具目的性，获得的经验会更丰富。

活动设计：北京市顺义区幸福幼儿园　张红霞
设计导读：北京市顺义区幸福幼儿园　张　玲

把水变干净

一、活动设计

观测点

1. 科学：能够通过观察、比较与分析，发现并描述不同种类物体的特征或某个事物前后的变化；能够了解人们的生活与自然环境的密切关系，知道尊重和珍惜生命，保护环境。

2. 社会：能与同伴分工合作，一起克服遇到的困难。

活动目标

1. 学习品质：在自愿结组的情况下分工合作，完成过滤脏水的任务。

2. 知识经验：发现运用不同方法叠加过滤材料，过滤的效果不同。

引导要点

1. 引导幼儿发现运用不同方法叠加过滤材料，过滤的效果不同。

2. 引导幼儿能够用比较连贯的语言说出过滤脏水的方法及步骤。

活动准备

1. 经验准备。

(1)教师：了解、掌握水的过滤方法以及幼儿操作过程中可能遇到的问题。

(2)幼儿：玩过水；在家里和父母搜集有关水污染的资料；看过有关水污染的图片。

2. 物质准备。

水污染小视频；有关水污染的图书、图片等；白纸、记录表、漏斗、滤纸、棉花、纱布、大桶脏水、舀水工具等。

活动过程

(一)导入。(2～3分钟)

引导语：小朋友们，你们看，老师手里拿的是什么呀？水是我们的好朋友，那谁来说一说老师手里的水有什么不一样呢？

(二)观察感知：幼儿观察脏水与平时用水的区别及原因。(5分钟)

引导语1：看完图片，谁来说一说图片中的水怎么了？和我们平时看到的水有什么不一样？

引导语2：那我们想一想，这些水如果喝到肚子里会怎么样。

(三)探索发现：幼儿自己一组或是两个人为一组，探索发现利用纱布、棉花、滤纸等材料过滤水的正确步骤。教师引导幼儿用自己的方法把脏水变干净。(12分钟)

引导语1：你们喜欢这样的水吗？想一想，有什么办法可以把水变干净。

引导语2：老师为小朋友们准备了实验材料，请小朋友们分组进行实验，并将实验过程记录在记录表中。

(四)合作交流：幼儿分享过滤水的方法。(10分钟)

引导语：现在我们一起来看一看每组小朋友的实验结果，你们说一说是怎样投放材料将污水过滤干净的，说一说哪种方法过滤得最干净。第一步是什么？第二步是什么？

(五)结束：教师和幼儿一起回顾活动，提醒幼儿从自己做起，节约用水。(2分钟)

引导语1：水的用处很多很多。它是我们最珍贵的朋友，我们要保护它。

引导语2：小朋友们还想做什么来保护水呢？

注意事项

鼓励幼儿在合作做实验的过程中仔细观察。

延伸活动

集体教学活动	区域活动	一日生活	家园共育
艺术：保护水资源宣传画	科学区：把水变干净实验活动 美工区：把水变干净宣传画	过渡环节：幼儿创编保护水资源的儿歌	家长与幼儿一起将保护水资源的宣传画贴到街道墙面上，引导幼儿向路人讲述保护水资源的重要性

附录

表 5-14　把脏水变干净实验记录表

<table>
<tr><td>日期
</td><td></td><td colspan="2">姓名
</td><td></td></tr>
<tr><td rowspan="3">材料
</td><td rowspan="3">
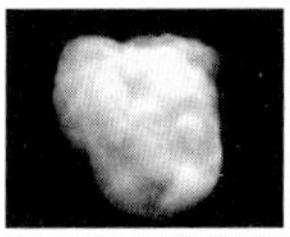

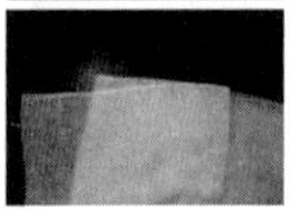</td><td rowspan="3">步骤</td><td colspan="2">第一步：</td></tr>
<tr><td colspan="2">第二步：</td></tr>
<tr><td colspan="2">第三步：</td></tr>
<tr><td>完成情况
</td><td colspan="4"></td></tr>
</table>

（注：幼儿用绘画的方式记录在操作过程时第一步、第二步和第三步都是如何进行操作的，选取的材料分别是什么，完成的小朋友在完成情况栏画一个笑脸）

二、活动反思

本次活动以保护水资源为背景。教师重点引导幼儿自主探究哪些方法可以过滤脏水，幼儿自愿结组、分工合作，用棉花、纱布、石头、沙子等材料对比过滤效果的差异，完成过滤脏水的任务。幼儿通过亲身体验逐渐找到了“最适宜”的过滤方式，达成了教育目标。其中有两组幼儿对棉花的过滤效果是否最佳产生了分歧。教师没有直接说出结论，而是鼓励幼儿说一说具体的操作方式。教师可调整两点：第一，在分享环节，让幼儿边说边操作材料，这样会使其他幼儿看得更清楚。第二，可以用一个大表格集中展示不同小组的不同过滤顺序，更好地支持幼儿理解过滤效果。

三、设计导读

本次活动结合大班幼儿喜欢操作探究的特点，选取生活中常见的水为内容，激发了幼儿参与活动的兴趣。活动过程由观察、感知、实验、操作、记录、分享等环节组成，充分发挥了幼儿在每一环节的主体作用。教师支持幼儿通过直接感知、亲身体验、实际操作的方式进行学习。活动培养了幼儿关注身边水资源，珍惜爱护水资源的情感，提高了幼儿的操作探究能力，为今后幼儿更好地解决生活问题奠定了基础。

活动设计：北京市顺义区馨港幼儿园　米跃莹

设计导读：北京市顺义区幸福幼儿园　张　玲

第六章　数　学

第一节　小班——数学

4 以内数的点数

一、活动设计

观测点

1. 科学：能够感知和理解数量及数量关系；能够使用数词描述事物或动作。

2. 学习品质：能够表现出好奇心和学习兴趣。

活动目标

1. 学习品质：对数学活动感兴趣。

2. 知识经验：感知 4 以内数的量。

3. 能力：能够手口一致地点数 4 个以内的数量，并说出总数。

引导要点

通过游戏情境帮助幼儿理解数概念，和幼儿一起手口一致地点数 4 以内的物体，并说出总数。

活动准备

1. 经验准备。

(1)教师：了解幼儿数概念发展水平。

(2)幼儿：有点数 4 以内物品的基本经验，多半幼儿能够进行唱数，但仍不能理解最后一个数即为所数物体的总数。

2. 物质准备。

故事《小熊请客》的 PPT，小鸡、小狗、小猫、小兔动物图片，小虫子、肉骨头、小鱼、胡萝卜的图片若干，幼儿操作卡每人一套，胶棒等。

活动过程

(一)导入：引入《小熊请客》故事，出示小熊在超市采购的照片。(1 分钟)

引导语 1：今天我们班来了一位好朋友。我们一起来看一看它是谁，它在做什么？

引导语 2：猜一猜，小熊为什么到超市采购，是不是有什么高兴的事情。

(二)感知体验：学习 4 以内的点数并说出总数。(6 分钟)

1. 继续讲述故事，引导幼儿关注小熊购买物品的种类。

引导语 1：咱们看一看小熊都买了什么。

引导语 2：数一数有几种。你来猜一猜小熊邀请了谁。

2. 提问引导幼儿继续关注故事中出现的数量。

引导语：买完小动物爱吃的东西，小熊回到了家里。为招待朋友做准备，小熊要给小动物准备几个盘子？数一数，一共有几个？

3. 激发幼儿点数兴趣，并说出总数。

(1)播放敲门声。

引导语：听，什么声音？谁来了？

(2)播放小动物的叫声，逐一引出小熊要请的小动物的图片。(小鸡、小狗、小猫……)

引导语：咱们看一看你猜得对不对，是不是小熊邀请的客人。再来数一数小熊请来了几个小动物。

(三)模仿探索：巩固4以内的点数。(4分钟)

1. 播放小动物声音，贴出相对应数量的食物。

引导语：小动物有话说，我们一起来听一听。它想吃几个什么东西？数一数盘子里食物的数量，如小鸡想吃几只虫子？小猫想吃几条鱼？小狗想吃几根骨头？小兔子想吃几根胡萝卜？

2. 幼儿完成操作卡，巩固4以内的点数。

引导语：老师为你们准备了小盘子，请你帮助小熊来为小动物们分发它爱吃的食物。请你帮助小熊将食物图片按照小动物想吃的数量粘贴在相应的盘子中吧！

3. 教师根据幼儿的操作情况，进行巡回指导。

(四)自由表现：大胆表达自己的探索过程和结果。(3分钟)

幼儿展示自己贴好的操作卡，并进行点数和说出总数。

引导语：你为哪个小动物准备了食物？一共有几个？我们一起来数一数。

(五)结束。(1分钟)

引导语：小熊请小动物们吃了它们爱吃的食物，小动物们可高兴了，都跑过来对小熊说："谢谢你小熊，我们是最好的朋友！"我们也和好朋友们分享一下我们帮助小熊的事吧。

注意事项

指导幼儿在涂抹胶棒时要注意涂抹方法，尽量不要弄到手上，并且不要用脏手揉眼睛，也不要把脏手放进嘴里。

延伸活动

集体教学活动	区域活动	一日生活	家园共育
美术："送给妈妈的礼物"	益智区：喂小动物	午点环节：数一数自己取了几块小点心或水果	抓住机会引导幼儿点数生活中的物品

二、活动反思

整个活动以小班幼儿喜欢的小动物为切入点，符合小班幼儿的年龄特点，故事性强，激发了幼儿参与活动的热情。活动为幼儿提供了大量机会，帮助幼儿感知 4 以内数的量。

每一个环节幼儿在集体数、独自数两种方式下，利用多种感官感知 4 以内数的量。小班幼儿学习的特点是模仿，因此在整个活动中教师都用数学语言和自己的行为给幼儿正确的引导，活动让幼儿通过操作、亲身体验感知理解最后一个数即为所数物体的总数。在幼儿操作环节教师要进行有针对性的指导，帮助本次活动目标达成。活动中有两名幼儿，一个是每个环节都比较爱表达的小女孩，另一个是教师重点引导的小男孩，他们俩的行为呈现出比较明显的差异：小女孩能够手口一致点数而且知道最后一个数是总数，而小男孩在点数过程中出现了手已经点两个了，可是只数 1 个数字。《学前儿童数学学习与发展核心经验》关于数这一章中提到，幼儿数数能力发展的一般线索是：唱数→点数→手口一致点数→说出总数。小女孩的表现完全符合发展线索，而小男孩的表现还是停留在点数层面，结合小男孩的表现可以看出，他与计数中一一对应原则的典型现象完全相同，因此教师把重点放在了小男孩身上。于是在操作环节，教师降低了难度，让他通过数小动物食物来感知手口一致点数的方法。分发食物的环节是让幼儿按照动物想吃的数量发食物。这时教师容易偏离目标，可以这样调整：不是贴食物，而是帮助小熊挑选正确的食物盘子，如小猫吃 4 条鱼，幼儿挑出贴有 4 条鱼的盘子，这样调整更符合幼儿现阶段的认知水平。

三、设计导读

该活动先是通过设计游戏情境、讲述故事激发幼儿的点数兴趣，帮助幼儿理解数的实际意义，再设计游戏环节，使得幼儿通过模仿探索，巩固完成了 4 以内的点数。整个活动基于小班幼儿直觉行动思维的特点进行设计。幼儿在自然的数学游戏中通过“小熊请客”这一游戏主线，去超市买 4 种幼儿常见的食物；再邀请幼儿熟悉的 4 位小动物，并给 4 位小动物喂食等游戏，完成了 4 以内点数的活动目标，培养了幼儿在活动中主动探索的学习品质。

活动设计：北京市顺义区幸福幼儿园　张红霞
设计导读：北京市顺义区东兴幼儿园　耿　兵

图形宝宝找家

一、活动设计

观测点

1. 科学：能够认识常见图形；能注意物体较明显的形状特征。
2. 学习品质：能够表现出学习兴趣。

活动目标

1. 学习品质：通过摸箱游戏，对图形产生浓厚的探索兴趣。
2. 知识经验：能注意圆形、三角形、正方形的典型特征。
3. 能力：能按照图形特征进行初步的分类。

引导要点

1. 引导幼儿说出自己拿到的图形名称。

2. 帮助幼儿通过游戏完成对图形的基本分类。

活动准备

1. 经验准备。

(1)教师：能够准确地表述图形的特征。

(2)幼儿：在生活中能够认出圆形和方形的物品，但对正方形和三角形了解不多。

2. 物质准备。

一个摸箱，三角形、正方形、圆形图片若干，幼儿操作纸，PPT 等。

活动过程

(一)导入：通过神秘摸箱，引起幼儿的猜想。(1 分钟)

引导语：今天，老师给小朋友们带来一个神秘的箱子，猜猜这里面是什么呀?

(二)感知体验：了解三种图形的基本特征。(5 分钟)

1. 鼓励幼儿从箱子里摸出图形，并说出图形的名称(正方形、圆形、三角形)。

引导语：你拿到的是什么形状呀，是什么样子的?

2. 通过对图形的描述，掌握其基本特征。

引导语：由一条弯弯的边围起来，没有角的图形就是圆形；有三条边、三个角的图形就是三角形；有四条一样长的边、四个角的图形就是正方形。

3. 游戏："图形宝宝"找家——请幼儿根据自己手里的小图形找到相应的大图形。

引导语：这 3 个图形很大，它们是"图形妈妈"。它们的"图形宝宝"很调皮，藏在小朋友的椅子下。请小朋友帮助它们找到"图形妈妈"。

(三)模仿探索：通过游戏巩固掌握图形的基本特征，并尝试分类。(3 分钟)

1. 观察 PPT 中每个小动物放宝贝的大口袋是什么形状的，并说出来。

引导语：3 只小动物也遇到问题了。它们在玩游戏的过程中，口袋里东西掉出来，都混在一起了，需要小朋友来帮助它们。

出示小动物 PPT，幼儿分别说出小动物口袋的形状。

2. 将筐里物品按形状分别粘到 3 个口袋中，并说出图形的名称。

引导语：3 只小动物的物品都混在了一起，现在就请小朋友们帮它们把对应口袋形状的物品粘到其中。

(四)自由表现：大胆交流自己的探索结果。(3 分钟)

幼儿展示分享自己粘好的图形。粘好后，可以互相说一说他帮助的小动物丢失的是什么形状的物品。

引导语：请小朋友来说一说你是怎样帮助小动物找到丢失的图形的。

(五)结束：鼓励幼儿在生活中继续探索。(1 分钟)

引导语：今天我们认识了 3 个图形朋友，它们是三角形、正方形、圆形。我们的生活中还有很多和它们形状一样的物品，请小朋友们回去找找看，看谁找得多。

注意事项

幼儿如果有出现找错的注意让同伴来纠正。在幼儿操作粘纸活动时，对能力较弱的幼儿要给予帮助和鼓励。

延伸活动

集体教学活动	区域活动	一日生活	家园共育
数学："图形对对碰"	益智区：图形粘贴 美工区：图形画	过渡环节：作品讲述	亲子制作：各种图形的贴画

二、活动反思

整个活动教师关注了幼儿的表现，活动的目标都较好地达成了。幼儿通过动手操作神秘的宝箱游戏，游戏、学习的兴趣比较高，活动中态度积极，在游戏中初步认识了正方形和三角形的特征。活动最大的亮点就是，语言与动作相结合的互动方式符合小班幼儿的年龄特点。在利用数学语言的基础上，有相应的动作辅助小班幼儿理解。如在总结三角形特征时，教师一边对角介绍，一边用手来摸一摸和画一画，同时也让幼儿模仿教师的动作。幼儿形状辨认能力是要经历"配对→指认→命名"这样的过程的。通过在活动中对幼儿的观察，教师发现幼儿是存在个体差异的。当教师问"你能找到和它(三角形)一样的图形吗?"有些幼儿一口气把自己手里的所有图形名称都说对了，也有个别幼儿只说了圆形，剩下的都没有说出来。结合小班幼儿好动、注意力弱的年龄特点，以及幼儿对图形的认识是通过视觉和触觉联合行动进行学习的方式。如果再组织这个活动，需要进行材料调整(这次只准备了一个摸箱)。可以让每个幼儿手里都有一个神秘摸箱，使每个幼儿都能够亲自操作。这样的调整会给幼儿大量的操作时间，让其自由探索形状。另外，小班幼儿图形认知的特点是只注意到图形的某一个部分或者个别特点，因此在出示PPT时，可以把口袋形状的轮廓用其他颜色勾画出来。

三、设计导读

摸箱是小班幼儿非常喜欢的一个游戏。幼儿从箱子里摸出图形后，教师鼓励幼儿说一说图形的名称，引导幼儿描述图形的样子，使幼儿在对图形进行描述的过程中，自然习得了图形的基本特征。这样的活动设计，体现了小班幼儿数学教学的游戏化、情境化，尊重了小班幼儿感知数学、体验数学的学习方式和特点。游戏中通过给"图形宝宝找家"的活动形式，引导幼儿探索三角形、圆形、正方形的特征，帮助幼儿完成了对图形的基本分类，达成了幼儿在操作体验中感知图形特征的效果，培养了幼儿积极参与游戏的学习品质，在活动中也提高了幼儿比较、发现的学习能力。

活动设计：北京市顺义区幸福幼儿园　孙欣梦

设计导读：北京市顺义区东兴幼儿园　耿　兵

小鸡生蛋

一、活动设计

观测点

1. 科学：能感知和体验"1"和"许多"；能用数词描述事物或动作。

2. 学习品质：能表现出好奇心和学习兴趣。

活动目标

1. 学习品质：在小鸡生蛋的游戏中感受数学的有趣。

2. 知识经验：通过操作游戏活动，感知"1"和"许多"。

3. 能力：能正确说出"1"和"许多"。

引导要点

引导幼儿通过游戏，初步学习区别"1"和"许多"两个不同的量。

活动准备

1. 经验准备。

(1)教师：理解"1"和"许多"两个不同的量，了解本班幼儿对"1"和"许多"的掌握程度。

(2)幼儿：能够从 1 至 5 进行点数。

2. 物质准备。

小鸡毛绒玩具人手一只，鸡蛋人手一个(红、黄、绿 3 种颜色)等。

活动过程

(一)导入：教师利用谜语形式，激发幼儿参与兴趣。(1～2 分钟)

引导语 1：小朋友们好，今天张老师请来了一位神秘的客人，黄黄的衣服，两只脚，尖尖的小嘴咕咕叫，猜一猜它是谁。

引导语 2：小朋友们真聪明，就是鸡。咱们一起把它请出来吧。

(二)感知体验：教师出示鸡宝宝和鸡妈妈，请幼儿进行观察后点数，发现量的变化。(3 分钟)

引导语 1：现在鸡宝宝都在鸡窝里，每个小朋友来请一只鸡宝宝和你们一起玩游戏。

引导语 2：咯咯咯，小朋友们，我的宝宝该回家吃饭啦!

引导语 3：小朋友们你们听到了吗？鸡妈妈来找鸡宝宝回家吃饭啦，我们快把鸡宝宝送回家吧。

引导语 4：刚才我们每人手里有 1 只鸡宝宝，现在鸡窝里有多少鸡宝宝呢？啊，数不清啦。这种情况下，我们有一个好听的词叫"许多"，鸡窝里现在有许多鸡宝宝。

(三)模仿探索：教师鼓励幼儿边拿边说，并仔细观察"1"和"许多"两个不同的量的变化。(3～4 分钟)

引导语 1：鸡妈妈有事要出门，需要我们帮助它照顾蛋宝宝。看看现在有多少蛋宝宝。

引导语 2：请每个小朋友选择一个蛋宝宝来保护。请幼儿一边拿一边说："我拿了一个×颜色的蛋宝宝。"

引导语 3：现在鸡窝里没有蛋宝宝了，但是小朋友手有几个蛋宝宝呢？

(四)自由表现：教师引导幼儿进行游戏，从中体会"1"和"许多"两个不同的量，鼓励幼儿大胆表达。(2～3 分钟)

引导语 1：小朋友们，我们带着蛋宝宝一起去草地上做游戏吧。"小母鸡，真能干，生下一个大蛋蛋。"

引导语 2：刚才草地上没有蛋，现在呢？

引导语 3：天快黑了，鸡妈妈要回来了，我们把蛋宝宝送回家吧。要求每人拿一个，并一边捡一边说："我捡了一个×颜色的蛋。"

引导语 4：请小朋友们将蛋宝宝放回鸡窝里，并数一数鸡窝里现在有多少蛋宝宝。

(五)结束：教师进行小结，鼓励幼儿发现生活中的"1"和"许多"两个不同的量。(1～2 分钟)

引导语 1：我们下次再进行这个好玩的游戏。

引导语 2：找一找日常生活中的"1"和"许多"，讲给好朋友听。

注意事项

提醒幼儿游戏时注意安全。

延伸活动

集体教学活动	区域活动	一日生活	家园共育
数学："数豆子" 艺术："我和我的朋友们"	益智区："小动物找妈妈" 图书区：故事讲述	午点环节：1 个苹果和许多苹果 进餐环节：取放餐具	亲子游戏："一粒米和一碗饭"

二、活动反思

活动中，每个幼儿能够充分地与小鸡和蛋宝宝进行互动，并在教师的支持下能够完全融入游戏情境中。幼儿参与热情高，师幼互动好。游戏中，幼儿能够通过操作、形象直观的方式感知、理解、分析、比较"1"和"许多"。幼儿通过送小鸡感受到什么是"许多小鸡"，又能够直观地看到"许多鸡蛋"分成"1 个鸡蛋"。结合幼儿的表现，活动知识经验目标达成。在活动中，有 3 位男孩对于"许多"的理解并不是很深入，在互动中他们使用最多的词语是"多了"。在他们发现数不清时，教师强调了"数不清就是许多"，来帮助他们对"许多"进一步的理解。小班幼儿的学习特点以模仿为主。整个活动中，教师更多关注到了"1"的描述，如"拿了几个什么颜色的蛋"，也应为幼儿多提供表达"许多"的机会。如果调整，教师可以完整表述"一只小鸡回家了，一只小鸡回家了……现在鸡窝里有许多只小鸡"。适当增加语言互动，为幼儿创造更多的表达机会。

三、设计导读

本次活动给了幼儿充分的操作机会，小鸡毛绒玩具和蛋宝宝的材料也符合小班幼儿具体形象思维的特点，让每个幼儿都参与到活动中，实现了幼儿在玩中学、在做中学。幼儿通过“小鸡生蛋”的游戏，充分感受了“1”和“许多”，初步学习了区别“1”和“许多”，较好地达成区分“1”和“许多”不同的量的目标，由此激发了幼儿参与数学游戏的兴趣，在游戏操作中培养了幼儿的学习比较能力，在操作体验中培养了幼儿良好的学习品质。

活动设计：北京市顺义区幸福幼儿园　靳朝红

设计导读：北京市顺义区东兴幼儿园　耿　兵

小熊的早餐

一、活动设计

观测点

1. 科学：能发现事物的大小、高矮、多少等明显特征，并且用数字词汇表述。

2. 语言：能够倾听他人讲话并能做出相应反应。

3. 学习品质：能在游戏中表现出对数学活动的兴趣。

活动目标

1. 学习品质：在为小熊分早餐的活动中，体验数学活动的乐趣。

2. 知识经验：在故事情节中感受并发现物体的大小、高矮、粗细、多少与 3 只熊的关系。

3. 能力：能大胆地表达自己的想法，并为小熊分早餐。

引导要点

教师重点引导幼儿通过观察发现物体的大小、高矮、粗细、多少，并与 3 只熊进行配对。

活动准备

1. 经验准备。

(1)教师：了解幼儿对物体的数量、大小、高矮、粗细经验有哪些。

(2)幼儿：初步了解物体的数量、大小、高矮、粗细。

2. 物质准备。

幼儿人手 1 个小盒子、6 个苹果，Flash 课件。

活动过程

(一)导入：教师以图片形式导入，激发幼儿参与兴趣。(1～2 分钟)

观察小熊一家，通过比较感知“高”“矮”“不高也不矮”。

引导语 1：小熊的家里都有谁？

引导语 2：哪个是爸爸，为什么？哪个是小熊宝宝，为什么？那妈妈呢，妈妈什么样子？妈妈比谁高一点，比谁矮一点？

小结：在一般的情况下，爸爸长得最高，宝宝长得最矮，妈妈不高也不矮。

(二)感知体验：通过分早餐发现大小、高矮、粗细等与 3 只熊的关系。(5～6 分钟)

引导语 1：3 只熊爱吃什么？我们一起看一看 3 只熊今天早上吃了什么。

引导语 2：吃饭前要有餐具，看一看哪个碗给爸爸，哪个给妈妈，哪个给宝宝。说一下理由，为什么这样分。

引导语 3：第一样早餐吃什么？你会分吗？

引导语 4：第二样早餐是什么？你会分吗？

(三)模仿探索：引导、鼓励幼儿“分玉米”，感知“粗”“细”。(2～3 分钟)

引导语 1：早餐是什么？玉米都是一样高的，要怎么分呢？为什么？

通过肢体语言引导幼儿感知粗细。

引导语 2：形容人是说胖的，形容玉米要说粗(动作提示)，慢慢地，就变……(动作收紧)细了。

小结：熊爸爸胃口最大，吃的玉米也是最粗的……

(四)自由表现：老师引导和鼓励幼儿在大家面前介绍自己是怎么分苹果的。(3～4 分钟)

引导语 1：小熊一家的早餐还有苹果，请你们来给它们分一分。

引导语 2：小熊家的苹果分好了，谁来说一说你是怎样分苹果的。

请幼儿互相交流一下自己是如何进行分苹果的。

(五)结束：邀请小熊一家和小朋友们一起享受今天的早餐。(1 分钟)

引导语：感谢小朋友们为小熊一家分餐，让我们一起享受早餐时间吧。

注意事项

提醒幼儿注意每一次的分餐条件。

延伸活动

集体教学活动	区域活动	一日生活	家园共育
语言：“营养早餐” 健康：“我不挑食”	益智区：“小动物的早餐” 美工区：制作美味早餐 图书区：《营养食物》	过渡环节：儿歌	亲子分餐：亲子讨论食物的营养，不挑食

二、活动反思

小班幼儿喜欢听故事。本活动以小熊一家吃早餐的故事来激发幼儿的参与兴趣。幼儿在活动中通过观察、比较、操作来感受并发现物体的差异。通过观察，幼儿能够结合 3 只熊的差异分配相应的物品。在讲述故事时，教师生动的语言激发了幼儿的兴趣，同时鼓励幼儿用动手的方式来感知。如在幼儿认识粗细时，教师让幼儿亲身感知物体由粗到细的变化过程，调动幼儿生活经验中的情境性知识和相关信息来思考和体验粗细的差异，同时教师能够用准确的语言为幼儿进行示范。小班幼儿能够感知和判断有明显差异的物体的不同。在分苹果环节，幼儿出现了学习困难，很多幼儿不知道怎么分了，可以对这个环节进行调整，选择 3 个大小不同的苹果让幼儿分给 3 只小熊。

三、设计导读

数学无处不在的特征决定了数学与其他学科之间有着紧密的联系。帮助幼儿发现数学与其他学科之间的关系，进而将数学与生活中的情境、问题建立联系，使幼儿不仅能够习得数学知识，而且能够了解数学的应用性。本活动教师结合3只熊的故事，引导幼儿注意故事中量的区别。幼儿通过故事理解量的概念。同时，教师设计的问题情境，将幼儿与生活、其他学习领域联系起来，鼓励幼儿采用恰当的策略来解决数学问题，体现了植根于真实情境来解决生活中的问题的数学学习。本活动中，小班幼儿在情境中操作和体验，感受并发现物体的大小与熊的对应关系，观察和比较发现高矮、粗细等量的区别，形成量的概念，培养了幼儿主动探索的学习能力。

活动设计：北京市顺义区幸福幼儿园　崔　军

设计导读：北京市顺义区东兴幼儿园　耿　兵

第二节　中班——数学

神奇的图形组合

一、活动设计

观测点

1. 科学：能够探究常见的几何图形的特征并进行分类；能用合适的图形拼成代表模型或更复杂的图画。

2. 学习品质：能在活动中表现出积极性和主动性。

活动目标

1. 学习品质：乐于分享自己的发现，体会图形组合的乐趣。

2. 知识经验：巩固认识正方形、长方形、半圆形、三角形和椭圆形等。

3. 能力：尝试运用各种常见的图形进行组合。

引导要点

1. 引导幼儿能从游戏中探究和感知各种图形的特征。

2. 引导幼儿进行分类，并用合适的图形拼成各种图案。

活动准备

1. 经验准备。

(1)教师：掌握《指南》《纲要》中有关图形的相关目标与要求。

(2)幼儿：认识正方形、长方形、半圆形、椭圆形和三角形。

2. 物质准备。

一个摸箱，四套分类盒，每人一份几何图形。

活动过程

(一)导入：语言导入，激发幼儿参与兴趣。(1～2分钟)

引导语：小朋友们，你们知道这个箱子里有什么神奇的东西吗？

(二)观察感知：教师用SMART大屏依次展示不同的图形。(2～3分钟)

引导语1：谁想勇敢地到前面来，摸一摸这个漂亮的箱子里装的是什么，并大声地告诉大家？

引导语 2：小朋友们，其实刚才摸到的各种图形在你们自己的桌子上都有。现在就请你们将这些图形进行分类，并把它们放进相应的分类盒里。（每桌一筐几何图形卡，包括长方形、圆形、半圆形、椭圆形和三角形）

（三）探索发现：请幼儿自己探索寻找拼摆的方法，教师提供材料。（10～13 分钟）

1. 请幼儿观察教师作品，发现图案的秘密。（重点引导幼儿发现用的图形）

引导语：小朋友们，其实这些图形在我们的生活中经常可以看到。看！在老师手里这幅画中，你发现了什么图形？（如托马斯火车图片）

2. 拼摆游戏。每名幼儿一份几何图形，包括长方形、半圆形、椭圆形和三角形等，大小不等，幼儿自由创作拼摆。

引导语：当然，这些图形还可以拼出其他漂亮的图案呢！让我们一起来试一试吧。

（四）展示表现：教师引导和鼓励幼儿在大家面前介绍自己的拼摆作品。（5～6 分钟）

请幼儿介绍自己的作品，拼的是什么图案，作品用了什么图形。

引导语：谁想把自己拼的图案介绍给大家？告诉大家你用了哪些图形。

（五）结束：教师总结幼儿的拼摆方法。（1～2 分钟）

通过评价、展示、交流、分享等活动，扩展幼儿的操作经验。

引导语：刚才小朋友们通过自己拼摆和欣赏其他小朋友的作品，我们知道了图形可以拼摆出各种各样漂亮的图案。老师相信小朋友们还会有更奇特的想法，一会儿我们可以去活动区继续探索。

二、活动反思

本节课的目标基本实现，教师用鼓励、启发性的语言，创设轻松的氛围，让幼儿保持开放的心态，使幼儿的潜能得到充分发挥。在整个活动中，幼儿对图形产生了浓厚的兴趣。教师提供的丰富的操作材料，幼儿能大胆地动手去操作，去尝试图形的拼摆，这些都发展了他们的想象力创造力。大部分幼儿能用目测的方法说出物体的形状，但是有一少部分幼儿对正方形和长方形区分不清楚，教师可以带着幼儿在班级中找一找哪些物品是这些形状的，拓展他们的经验。活动中有很多幼儿边拼边说，用圆形做轮子用长方形做车厢，拼一列火车等，这体现了幼儿在游戏环节中的自主性。活动的不足之处在于，幼儿的动手能力还需要增强，部分幼儿拼摆过程中布局不够合理。

三、设计导读

《指南》数学认知领域目标 3“感知形状与空间关系”中指出，4～5 岁幼儿应能感知和发现常见几何图形的基本特征，并能进行分类。本次活动主要是让幼儿巩固对各种常见图形的认识，初步感知图形之间的组合关系，充分发挥幼儿的想象力和创造力。教师首先以游戏“猜猜看”导入，以游戏贯穿于整个活动。用鼓励、启发性的语言，建立激励鼓舞的环境，让幼儿保持开放的心态，使幼儿的潜能得到充分的发挥。幼儿的作品没有一样是相同的，但幼儿饱满的学习积极性是相同的。

活动设计：北京市顺义区宏城幼儿园　刘淑静

设计导读：北京市顺义区澜西园四区幼儿园　张福建

有趣的橘子宝宝

一、活动设计

观测点

1. 科学：能够对物体的数量进行比较，发现物体量的差异。

2. 学习品质：能在游戏中表现好奇心和学习兴趣。

活动目标

1. 学习品质：在猜测橘子瓣的数量的时候表现积极。

2. 经验知识：喜欢观察生活中熟悉的事物，并乐意发表自己的观点。

引导要点

引导幼儿通过观察、猜测，验证橘子的大小和橘瓣数量。

活动准备

1. 经验准备。

(1)教师：已经掌握有关幼儿感知和理解数、量及数量关系的核心知识。

(2)幼儿：通过吃橘子了解其基本构造。

2. 物质准备。

大小不同的橘子若干、大小相同的两个塑料筐、笔、统计表。

活动过程

(一)导入：出示不同的橘子，比较讨论橘子大小。(1分钟)

引导语：小朋友们来说一说，这两个橘子哪里不一样。

(二)观察体验：出示两筐橘子进行比照，从数量和大小两方面引导幼儿进行感知。(5分钟)

1. 出示装满大橘子和小橘子的两个筐，引导幼儿用不同的方法比一比两个筐里的橘子的大小和数量。

引导语1：哪个筐里的橘子大，哪个筐里的橘子小？

引导语2：大橘子多还是小橘子多，各有多少个呢？

引导语3：有的小朋友说大橘子多，有的小朋友说小橘子多，到底谁说得对呢？

2. 教师和幼儿一起数一数，验证大小橘子的数量。

引导语1：为什么同样大小的筐，装的橘子数量却不一样？

引导语2：虽然两个筐大小相同，但是因为小橘子比较小，所以装得多，而大橘子比较大，所以装得少。

(三)探索发现：教师和幼儿一起猜测并记录大小橘子的瓣数。(8～12分钟)

1. 请幼儿猜测橘子瓣的多少，教师帮助幼儿记录的猜测结果。(猜一猜)

引导语1：橘子皮里有什么？猜一猜，大橘子里有多少橘子瓣？小橘子里呢？大橘子和小橘子的橘子瓣会一样多吗？

引导语2：哪个小朋友猜得对呢？我们一起来看看。

2. 教师请两名幼儿剥开橘子，集体验证大橘子和小橘子的瓣数。教师将结果记录

在统计表上。(验证猜想)

引导语1：请一位小朋友选一个大橘子，一位小朋友选一个小橘子，自己动手剥开看一看。

引导语2：大家一起数数大橘子里面有多少瓣，小橘子里有多少瓣。

(四)展示表现：幼儿猜测、验证橘子瓣数并记录，找出规律。(3～5分钟)

1. 给幼儿分发大小橘子，幼儿分组先猜测橘子瓣数，然后剥开橘子验证猜测，并记录在统计表上。

引导语：请小朋友们分成小组，先猜一猜橘子有多少瓣，记在表格上；然后剥开橘子数一数你们猜得对不对，并把结果记下来。

2. 教师引导幼儿发现规律，形成结论：橘子瓣多少和橘子大小没有关系。

引导语1：你们小组的橘子里最多的有几个瓣，最少的有几个瓣？是不是大橘子的瓣一定比小橘子的瓣多？

引导语2：原来橘子的瓣的多少和橘子的大小是没有关系的。

(五)活动结束：游戏"看谁猜得准"。(2～3分钟)

教师随意拿出一个橘子，剥开后请幼儿猜测里面的瓣数，然后进行验证，看谁猜测得最准确。

引导语1：小朋友们，我们来玩个游戏，看看谁能准确地猜出橘子的瓣数！

引导语2：小朋友们现在可以吃橘子啦！

二、活动反思

此次教学活动目标基本实现了，猜一猜、摸一摸等活动形式让幼儿乐意去说说自己的发现，同时增加了幼儿的活动兴趣。猜一猜的环节中，幼儿运用多种感官来感受橘子的外形特征及颜色。这样的活动形式充分地调动了幼儿的兴趣，让每一个幼儿都参与了进来，整个活动过程更自主、更活泼了。在剥一剥，数一数的过程中，每个幼儿都非常认真投入。多数幼儿都乐意把自己的发现告诉同伴或教师。最后分橘子的环节让幼儿在潜移默化中学会了和同伴分享。幼儿在和同伴的交往中逐步感受到了分享的快乐。"做中学"的活动给予了幼儿充分的自主空间，这样的活动形式让幼儿更积极地参与进来，同时也巩固了幼儿之间的友情。

三、设计导读

该活动基于中班幼儿以具体形象思维为主的思维特点而设计，活动目标符合中班幼儿的发展特点。

本活动的设计与组织尊重了幼儿"亲身体验、实际操作"的学习特点，将数学学习融入游戏中，幼儿通过运用生活中已有经验完成游戏，获得了愉快而有意义的发展。

活动设计：北京市顺义区后沙峪第一幼儿园　徐红雨

设计导读：北京市顺义区澜西园四区幼儿园　张福建

魔幻电影院

一、活动设计

观测点

1. 科学：能够了解 5 以内数中相邻数之间的关系。

2. 语言：愿意讲话并能清楚表达；愿意与他人交谈。

3. 学习品质：能在活动中表现出好奇心和探究欲。

活动目标

1. 学习品质：积极参与魔幻电影院游戏，体验寻找相邻数的乐趣。

2. 知识经验：能在游戏中遵守规则，并尝试记录。

3. 能力：在看看、找找、想想的活动中学习 5 以内数的相邻数，发现其中的规律。

引导要点

1. 发现自己座位号两边的数字和自己座位号的关系。

2. 引导幼儿了解相邻数的概念并记录相邻数。

活动准备

1. 经验准备。

(1)教师：知道电影票及电影院座位上号码的作用，掌握相邻数的核心经验。

(2)幼儿：通过去电影院看电影，知道了电影票和电影院座位上都有数字，并知道了数字的作用。

2. 物质准备。

魔幻电影院情境(座位号、椅子的排放、游戏场地划分、记录纸、笔、数字卡片)。

活动过程

(一)导入：教师以幼儿看电影的情境导入，激发幼儿参与兴趣。(1 分钟)

引导语：今天老师要给大家一个惊喜，咱们一起去魔幻电影院看电影。这个电影院和其他电影院是一样的，也是需要凭票入场。所以请大家看清自己票上的座位号，寻找到自己的位置。

(二)观察感知：通过游戏幼儿感知相邻数之间的排列规律。(3～5 分钟)

引导语 1：魔幻影院中有许多好看的电影！但首先要接受一个考验。

引导语 2：找找你坐的是几号座位？你的身边有几位朋友？他们分别坐的是几号座位？

引导语 3：看看老师记录的 3 个数字，你发现了什么？

小结：刚才幼儿通过找座位、找好朋友的过程发现了每个中间的数字旁都有两个朋友。一个数字朋友比它大 1，一位数字朋友比它小 1，这样的两个数字就是中间数字的邻居，也叫相邻数。

(三)探索发现：根据自己手中电影票的座位号，寻找座位两边的相邻数，进行找朋友的游戏。(10～13 分钟)

游戏一：教师从卡片中抽出任意一个数字，座位号与它是相邻数的幼儿快速站起来。

引导语：现在我们都知道了相邻数，那让我们一起来玩找朋友的游戏。

游戏二：能变化三个数字中的任意一个数字，使其成为正确的相邻数。（出示一组数字，如 2、4、5）

引导语：老师这里有这样的三个数字朋友，你们看看它们是邻居吗？怎样改变可以使它们成为正确的相邻数呢？

（四）展示表现：幼儿把自己在游戏中记录的相邻数进行展示。（5 分钟）

引导语 1：老师刚才通过观察，发现小朋友们真厉害，找到这么多的相邻数。现在请小朋友们互相说一说，你们找到了哪些相邻数。

引导语 2：谁愿意把自己找到的相邻数和大家说一说？

（五）结束：寻找生活中的相邻数。（1～2 分钟）

引导语 1：在我们的生活中也有很多相邻数，小朋友们可以继续寻找，找到后和小朋友一起分享。

引导语 2：既然我们小朋友这么棒，都能找到自己的座位和座位旁的好朋友。下面我们就一起来看大家喜欢的电影吧。

延伸活动

集体教学活动	区域活动	一日生活	家园共育
语言：“我的数字朋友”	益智区：自制相邻数玩具 图书区：数字朋友书籍	过渡环节：相邻数找朋友的游戏	亲子游戏：寻找生活中的相邻数并进行记录

二、活动反思

在此次活动中，幼儿通过在电影院找座位、描述旁边幼儿的座位号等环节，发现了相邻数的规律。活动贴近幼儿生活，充分调动了幼儿的已有经验。幼儿在游戏中以直接感知、实际操作和亲身体验等多种形式获得了 5 以内相邻数的经验。再次组织活动时，教师要注意针对幼儿的实际发展水平进行内容调整，使得游戏更加具有层次性和递进性。

三、设计导读

《纲要》科学领域的目标提出，幼儿应“能从生活和游戏中感受事物的数量关系并体验到数学的重要和有趣”。教师以“魔幻电影院”为主线，通过不同的游戏形式让幼儿发现相邻数的规律，学习相邻数。

活动设计：北京市顺义区东兴幼儿园　王建新

设计导读：北京市顺义区澜西园四区幼儿园　张福建

有趣的循环排序

一、活动设计

观测点

1. 语言：愿意讲话并能清楚地表达自己的感受和想法。

2. 科学：能按简单的模式进行循环排序。

3. 学习品质：能在活动中表现出好奇心和探究欲望。

活动目标

1. 学习品质：积极主动参与到活动中，并在排序过程中体验成功的喜悦。

2. 知识目标：发现周围事物中简单的排列规律，初步体验、识别 ABAB，ABCABC 等规律。

3. 能力：引导幼儿通过多种感官，按事物大小、形状、种类、颜色等不同方法进行有规律排序。

引导要点

1. 引导幼儿发现事物循环排序 ABAB、ABCABC 的规律。

2. 引导幼儿按事物大小、颜色、形状、种类进行有规律的排序。

活动准备

1. 经验准备。

(1)教师：知道事物循环排序的含义，并且能列举出其在生活中的运用。

(2)幼儿：会粘贴、串珠、玩拼插玩具。

2. 物质准备。

环形项链若干(两三种颜色)、课件、益智区拼插玩具若干、彩泥、粘贴图片、串珠等。

活动过程

(一)导入：教师以出示邀请卡的形式导入，激发幼儿的参与兴趣。(1～2 分钟)

引导语 1：今天老师收到了一张邀请卡，我们来看看里面写了什么："亲爱的小朋友们，我是森林女王。我想邀请大家来参加我们的森林舞会，但前提是必须佩戴一条漂亮的项链才能进场。希望你们都打扮得漂亮点！"

引导语 2：为此，今天老师为小朋友准备了不同颜色的环形项链，请你自己动手做项链。做好后我们要来看看，谁做的项链跟大家的都不一样！快去试试吧！(幼儿操作，教师鼓励幼儿自由排序，并且从中发现有规律排序的幼儿)

(二)观察感知：幼儿通过操作，观察发现各种排列规律。(5～7 分钟)

教师从幼儿的操作中，有目的地选择两条有规律的项链和一条没有规律的项链让幼儿观察、比较。

引导语 1：现在我这有 3 条小朋友做好的项链，看看它们有什么不同？(幼儿自己找规律找不同，鼓励幼儿大胆表述)

教师针对幼儿的表述进行提炼、总结。

引导语 2：像这样按照红黄红黄这种规律和红黄绿红黄绿这种规律，重复出现的排列就叫循环排序。(初步体验 ABAB、ABCABC 规律)

教师出示不同排列规律的图片，鼓励幼儿发现图片中的规律并大胆地表达出来。

引导语 3：老师这也准备了一条项链准备参加舞会，但是项链的珠子少了几颗，你能帮帮我吗？

引导语 4：老师这还有一些东西，你们看看是按照什么规律排列的。(出示 PPT)

引导语 5：原来不光有颜色，大小、形状、高矮、长短等都可以进行循环排

序。（重点帮助幼儿更加深入地理解 ABAB、ABCABC 的规律）

（三）探索发现：第二次操作引导幼儿按规律排序。（5～7 分钟）

引导语 1：今天我们又学习了新的本领，小朋友们都能够找出相应的规律。老师这里还有许多漂亮的材料呢，你们一会儿可以选择你喜欢的材料大胆地进行设计。（如果老师准备的材料没有你喜欢的，你也可以自己去活动区寻找）。

引导语 2：在做之前你要思考两个问题，你为什么要这样排序？你这样排序的规律是什么？

（四）展示表现：教师鼓励幼儿在大家面前介绍自己的作品及运用到的规律。（3～5 分钟）

引导语：小朋友们今天表现特别棒，都做出了漂亮的作品，哪个小朋友愿意介绍你的作品及自己运用到的规律？

教师对幼儿的作品进行评价及展示，引导幼儿对自己及同伴的作品进行简单的评价。

（五）结束：带领幼儿去户外寻找规律。（1～2 分钟）

引导语：你们真聪明，设计了这么多漂亮的项链。现在就让我们一起去参加森林舞会吧！现在，小朋友们要认真听我的口令，排成一列小火车。小火车是按两个女孩、两个男孩这样的规律排列的。快来排成小火车，咱们去外边看看还有没有有规律的排序。

二、活动反思

本次活动的重点是让幼儿感知规律，增强观察力和思维能力，教学活动目标基本完成。活动中幼儿能够积极主动投入活动。第一个环节以收到邀请卡引出活动内容，让幼儿自主发现规律产生的美。第二个环节是在发现规律的基础上进行排序。每一个幼儿都有一张操作卡，幼儿根据自己的需要自主选择穿项链的材料。活动中幼儿有了前面积累的经验，大部分幼儿能够很好地进行创造性排序。活动中，幼儿能够积极主动地表达自己的想法，说明大部分幼儿已掌握了活动内容。有个别幼儿掌握得不太好，没能理解规律的含义。在下次活动中，教师可以根据幼儿的实际发展降低活动难度，在投放活动材料上体现层次性，注重幼儿的个体差异。

三、设计导读

《纲要》科学领域的目标提出，幼儿应“能从生活和游戏中感受事物的数量关系并体验到数学的重要和有趣”。本次活动的设计体现了玩中学的教学思想。教师根据中班幼儿的年龄特点，设计了情境游戏活动，让幼儿在操作活动中产生兴趣。幼儿通过自己亲手操作，获得了知识经验。排序活动涉及幼儿的逻辑思维能力及推理判断能力，对幼儿抽象思维能力的发展具有重要影响。

活动设计：北京市顺义区幸福幼儿园　丁姣姣

设计导读：北京市顺义区金汉绿港幼儿园　谭　超

我的幼儿园在这里

一、活动设计

观测点

1. 科学：能够使用上下、前后、里外、中间、旁边等方位词描述物体的位置；能够运用数学经验解决简单的问题。

2. 学习品质：能够主动观察探究周围常见事物。

活动目标

1. 学习品质：能够积极思考，认真动脑。

2. 经验知识：幼儿认识地图，知道地图的基本构成要素。

3. 能力：幼儿会用上下、左右等方位词来描述地图上的地理位置。

引导要点

1. 引导幼儿认识地图的构成要素。

2. 引导幼儿认识简单地图，会用上下、左右等方位词来描述地图上的地理位置。并能够用语言进行描述。

活动准备

1. 经验准备。

(1)教师：了解地图的构成要素及用途。

(2)幼儿：初步认识地图。

2. 物质准备。

(1)幼儿园地理位置图电子版和手绘图各一份。

(2)不同简易地图的电子版各一份。

活动过程

(一)导入：展示简易地图图片。(1～2 分钟)

教师呈现 PPT，吸引幼儿注意力。

引导语 1：小朋友们看一看这些图片，你们认识吗？谁来说一说图片上是什么？

引导语 2：你们以前看见过类似的图吗？在哪里见过？谁来说一说？

(二)观察感知：教师引导幼儿描述图片。(2～3 分钟)

教师先后播放 4 种不同的简易地图，引导幼儿认识构成地图的要素。

引导语：嗯，有小朋友说出这个是地图，很棒啊！那现在请小朋友们再看一看，想一想，在老师播放的这些地图上都有些什么？

(三)探索发现：找出幼儿园的位置。(8～10 分钟)

教师展示幼儿园所在的社区地图，让幼儿尝试找找幼儿园的位置。

引导语 1：小朋友们快看！谁来说说这幅地图上都有哪些地方？

引导语 2：嗯，对的，这幅地图是我们社区的地图，谁来找一找我们的幼儿园在哪里？

引导语 3：小朋友们都已经找到了我们的幼儿园在哪里了。现在，老师要教大家一种新本领，我们来用语言描述一下我们的幼儿园在哪里。例如，在哪里的上面或下面、在哪里的左边或右边。

引导语4：现在，请小朋友们说一说我们要怎么描述幼儿园的地理位置。

(四)展示表现：请幼儿用语言描述幼儿园的位置。(7～8分钟)

教师让幼儿来指出并用语言描述幼儿园的地理位置，注意上下、左右方位词的使用。

引导语：现在，每组小朋友都已经知道我们的幼儿园在哪里了。下面请小朋友们自己来画一张幼儿园地图，给大家指一指、说一说在你画的地图里我们的幼儿园在哪里。

(五)结束：教师小结。(1～2分钟)

引导语：今天我们大家学会了一种新本领，就是认识地图，真是好开心。希望你们回家后看看家里有什么样的地图。

注意事项

教师在鼓励幼儿用语言来描述地图时，要说清楚。幼儿很小，只能用上下、左右等方位词来描述，等到幼儿长大后就用东南西北方位词来描述。

延伸活动

可以将城市地图挂到科学区，让幼儿指一指、说一说自己的家在哪一块。

集体教学活动	区域活动	一日生活	家园共育
语言：幼儿园里有什么	益智区：投放不同地域的地图 图书区：有关地域的图书和地图	过渡环节：欣赏不同地域的地图	亲子制作：立体作品《我的家》

二、活动反思

本节活动的活动目标基本完成。活动的亮点是其来源于生活。教学中幼儿能主动参与、乐于探究，能初步认识地图的简单标识。活动中教师结合幼儿的生活，引导幼儿观察感知简易地图，发现地图的秘密。在探索发现环节，教师利用社区的地图帮助幼儿进一步感知方位，通过“在哪里的上面”“在哪里的旁边”等语言进行描述。活动中部分幼儿不能正确地辨别方位，需要加强练习巩固。

三、设计导读

《指南》中指出，要丰富幼儿空间方位识别的经验，引导幼儿运用空间方位解决问题。本次活动幼儿通过观察、探索区分上下、左右等空间方位。教师通过带小朋友找幼儿园的游戏情节，为幼儿创设一个又一个的问题，激发幼儿的探索欲望，并引导幼儿从中寻找解决问题的答案。幼儿感受到了数学在生活中的作用，学会了解决问题，养成了积极、专注、认真、坚韧等良好的学习品质。

活动设计：北京市顺义区宏城幼儿园　董蜜蜜

设计导读：北京市顺义区金汉绿港幼儿园　谭　超

小动物捉迷藏

一、课程内容

观测点

1. 科学：能够使用上下、前后等方位词描述物体位置；能够感知和理解物体数、量及数量关系。

2. 学习品质：能在活动中表现出好奇心和探究欲。

活动目标

1. 学习品质：关注生活中的数字，并对数字感兴趣。

2. 经验知识：能够正确运用第几行第几个表示动物的位置。

3. 能力：能从不同的方向，找到动物排列的顺序。

引导要点

1. 通过猜十六宫格中的小动物，引导幼儿对方位进行正确表述。

2. 引导幼儿通过操作不同的材料，提升其排序能力。

活动准备

1. 经验准备。

(1)教师：了解幼儿在某个维度中，对排列序数的掌握情况。

(2)幼儿：会正确运用上下、左右等方位词。

2. 物质准备。

十六宫格 PPT、幼儿操作卡片。

活动过程

(一)导入：激发幼儿兴趣。(1～2 分钟)

通过出示十六宫格，激发幼儿参与活动的兴趣。

引导语 1：森林里来了许多的小动物。我们一起来看一看，它们分别是谁呢？(依次出示十六宫格中的各种动物)

引导语 2：它们今天要玩捉迷藏的游戏，一会儿这些小动物要藏到星星格子的后面，你们能找到它们吗？

(二)观察感知体验：表述小动物的准确位置，感知序数的方向性。(5 分钟)

在十六宫格中，出示一种动物，请小朋友们回答它的位置。

引导语 1：它们藏好了，那我们现在来找一找，从上往下数第二行的第三个星星后面藏的是哪个小动物呢？

引导语 2：你想猜第几行的第几个小动物？

引导语 3：(出示一种动物)这个小动物藏在第几行(列)的第几个的位置？(玩两到三遍)

引导语 4：为什么×××和××说的动物的位置不一样呢？

(三)探索发现：寻找小动物。(5～8 分钟)

1. 出示录音，按序数找位置。

引导语 1：大家好！我是小熊猫，我想藏在从左往右数第三列的第二个位置。

引导语 2：大家好！我是小花猫，我想藏在从下往上数第二行的第一个位置。

2. 分别请不同的小朋友，按位置说序数。

引导语 3：请你说一说，你想将什么动物藏在哪里。

3. 挑战游戏："猜猜我在哪儿"。

引导语 4：每组为小朋友准备了不同的操作材料，请小朋友自己选择操作材料。

(四)展示表现。(5～7 分钟)

1. 请选择操作题卡相同的幼儿，说说将小动物藏到哪里了。

引导语 1：你的小动物都藏到哪里了。(请每个幼儿分别说)

2. 请选择不同操作题卡的小朋友说一说。

引导语 2：有没有不一样的？请说一说你将小动物送到哪里了。

(五)结束：播放音乐《在农场》后自然结束。(2～3 分钟)

引导语：玩了这么久的游戏，小动物们需要休息了，小朋友们也需要补充一些体力，请将自己面前的物品收拾整齐。

二、活动反思

本活动目标基本实现，幼儿在活动中能够通过小动物捉迷藏的游戏，说出小动物所藏的具体位置。活动通过游戏，让幼儿寻找小动物的位置，大大地激发了幼儿参与探索的积极性。如果能够再一次组织此活动，教师可将图片换成可翻开的，便于幼儿在表达出小动物藏的位置时，能够及时翻开验证。

整个活动过程中幼儿能够积极表达出自己的想法，大胆说出小动物藏的位置，并在游戏卡上寻找小动物。多数幼儿能够按着几行、几列的模式找到，但是个别幼儿还需要继续感知探索。

三、设计导读

《纲要》中提到，幼儿应能从生活和游戏中感受事物的数量关系并体验到数学的重要和有趣。所以，教师应在日常生活和游戏中，引导幼儿初步理解序数的含义，并能在实际活动中为幼儿提供简单运用的机会。本次活动，利用 PPT 创设小动物捉迷藏的情境方法，激发幼儿参与、体验、挑战游戏的兴趣，既创新了导入环节的形式，又抓住了幼儿的兴趣点。

从活动目标和监测点看，本节活动旨在让幼儿能够初步感知生活中数学的有用和有趣，关注到序数在生活中的作用。幼儿在日常生活中接触序数的机会很多，但是很少能将序数与生活有效地结合。如果只采用一般的教学方式进行讲解，幼儿会感觉比较枯燥。教师利用好十六宫格中找小动物的方式，将枯燥的排序内容通过挑战形式激发幼儿参与。由于游戏的难度是循序渐进的，幼儿在前一阶段简单的找小动物游戏体验中能够感受到自信与成功感，进而激发幼儿挑战欲望。

活动设计：北京市顺义区港馨幼儿园　张玉侠

设计导读：北京市顺义区金汉绿港幼儿园　谭　超

第三节　大班——数学

三角形的图形转换

一、活动设计

观测点

1. 社会：能与同伴友好相处；合作完成任务。

2. 科学：能在感知几何图形特征的基础上对图形进行转换和排列。

3. 学习品质：能在图形转换活动中积极探索、创造性拼摆。

活动目标

1. 学习品质：积极参与三角形拼摆游戏，从中体验数学活动的有趣。

2. 知识经验：能用等腰三角形拼摆出三角形、正方形、平行四边形和梯形、长方形。

3. 能力：能够通过对等腰三角形的变换大胆拼摆，运用数学语言表达自己的发现。

引导要点

1. 引导幼儿运用两个等腰直角三角形可以拼成的新图形进行再次组合，发现更多图形之间的转换关系。

2. 引导幼儿发现等腰三角形可以拼成正方形、三角形、平行四边形等图形。

活动准备

1. 经验准备。

(1)教师：事先了解图形转化之间的关系，了解图形知识的核心经验，知道三角形可以转换的图形种类。

(2)幼儿：知道三角形的守恒，有玩积木、整理积木和拼图游戏的经验；知道长方形、正方形、三角形、梯形的属性特征；会唱儿歌《三角形》。

2. 物质准备。

(1)磁力等腰直角三角形若干、磁力板、数字卡片(放黑板上)。

(2)大图形磁力板 5 种、菱形模具 1 个、大黑板 2 块。

(3)磁力笑脸贴若干。

活动过程

(一)导入：说说图形的名称。(1 分钟)

教师出示正方形、圆形、长方形、梯形、平行四边形等图形磁力板。

引导语：说说它们的名字。

(二)观察感知：感知等腰三角形的属性特征。(5 分钟)

依次出示钝角三角形、锐角三角形、直角三角形等。

引导语 1：小朋友们，请你说一说这是什么图形。(出示等腰直角三角形)

引导语 2：请你来看看这个三角形有什么特别的地方吗?(边、角)

引导语3：等腰直角三角形定义——这个特殊的三角形中，有一个直角，且直角的两条边一样长。它的名字叫等腰直角三角形。今天我们就用等腰直角三角形来玩游戏。

(三)探索发现：探索用两个等腰直角三角形进行拼摆。(10分钟)

环节一：两个等腰直角三角形的变身。

引导语：你用两个等腰直角三角形可以变出哪些图形呢？请你来试一试，并记录下来。

环节二：幼儿分组操作并记录。

(四)合作交流：自主操作、记录，并能用语言描述。(15分钟)

1. 组内分享。引导幼儿相互间说说两个等腰直角三角形能拼出多少种不一样的图形，它们是什么图形。

引导语：你们还能用两块等腰直角三角形拼出其他什么图形？(引发同伴间的相互学习)

2. 集体分享。引导各组幼儿说一说用两个等腰三角形能拼出多少种不一样的图形，它们是什么图形(鼓励幼儿用数学语言表达)；小组成员进行补充。

教师梳理提升：用两个等腰三角形可以拼出正方形、三角形和平行四边形。(边展示边操作，完整在记录表上呈现三组拼摆)

3. 4个等腰直角三角形的变身。

(1)幼儿探索用4个等腰直角三角形能拼出多少种不一样的图形。

(2)教师梳理提升：我们用四个等腰直角三角形可以拼出长方形、平行四边形和等腰梯形。(边展示边操作，完整在记录表上呈现所有拼摆过程和方式)

(五)结束。(4分钟)

引导语：如果不限定你使用等腰直角三角形的数量，你还能拼摆出什么图形？请你来试一试。

注意事项

提醒幼儿注意收放玩具以及坐姿。

延伸活动

集体教学活动	区域活动	一日生活	家园共育
数学："多变的三角形" 科学："磁力魔术拼图"	益智区：磁力拼图 建筑区："积木搭搭乐" 图书区："图形拼拼乐"	过渡环节：点数拼图使用了多少三角形	找找生活中的三角形 不同材质的三角形

附录

三角形

三角形，三条边，三个角，
变条小鱼水里游，
变只小鸭嘎嘎叫。
三角形，三条边，三个角，

变只狐狸眯眯笑，

变只袋鼠蹦蹦跳。

二、活动反思

大班幼儿能够对三角形的特点，如三条边三个角有初步的认识和感知，但是图形转换却是他们很少能够在生活中发现或者运用的。为了帮助他们进一步理解并能够进行转换，教师设计了本次活动。活动中，尤其是分组动手拼摆的过程中，幼儿或自己探索，或者互相协作，都能够有不同的体验。在集中分享的过程中，教师注意引导幼儿选取代表发言，用数学语言分享他们的收获。这对于幼儿的数学思维的发展也十分有益。但活动中也存在不足，需要日后改进，如教师在向幼儿介绍钝角、锐角、直角三角形时，可以同时呈现在黑板上请幼儿对比发现，但今天的方法不利于幼儿理解；在分组指导过程中对幼儿数学语言的使用关注不够，却较多地关注他们拼摆的结果；彩色三角形的道具有些软，不利于个别发展较弱的幼儿拼摆；材料过分统一；等等。

三、设计导读

该活动基于大班幼儿(5～6 岁)关于图形的组合与分解能力越来越强，并能用不同的方式来创造新的图形这一特点，通过对三角形的属性特征的回顾，对特殊三角形——等腰直角三角形的进一步辨识等过程，引导幼儿在操作中探索和学习。小组记录和分享的形式，更给大班幼儿提供了进行互助、合作的机会，鼓励幼儿将数学思维用语言表征出来，并与同伴进行分享，从而在促进幼儿数学思维的同时，培养幼儿的合作能力。

活动设计：北京市顺义区宏城幼儿园　张武威

设计导读：北京市顺义区教委学前科　孙　娜

认识时钟整点

一、活动设计

观测点

1. 科学：能在活动中认识整点。
2. 语言：能够与他人交流和表达自己的经验感受。
3. 学习品质：能在活动中积极探究时钟结构，乐于观察时钟指针的变化。

活动目标

1. 学习品质：在认识时钟的活动中感受时间的重要。
2. 知识经验：了解时钟的分针、时针运转关系，初步学会认识整点。
3. 能力：能够在钟表上准确地拨出整点时间。

引导要点

1. 引导幼儿了解时钟的结构及分针、时针的运转关系，初步学会认识整点。
2. 引导幼儿能够在钟表上准确地拨出整点时间。

活动准备

1. 经验准备。

(1)教师：事先把小闹钟投放到分区材料中，供幼儿自由观察；有目的地结合一日活动的作息时间，提醒幼儿看钟点进行各项活动。

(2)幼儿：对时钟的发明有初步的了解；对班上整点开始的活动时间有所了解。

2. 物质准备。

实物大钟6个，小闹钟人手1个，自制时钟人手1个，时钟课件。

活动过程

(一)导入：老师出示多种实物闹钟，引出活动内容。(2分钟)

以提问的方式，请幼儿说出钟表在生活中的作用。

引导语：如果我们不知道时间，会怎么样？(它会提醒我们几点了，该做什么事了)

(二)观察感知：认识钟面，了解钟的结构。(5分钟)

1. 找相同——认识钟表结构。

创设钟表店的环境，播放音乐《在钟表店里》，让幼儿发现钟表的相同之处。

引导语：这么多形状、颜色不一样的钟表，小朋友们能说出它们都有哪些地方相同吗？

2. 逐步出示时钟结构。(课件或者自制时钟)

(1)数字及其表示的含义。

(2)时针及其运行规律及其表示的含义。

(3)分针及其运行规律及其表示的含义。

(4)秒针(可根据实际暂不介绍，道具钟也不提供)。

(5)刻度及其表示的含义。

(三)探索发现：了解分针与时针的运转关系，认识整点。(15分钟)

1. 幼儿操作实物时钟，了解分针与时针的运转关系。

教师边演示时钟的调节器，边引导幼儿观察并教儿歌“哥哥短弟弟长，天天竞走大家看，弟弟走一圈，哥哥走一步”，帮助幼儿了解时针与分针的运转关系。

2. 出示“整点作息表”，引导幼儿观察并认识整点。

引导语1：小朋友起床(户外、午睡)时，指针都指向数字几，猜猜是几点？

引导语2：小朋友们发现这3个时间(7点、9点、12点)在钟表上，有什么相同的地方吗？(分针都是指向数字12)

引导语3：整点时，分针都指向数字12，是几点，时针就会指着数字几。12点的时候，分针和时针都指向数字几呢？

(四)合作交流：鼓励幼儿大胆运用时钟拨时间。(8分钟)

游戏：“老狼、老狼，几点了”。

教师做老狼，幼儿询问时间，教师发布整点指令，幼儿根据指令在各自的钟表中拨出该时间。

(五)结束：教师将钟表投放在区域中。(2分钟)

引导语：小朋友们，区域活动时大家可以继续去拨动钟表，和钟表做游戏。

二、活动反思

钟表是幼儿已接触却不熟悉的生活物品。教师引导和支持大班幼儿逐步认识时间并建立时间观念，合理安排自己的时间，将对幼儿的终身发展都有帮助。首先要带幼儿一起认识时钟的结构，随后教师借助幼儿在园一日生活的时间，引导他们发现指针的变化，也就是时间的变化。活动中，幼儿乐于与大家分享自己的时钟，也愿意尝试拨弄指针。相较于对时钟的认识环节，幼儿更喜欢“老狼、老狼，几点了”的游戏。在今后的活动中，教师要更注意游戏情节的设置，从幼儿的兴趣出发，使他们能够在快乐轻松的生活氛围中感受和学习数学，收获经验。今天的第一个环节，还可以调整为幼儿从家中收集时钟，并尝试自己做时钟，让幼儿对时钟有了初步感知，也充分调动了他们的兴趣。

三、设计导读

《指南》指出：“幼儿的思维特点是以具体形象思维为主，应注重引导幼儿通过直接感知、亲身体验和实际操作进行科学学习。”该活动结合幼儿在操作中学习的特点，通过认识摆弄真实的钟表，支持幼儿进一步了解钟表的结构及运行规律，引导幼儿迁移生活经验认识整点。“老狼、老狼，几点了”的游戏鼓励幼儿继续探索整点的时针和分针位置，支持幼儿在游戏和操作中学习，以达成本活动教育目标。

活动设计：北京市顺义区宏城幼儿园　刘冬梅

设计导读：北京市顺义区教委学前科　孙　娜

纸牌游戏

一、活动设计

观测点

1. 科学：能够运用数序经验进行逻辑推理。

2. 学习品质：能在纸牌游戏中乐观观察。

活动目标

1. 学习品质：喜欢参与纸牌游戏，体验游戏带来的快乐。

2. 知识经验：在纸牌游戏中，运用数序经验进行逻辑推理。

3. 能力：在魔术游戏中，提高幼儿的观察能力。

引导要点

1. 引导幼儿认识扑克牌。

2. 引导幼儿在互动游戏中运用数序进行逻辑推理。

3. 引导幼儿观察发现翻过去的是哪张牌。

活动准备

1. 经验准备。

(1)教师：了解数序的核心经验。

(2)幼儿：认识扑克牌。

2. 物质准备。

两副扑克牌、纸板。

活动过程

(一)导入：教师以谜语的形式导入，激发幼儿参与兴趣。(2分钟)

环节一：老师说谜语让幼儿来猜。

一个国家两个王，四种人分十三等。不是这伙打那伙，就是那帮打这帮。分分合合不自主，全是人类惹的祸。(谜底：扑克牌)

环节二：引导幼儿熟悉扑克牌的各种花色。

(二)观察感知：游戏猜猜少了哪个(变魔术)。(5分钟)

1. 介绍游戏方法：幼儿从5张牌中任意抽取1张，教师说出抽掉的牌。

2. 教师准备五张牌(1～5)，请幼儿任意抽取，教师观察牌面后说出答案。

3. 请幼儿猜猜教师为什么会猜对。

引导语：在这些牌中，缺少的那张牌就是被抽走的牌。

4. 教师出示1～5的扑克牌，请幼儿打乱顺序，请个别幼儿任意抽取。猜猜抽掉的是什么。

(三)探索发现：游戏“猜猜是哪张牌”。(10分钟)

1. 教师在桌面上摆放1～10的扑克牌。正面朝上，然后从另一副牌中，任意抽取一张。

2. 介绍游戏方法：请幼儿猜猜是数字几，教师用“大了”“小了”回答。幼儿根据提示将不需要的扑克牌翻过去，直到猜出答案。

引导语：你为什么把数字8翻过去？除了这张牌，还有什么牌也可以翻过去？为什么？“大了”是什么意思？

(四)合作交流：密码游戏，幼儿分组进行开锁取物游戏。(15分钟)

引导语：马上你们要去小学了，老师很舍不得你们，给你们精心准备了许多礼物。但这些礼物被放在了一个精美的密码盒子里。需要你们4个人为一组，分工合作、齐心协力破译密码，才能打开密码盒子，取出礼物。要求花色和数字都选对才能打开密码锁！

总结：在找密码时，要先读题，并把密码记录下来。

(五)结束：延伸到区域活动。(2分钟)

把纸牌放到活动区，可以让幼儿继续和纸牌做游戏，体验和同伴游戏的快乐。

引导语：今天小朋友学会了推理的本领，都能当小侦探了。接下来我把纸牌投放到区域中，你们可以继续和纸牌做游戏。

二、活动反思

生活中的数学是有用和有趣的。为了让幼儿也能发现这一点，本次数学活动教师选用了纸牌作为教具。无论是纸牌的花色还是数字都为教师有趣的数学活动开展奠定了基础。活动中，幼儿的浓厚兴趣也验证了这一点。教师通过“变魔术”的几个环节设置，让幼儿在游戏中理解“数序”的重要和趣味。此后，教师通过设置情境，调动幼儿主动思考的能力，使幼儿能有机会在认识和理解的基础上，借助“数序”的经验来解决问题。活动目标层次较清晰，环节具有一定的递进性，幼儿在感知与操作中充分感受到了数学活动的乐趣。今后，教师还可以继续尝试利用更生活化的材料开展活动，支持幼儿的发展。

三、设计导读

本节活动是在幼儿对序数有了充分知识经验的基础上开展的数学游戏。游戏过程中，教师要注重激发、引导幼儿观察交流，给予幼儿充分的操作机会、表达机会，让幼儿自主探索发现游戏规律，以达到提高幼儿运用数序经验进行逻辑推理的能力。

游戏设计尊重了幼儿的学习方式和特点。魔术游戏贯穿始终。借助变魔术的引导语能够激发幼儿参与活动的兴趣，使幼儿在魔术游戏中发现数学游戏的乐趣。同时在游戏中，通过幼儿当小魔术师进行表演的环节，可以检测幼儿达成目标的情况。

活动设计：北京市顺义区怡馨幼儿园　赵　倩

设计导读：北京市顺义区教育研究和教师研修中心　王晓鸿

羊村铺路

一、活动设计

观测点

1. 科学：能够发现事物的排列规律。

2. 社会：喜欢并适应群体生活。

3. 学习品质：具有好奇心，乐于创造。

活动目标

1. 学习品质：具有观察力，体验游戏的乐趣。

2. 经验知识：根据已有的数学知识和探索方法、能够发现不同颜色、不同大小、不同形状、立体与平面的排列规律。

3. 能力：能够自己创作出有规律的小路。

引导要点

1. 引导幼儿发现规律并能够自己创造规律。

2. 鼓励幼儿大胆探索，勇于表达自己的想法。

活动准备

1. 经验准备。

(1)教师：了解模式、排序的核心经验。

(2)幼儿：认识基本图形三角形、五角星，认识正方体。

2. 物质准备。

羊村各种羊合影的图片，教学示范图，不同的图形的、不同颜色的纸片多张(根据分组人数准备几组)，大中小星星若干，红色和蓝色心形若干，正方体与正方形纸片若干，积木块多块、整齐的纸盒(如空奶盒)、彩色纸片、塑料瓶多个、纸杯等其他材料多种。

活动过程

(一)导入：故事引出主题：羊村修路，简单规律热身。(3分钟)

引导语1：羊村门口的路是很久以前建造的。过了这么多年，早就需要维修了。今

天一早，喜羊羊带着一群伙伴们就开始修路啦。它们来到了村口开始修路……看，美羊羊修的小路多漂亮啊。(引导幼儿观察小路)

教师引导幼儿进入故事，展示事先准备好的示范贴图：红心、蓝心、红心、蓝心……引导幼儿观察思考后回答问题。

引导语2：你发现什么规律了吗？接下来美羊羊该铺什么了呢？

(二)观察体验：引导幼儿发现规律。(5分钟)

教师展示第二张示范贴图：大、中、小三个形状依次排列的星星。大、中、小，大、中、小……

引导语：看，沸羊羊铺的小路很特别，这是什么形状？你发现了什么规律吗？接下来该怎么铺呢？

引导幼儿回答问题，教师讲解时应注意强调大、中、小，让幼儿感知规律。

(三)探索发现：增加规律的维度和复杂性，引导幼儿观察理解规律之美。(15分钟)

1. 直接在地上展示立体纸盒、纸片规律的小路，引导幼儿思考立体和平面结合的规律。(三排，每排都是正方体、正方形、正方体、正方形……)引导幼儿分组探索体验，教师总结规律之美。

引导语1：沸羊羊接下来要怎么铺呢？请小朋友们动手试试吧！小朋友们四人一组，老师把星星发给你们，每人铺一条小路。(分发小组材料)

引导语2：你觉得你的小路美吗？你是按照规律建造的吗？

引导语3：喜羊羊的这条路跟别人的都不一样，它的规律可不一般，你们猜是什么规律呢？

引导幼儿回答问题，发现正方体、正方形的规律。

2. 展示规律的变化，发现创造规律的方法。

引导语4：喜羊羊说："我这条路还可以变化出其他的规律呢，你们看！"(教师挪动第二排纸片位置，两个纸片一个正方体，两个纸片一个正方体……)这次是什么规律呢？

引导幼儿回答问题，发现新的规律。

引导语5：喜羊羊说："我还能让我的小路再变出不同的规律哦！"(在第三排加入正方体，两个正方体一个正方形；两个正方体一个正方形……)你们看，下面该怎么铺呢？

请幼儿上台帮助教师铺一下之后的小路。

3. 引导幼儿自己选取有限的材料创造自己有规律的小路。

引导语6：这时候，其他的小羊都来了。它们说："我们的小路也可以做出新的规律呢！"小朋友们，你们能帮帮他们，用同样的材料铺出不同规律的小路吗？

为每个小组的幼儿提供一种材料，鼓励幼儿自己拼出不同规律的小路。如把美羊羊的蓝色、红色心放到一个小组，让幼儿自由铺路。将星星也放到一个小组，让幼儿探索。教师巡回指导，并赞扬创作出不同规律的幼儿。

4. 提供更多组不同材料，激发幼儿创意兴趣。(向每组幼儿分发一套创意材料，各组不同)

引导语7：小朋友太厉害了，能够自己创造出这么多规律不同的小路呀！如果老师再给你不一样的材料，你能不能做出你自己的、有规律的小路呢？

(四)合作交流：引导幼儿自由表达，为羊村粘贴创意小路。(10分钟)

带领幼儿展示自己创意的不同小路，感受规律美。

引导语：小朋友们可以自己创造出有规律的漂亮小路，真是太棒了，谁能讲讲你铺的小路有什么规律呢？

(五)回顾：将自己铺设的小路贴到白纸上，为它添画周围的风景，完成作品。(2分钟)

为幼儿提供乳胶之类的粘贴用品，让幼儿在活动区或者其他地方自由玩耍，粘贴作品，自然结束活动。

引导语：小朋友们，走在你们的小路上，身边有什么风景呢？请大家把你的小路贴到画纸上，在周围画出路边的风景吧！

二、活动反思

本活动通过创设铺路的情境，引导幼儿发现并尝试创造循环排序的规律。活动中的多种材料包括平面图形和立体图形、规则图形和不规则图形，更给了幼儿一双发现的眼睛，操作生活材料的机会，使他们将所获得经验应用到生活之中。教师通过更多材料的选择，让幼儿发现、理解和运用物体的不同属性(如大小、形状、体积等)来进行规律的创造。环节设计上，教师从最初的AB过渡到ABB、ABC、ABCD等模式的难度深入，也使幼儿有了新的挑战和学习。但是组织活动过程中发现，教师对幼儿的引导和支持较少，多数幼儿都还是进行了AB的规律排序，只有少数有了创造性表现，低于大班幼儿的发展目标和水平，需要在今后进一步改进调整。

三、设计导读

本活动聚焦于规律排序，是大班幼儿感兴趣的内容，同时教师设计的情境也符合大班幼儿年龄特点，以幼儿熟悉的卡通形象——美羊羊修一条漂亮的路为活动导入，引发幼儿活动兴趣。活动过程设计层层递进，条理清晰。过程中幼儿能够专注于情境，进行仔细的观察；在操作告知、表达交流中，根据自己原有的数学经验，发现不同的规律，而且在发现规律的同时提升了自信心，能够大胆创新，创造新的规律。教师在每个环节抛出问题之后，需要幼儿细致地观察和思考，对幼儿来说有一定难度、挑战性。

活动设计：北京市顺义区后沙峪第一幼儿园　赵　倩

设计导读：北京市顺义区教育研究和教师研修中心　王晓鸿

铺地板

一、活动设计

观测点

1. 科学：能够比较物体面积的大小。
2. 社会：能够与同伴协商、分工拼摆地板。
3. 学习品质：能够不断探索和发现。

活动目标

1. 学习品质：喜欢探究，在拼摆游戏中发展逻辑思维能力，体验成功的乐趣。
2. 知识经验：在拼摆地板的游戏中，比较面积的大小，初步体验面积守恒。
3. 能力：能与同伴协商、分工，合作完成活动任务。

引导要点

1. 引导幼儿大胆表达自己的发现。
2. 教师鼓励幼儿不断探索感知面积的守恒。

活动准备

1. 经验准备。

(1)教师：了解图形面积的大小与拼摆的形状无关。

(2)幼儿：幼儿有过拼地垫的经验。

2. 物质准备。

每人1块正方形地板、若干三角形地板、8个筐、相机、投影、多媒体课件。

活动过程

(一)导入：观看第一张PPT并播放声音。(两只小鸟正在比谁铺的地板大)(3分钟)

引导语：你们帮两只小鸟比一比，看看谁拼的图形大。

(二)观察感知：幼儿和同伴之间摆弄正方形地板，发现地板之间的相同处。(5分钟)

引导语1：看看谁能发现这些地板中的秘密?

引导语2：想一想怎么比才公平。(把两张不规则图形通过移动，拼成长方形，得出结论)

小结：我们手里拿的这些地板的大小、颜色、形状是一模一样的。

(三)探索发现：幼儿完成两次拼摆，感受图形面积的守恒。(8分钟)

游戏一：请幼儿分组用正方形地板拼图形。

引导语1：这次我们小朋友又有新的任务了，请你们分成5组，每组6个人，用你们手中的地板拼图形。

引导语2：每组的图形是什么样的?你们觉得它们一样大吗，为什么?

引导语3：有的小朋友说一样大，有的说不一样大，我们怎样比较大小呢?

小结：因为地板的大小都是一样的，所以我们数一数它的数量，只要数量一样，拼出的图形就一样大。

游戏二：播放课件引出游戏内容“这次又有一只小鸟也来玩铺地板游戏，它们分别用了一样大小正方形和三角形。我们也来和它们一起游戏”。

引导语1：请幼儿两人一组，每组选一筐三角形进行拼摆。

引导语2：说一说每组分别用了多少块正方形，多少块三角形。

引导语3：哪两组铺的地板一样大?说说为什么。

(四)合作交流：通过观看课件，和自己组拼摆的一样大小的图形。(13分钟)

引导语1：哪一组和课件拼的图形一样大?

引导语2：你是从哪里看出来是一样大的呢?

小结：用同样大小的图形拼图形，所用图形数量相同，大小就相同。

(五)结束：观看课件，感谢小朋友并提出新挑战。(3 分钟)

引导语：如果再添加其他的图形去拼摆，你们还可以找到一样大小的图形吗？

二、活动反思

在幼儿的经验中，“面积”更多地被理解为图形“大小”。为了支持幼儿学习和理解图形的面积不因拼摆方式的变化而变化，教师设计了此次活动。通过用面积(大小)、数量相同的规则正方形拼摆不同的图形后，发现面积(大小)并未发生变化。“铺地板”的教具制作简单，易于幼儿的操作。幼儿也在游戏的情境中操作和体验。活动中，教师没有直接告诉幼儿正确比较的方法，或者是否定幼儿的做法，而是请幼儿说出比较方法和自己的理由，让幼儿有更多的思考和调整的机会。因此幼儿得出“谁的方块多，谁的大”。随后通过提供三角形等进一步增加游戏的难度，让幼儿在操作中继续收获经验。但活动中也存在不足，若教师在每个环节的任务之初就讲明如“使用同等数量的方块，谁能铺的面积大”或“不限数量，谁的面积大”等，这样的指令更清晰，幼儿也更容易理解该环节的任务要求。此外，教师对幼儿使用数学语言、数学思维的培养意识还需提升。

三、设计导读

铺地板活动是一节感知面积守恒的数学活动，抽象的知识不易于幼儿的理解，所以教师选用信息技术这一直观生动的手段，辅助幼儿感知探索面积守恒。在观察体验环节，教师运用了插图、链接、动作路径等方法制作了课件，使幼儿能够通过与电子白板互动，清楚地点数地板的数量，比较拼摆图形的大小。在探索发现环节，教师运用了音频的效果，将提前录制好的声音插入课件中，使得活动更加富有游戏性。

活动以小组形式开展，幼儿进行了动手操作、直接感知、动脑思考、合作探索，通过细致观察、逐步比较感知面积的守恒；两次的拼摆逐层递进，从感知一种图形面积守恒，再到感知多种图形面积守恒。

活动设计：北京市顺义区东兴幼儿园　闫　洁

设计导读：北京市顺义区教育研究和教师研修中心　王晓鸿

破译密码

一、活动设计

观测点

1. 社会：能与同伴友好相处；合作完成任务。

2. 科学：能在实物操作中感知和理解数、量及数量关系。

3. 学习品质：能在活动中分工协同进行实物操作。

活动目标

1. 学习品质：充分感受成功解决数学问题带来的乐趣。

2. 经验知识：能够运用编译和破解等游戏方式，复习巩固 10 以内的加减、序数、相邻数和单双数等知识。

3. 能力：能够运用逆向思维的方式进行运算。

引导要点

1. 通过师幼互动，掌握更多破译(加减法、相邻数、单双数、序数)的方法。

2. 引导幼儿通过小组分工合作完成破解数字的方式。

活动准备

1. 经验准备。

(1)教师：具有组织幼儿参与过序数、相邻数、单双数以及 10 以内加减法的数学游戏活动的经验。

(2)幼儿：具备基本的运算能力，知道序数和相邻数的含义，熟悉自己父母的手机号码。

2. 物质准备。

1 张老师的手机号码卡、1 套小朋友们手机号码、0～9 的数字卡、1 套题卡、9 张小组破译号码题卡、9 张小组编译号码题卡、设计空白表若干张。

活动过程

(一)导入：教师由提问引出电话号码，激发幼儿参与活动的兴趣。(5 分钟)

教师提问，激发幼儿参与活动兴趣。

引导语 1：小朋友们，大家马上就要离开幼儿园去小学读书了，老师为大家感到高兴。但是如果你们之间想对方了，或是老师想你们了，要怎样做呢？

引导语 2：你们想到的办法都很棒，可以用打电话的方式联系。小朋友们，电话号码是用什么组成的？

引导语 3：电话号码都是由哪些数字组成的？

引导语 4：这是老师电话号码的第一个数字。它的提示是从左边数的第 2 个数字，你们猜猜是几？那我们就用这个箭头来表示。2 和 4 共有的相邻数是几？从左边数第四个双数是几？从左边数第一个单数是几？5 减 5 等于几？4 加 2 等于几？从左边数第 2 个单数是几？……

引导语 5：小朋友们回答得真快，大家很准确地就说出了老师的电话号码中的数字。我们来数数手机号码有几位。

(二)观察感知：编译号码的方法。(5 分钟)

引导语：谁可以在不说出数字名字的情况下，把这个数字告诉大家？(教师可伸出一只手，告诉幼儿这个数字和我们一只手的手指数量一样多，从而引出 5；再让幼儿运用加减法、相邻数、序数、单双数等方式说出 5 来)

(三)探索发现：破译电话号码并验证。(10 分钟)

游戏：破译密码涉及“加减法、单双数”两个内容。

引导语：现在老师手中有一些小朋友家长的手机号码，需要小朋友们破译出来。小朋友们两人一组，用最快的速度合作破译电话号码。看看这是哪位小朋友家长的手机号码，可以到黑板上面找一找，在后面做一个标记(见图 6-1)。破译出来我们就能记录下来，便于以后大家联系了。

第一组

2-1=	3+2=	9-1=	→第 2 个数字	1-1=	(5)	5 ( ) 7	0+0=	1+4=	7 ( ) 9	←第 1 个 数 字

第二组

3-2=	2 ( ) 4	→第 4 个 数字	(4)	3-2=	1-1=	1 ( ) 3	9-6=	← 第 2 个 数字	9-1=	0 ( ) 2

图 6-1　分组破译电话号码

(四)合作交流：编译电话号码并验证。(10 分钟)

游戏：破译密码涉及“相邻数、序数”两个内容。

引导语 1：请小朋友们两人一组合作将高老师或者商老师的电话号码进行破译，你们敢挑战一下吗？(见图 6-2)

引导语 2：请小朋友和老师一起验证并确认电话是否正确。

编译高老师电话号码

1	3	8	1	1	0	9	5	9	5	7

编译商老师电话号码游戏

1	5	8	0	1	6	1	2	3	7	9

图 6-2　破译两位老师的电话号码

(五)结束：编译、破译号码的方法，在区域游戏中进行应用。(3 分钟)

幼儿回忆自己破译电话号码的方法。

引导语：我们现在会破译电话号码了。请小朋友在区域的时候编译自己家中的电话号码，并且请你的好朋友来破译你编的电话号码(见图 6-3)。看看谁破译得快。

图 6-3　破译密码游戏

二、活动反思

大班幼儿通过幼儿园的学习和生活已经基本具备了数的概念，关于数的基数、序数、单双数、数的运算等都有了一定的经验，因此本次活动在于调动幼儿的综合经验，借助生活情境来发展幼儿的数学综合能力，也希望幼儿能在活动中更深入地体验到生活中的数学所带来的乐趣。活动中，幼儿带着“破译”的任务开始，相互协作，或独立来完成目标任务。个别能力较弱的幼儿在活动中进一步巩固了自己的经验，能力较强的幼儿也再一次发展了综合运用数学经验的能力。这对大班幼儿的综合能力的培养也有重要的影响。

三、设计导读

这是一节数学知识经验综合练习课。幼儿在“破译密码”的环节中，要灵活运用以往学习到的关于符号的使用、相邻数、单双数、序数、加减法等数学知识，才能破译出正确答案。游戏具有很大的挑战性，大班幼儿感兴趣并专注，因此，活动过程中，幼儿带着明确的“破译电话号码”目的进行活动。幼儿为了完成游戏任务积极地在已有知识经验里检索对单双数、序数、10 以内加减法、相邻数的规律，教师则针对破译数字的方法引导幼儿进一步地梳理与提升，大大丰富了幼儿对破译数字方法的知识经验，推动了幼儿的探索发现与合作。

活动设计：北京市顺义区港馨幼儿园　张玉侠

设计导读：北京市顺义区教育研究和教师研修中心　王晓鸿

第七章　美　术

第一节　小班——美术

小小粉刷匠

一、活动设计

观测点

1. 艺术：喜欢用艺术的方式大胆地表达表现。

2. 健康：能够灵活协调地用笔涂涂画画。

3. 学习品质：能够积极主动地参加艺术活动。

活动目标

1. 学习品质：积极主动参与活动，体验玩色、涂刷游戏的乐趣。

2. 知识经验：初步掌握涂刷的方法，喜欢玩色。

3. 能力：尝试运用多种颜色进行大面积的涂刷。

引导要点

引导幼儿选择自己喜欢的颜色进行大面积的涂刷，享受玩色、涂刷的乐趣。

活动准备

1. 经验准备。

(1)教师：知道涂刷的基本方法和幼儿的涂刷现有水平。

(2)幼儿：听过《我是一个粉刷匠》这首歌，并对房屋基本结构有了解。

2. 物质准备。

歌曲《我是一个粉刷匠》，关于 3 种房子的 PPT，红、黄、橙、绿、蓝水粉颜料，刷子，托盘，颜料盒，湿布，旧报纸，罩衣。4 个与幼儿一起制作的没有上色的房子模型(大纸箱)，等等。

活动过程

(一)导入：听歌曲《我是一个粉刷匠》，引出主题，激发幼儿参与活动的兴趣。(2 分钟)

引导语：今天，我们小粉刷匠们特别忙，要到森林王国里去帮助动物们刷房子喽。拿起小刷子，我们随着音乐跳个舞热热身吧。

(二)感知体验：出示不同颜色房子的 PPT，引导幼儿欣赏房子的颜色搭配。(4 分钟)

引导语 1：来到大森林，我们先来看一看动物们的新房子吧。

引导语 2：这座小房子的房顶是什么颜色？墙面是什么颜色？窗户和门是什么颜色？猜一猜这是谁的家？

(三)模仿探索：出示 4 个空白房子模型，鼓励幼儿尝试运用多种颜色粉刷房子。(7 分钟)

引导语 1：我们刚刚看到的小动物们的新房子那么漂亮，你想把我们做的小房子刷成什么样呢？

引导语 2：让我们挽起小袖子，拿上小刷子，选择自己喜欢的颜色来刷房子吧。

(四)自由表现：引导幼儿相互欣赏漂亮的房子。(2 分钟)

引导语：我们的房子刷完了，一起来欣赏一下吧。谁来说一说你刷的是哪栋房子，用了什么颜色？是怎么刷的？

(五)结束。(1 分钟)

引导语：今天小粉刷匠们真能干，把我们的房子都刷上了漂亮的颜色，我们就可以到新房子来玩了。

注意事项

引导幼儿一个刷子只能蘸一种颜色，且刷子用完要放回到颜料盒里。

延伸活动

集体教学活动	区域活动	一日生活	家园共育
科学：“数高楼”	娃娃家：粉刷家具 美工区：涂鸦墙	过渡环节：表演《我是一个粉刷匠》	亲子制作：制作玩具整理箱

二、活动反思

教师结合活动主题选择贴近幼儿生活经验的内容和材料，创设生活化的游戏情境，帮助幼儿尽快融入角色，投入活动。在导入环节，教师带领幼儿边唱边表演《我是一个粉刷匠》。幼儿手里拿着小刷子，情绪愉悦地和教师一起表演，有效地激发了幼儿参与活动的兴趣。在幼儿操作环节，教师为幼儿的创作提供了立体的纸箱房子，有效地激发了幼儿创作的欲望。幼儿在创作的过程中涂色均匀，能运用点、线、面进行组合，很好地完成了教学活动目标。在材料提供方面还需细致化，如为幼儿提供宽窄不同的板刷，有利于幼儿针对不同粉刷的面积选择宽窄不同的刷子。

三、设计导读

3 岁左右的幼儿美术创造能力基本处于“涂鸦期”。他们喜欢玩色，喜欢随意涂涂画画，同时，他们是通过游戏和生活来学习的。因此本节活动以粉刷匠刷房子的游戏情境贯穿始终，抓住幼儿喜欢玩色的天性，激发幼儿涂刷的兴趣。

活动过程中，欣赏小动物的新房子为幼儿感受色彩、表现色彩奠定了基础，在音乐《我是一个粉刷匠》下，鼓励幼儿尝试运用多种颜色进行大面积的涂刷，感受色彩的美感。活动后，将作品投放到幼儿日常的游戏中，可以增加幼儿活动的成就感。

活动设计：北京市顺义区后沙峪第一幼儿园　周淑艳

设计导读：北京市顺义区吉祥幼儿园　王利利

叶子鸟

一、活动设计

观测点

1. 语言：喜欢听故事，看图书。

2. 艺术：喜欢进行艺术活动并大胆表现。

3. 学习品质：能够积极主动地参加艺术活动。

活动目标

1. 学习品质：能够主动参与美术活动，体验叶子粘贴画的乐趣。

2. 知识经验：通过观察、欣赏了解叶子鸟的外形特征，感受叶子粘贴画的美。

3. 能力：尝试借助几种叶子外形的特征，大胆想象、创作叶子鸟。

引导要点

1. 鼓励幼儿积极参与美术活动，感受叶子粘贴画的美，体验创作乐趣。

2. 引导幼儿尝试借助叶子的外形特征大胆表现叶子鸟。

活动准备

1. 经验准备。

(1)教师：熟悉叶子鸟的故事，能够借助常见叶子的外形特征表现叶子鸟。

(2)幼儿：去户外观察过叶子，捡拾喜欢的叶子并用叶子做游戏，欣赏过《叶子鸟》绘本故事，了解常见的树叶名称，了解鸟的外形特征，学会使用胶棒。

2. 物质准备。

银杏树、柳叶、杨树叶等实物，PPT 课件(叶子鸟粘贴画)、视频(幼儿在户外捡各种叶子的场景)、音乐，胶棒、绘画纸、棉签、水粉、抹布、大树背景板。

活动过程

(一)导入：观看一起捡叶子的视频。(1 分钟)

引导语 1：欣赏一段视频，看看我们在干什么？(教师播放视频)

引导语 2：你捡到的叶子是什么颜色，什么形状的？像什么？

(二)感知体验：欣赏叶子鸟粘贴画，感知叶子外形特征与小鸟的关系。(5 分钟)

引导语 1：今天叶子宝宝又来和小朋友一起游戏，看叶子宝宝变成了什么？(出示叶子粘贴画)

引导语 2：什么样的树叶变成了小鸟的什么部位？什么颜色、什么形状的叶子变成了小鸟的头或身体或翅膀？

(三)模仿探索：引导幼儿尝试借助几种叶子外形的特征，大胆想象，创作叶子鸟。(6 分钟)

引导语 1：你想用什么样的叶子做叶子鸟呢？什么颜色、什么形状的叶子变成了小鸟的头或身体或翅膀？

引导语 2：接下来你就可以选择你喜欢的叶子进行创作了。

(四)自由表现：鼓励幼儿分享交流小朋友的叶子鸟粘贴画。(2 分钟)

引导语 1：今天大树爷爷也来了。将你的叶子鸟粘贴到大树粘贴板上吧。

引导语 2：你们的叶子鸟好漂亮啊，大树爷爷可高兴了。谁来跟其他小朋友说一说你的叶子鸟是什么样子的？在干什么呢？

(五)结束。(1 分钟)

引导语：我们可以做一本叶子鸟的故事书！

延伸活动

集体教学活动	区域活动	一日生活	家园共育
语言："叶子鸟" 科学："叶子变变变"	益智区："叶子的大小" 美工区："叶子鸟" 图书区："叶子大比拼"	过渡环节：作品讲述	亲子制作：叶子粘贴画

二、活动反思

秋天到了，树叶落了，幼儿对落下来的树叶产生了浓厚的兴趣。教师及时抓住幼儿的兴趣，和幼儿一起捡树叶、用树叶做游戏，让幼儿在游戏中了解树叶的外形特征，还巧妙地利用绘本《叶子鸟》拓宽幼儿对树叶粘贴的认知。在活动中，幼儿的兴趣非常浓厚。他们用自己捡回来的各种树叶，根据绘本中动物的外形特征进行粘贴。所有幼儿都能选择自己喜欢的树叶进行组合、粘贴，有个别幼儿还能将自己用什么树叶变成了动物的什么部位说得很清楚。在欣赏与感受环节，如将树叶粘贴画进行层次性、递进性欣赏，就更能拓宽幼儿的认知，使幼儿的创作富有个性化的表现。

三、设计导读

《指南》艺术领域提出，要和幼儿一起感受、发现和欣赏自然环境和人文景观中美的事物。该活动以幼儿生活中常见的树叶和小鸟为载体，鼓励幼儿借助树叶的外形特征表现小鸟，体验大胆想象与创作的乐趣。

对于小班初期的幼儿来说，幼儿园的很多事物都是新鲜的。10 月又正值枝叶变化明显的季节。幼儿看到随风的树叶飘飘，便会捡拾来玩。教师抓住幼儿此时的兴趣点开展活动。该活动基于小班幼儿在美术领域中喜欢粘粘贴贴、涂涂画画的特点，通过粘贴叶子鸟的活动形式，拓宽树叶的用途和玩法，引导幼儿进一步感受生活中的美。

活动设计：北京市顺义区龙湾屯中心幼儿园　张茜冉

设计导读：北京市顺义区吉祥幼儿园　王利利

小石头变身记

一、活动设计

观测点

1. 艺术：喜欢进行艺术活动并大胆表现，并对绘画活动乐在其中。
2. 语言：愿意讲话并能清楚地表达。
3. 学习品质：能够积极主动地参与艺术活动。

活动目标

1. 学习品质：能主动参与活动，体验想象与创作的乐趣。

2. 知识经验：认识生活中常见事物的多种线条。

3. 能力：尝试运用自己喜欢的颜色和线条(直线、波浪线、螺旋线)装饰小石头。

引导要点

1. 创设愉悦的游戏情节，引导幼儿积极参加活动。

2. 引导幼儿运用简单的线条和自己喜欢的颜色装饰小石头。

活动准备

1. 经验准备。

(1)教师：熟悉故事《小石头的愿望》，有线条装饰的审美和能力。

(2)幼儿：观察过生活中常见的线条，有过画直线、波浪线和螺旋线等的经验；有过使用油画棒、水粉笔的经验。

2. 物质准备。

鹅卵石若干、油画棒、水粉颜料和水粉笔(粗细不同)，故事《小石头的愿望》PPT、音乐《雪之梦》《森林狂想曲》，等等。

活动过程

(一)导入：以故事导入，激发幼儿参与兴趣。(1分钟)

引导语：小朋友们，你们还记得《小石头的愿望》这个故事吗？我们来回顾一下小石头的愿望吧。

(二)感知体验：结合PPT帮助幼儿回忆故事。(5分钟)

引导语1：小石头都遇到了谁？穿上了什么条纹的衣服？

引导语2：小石头得到了小跑道的帮助，有了一件红绿直线的衣服；得到了大海的帮助，有了一件红蓝波浪线的衣服；得到了棒棒糖的帮助，有了一件蓝底螺旋线的衣服。小石头还希望有更多漂亮的衣服去参加舞会。

(三)模仿探索：鼓励幼儿用线条创作小石头的衣服。(6分钟)

引导语1：你们猜一猜，小石头继续向前走还会得到谁的帮助，会穿一件什么花纹的衣服去参加舞会。

引导语2：请你选择自己喜欢的颜色来帮助小石头实现愿望吧。

(四)自由表现：鼓励幼儿分享交流小石头的漂亮衣服。(2分钟)

引导语1：与小伙伴说一说你的“小石头”遇到了谁，穿上了什么花纹的衣服。

引导语2：谁来给大家介绍一下？

(五)结束：播放音乐，参加舞会。(1分钟)

引导语：为了感谢大家，小石头邀请我们一起参加舞会。

延伸活动

集体教学活动	区域活动	一日生活	家园共育
语言：“小石头遇到了谁” 语言：“小石头的化妆舞会”	益智区：“图形对对碰” 美工区：“小画家” 图书区：讲述故事《小石头的化妆舞会》	过渡环节：作品讲述	亲子制作：“小石头一家亲” 亲子制作：废旧材料的再利用

附录

小石头的愿望

有一块小石头，光溜溜，圆乎乎，就像小鸟生的蛋。小石头看到别人穿漂亮的衣服去参加舞会，心里很羡慕。

有一天，小石头咕噜咕噜出门去找有花纹的衣服，看到了前面的跑道说："小跑道，请借给我一件有直线的衣服，好吗?"小跑道点点头说："好吧，借给你一身红绿直线的衣服。"小石头很高兴地说："谢谢你，小跑道!"小石头继续向前走，看到了大海，小石头低头问："大海哥哥，请借给我一件有波浪线的衣服，好吗?"大海点点头说："好吧，借给你一身红蓝波浪线的衣服。"小石头很高兴地说："谢谢你，大海哥哥!"小石头继续向前走，看到了彩色的棒棒糖，小石头说："棒棒糖妹妹，请借给我一件有螺旋线的衣服，好吗?"棒棒糖说："好吧，借给你一件蓝底螺旋线的衣服。"小石头很高兴地说："谢谢你，棒棒糖妹妹!"

二、活动反思

教师以故事导入，请幼儿帮助小石头实现穿漂亮衣服愿望为线索，有效地激发了幼儿参与活动的兴趣。在欣赏感知环节，多媒体的运用，让幼儿具体形象的观察画面，使幼儿很快掌握活动重点。在创作过程中，多数幼儿能用直线、波浪线进行表现，只有个别幼儿用螺旋线进行创作。通过幼儿的作品发现，螺旋线对于幼儿来说是个难点，尤其是在石头上绘画时，绘画的难度比较大，教师需要及时调整活动材料，让幼儿先在平面上进行表现，当幼儿掌握绘画的方法后，再进行立体画的表现。

三、设计导读

《纲要》指出，要引导幼儿接触周围环境和生活中美好的人、事、物，丰富他们的感性经验和审美情趣，激发他们表现美、创造美的情趣。故事《小石头的愿望》激发了幼儿帮助小石头完成愿望的想法，从而使幼儿对石头的装饰创意产生了兴趣。该活动以鼓励幼儿用简单的线条和自己喜欢的颜色装饰小石头为活动形式，引导幼儿大胆想象与创造，感受美、表现美。

活动设计：北京市顺义区宏城幼儿园　李　宁

设计导读：北京市顺义区吉祥幼儿园　王利利

泡泡变变变

一、活动设计

观测点

1. 艺术：喜欢进行艺术活动并能大胆表现。
2. 语言：愿意讲话并能清楚地表达。
3. 学习品质：喜欢艺术活动，乐于想象与创造。

活动目标

1. 学习品质：愿意大胆联想，体验创作的乐趣。
2. 知识经验：感知泡泡的形状、大小及叠加在一起的不同变化。

3. 能力：尝试对圆形进行创意添画。

引导要点

引导幼儿尝试利用泡泡添画出不同的作品，并大胆讲述。

活动准备

1. 经验准备。

(1)教师：知道生活中有关圆形事物的知识，并了解幼儿对圆形事物的认知。

(2)幼儿：有吹泡泡的经验，有观察生活中常见圆形事物的经验。

2. 物质准备。

小鱼头饰、不同颜色的泡泡水、泡泡圈若干、抹布、小盘子、颜料(红、黄、蓝、绿、橙)、歌曲《吹泡泡》PPT。

活动过程

(一)导入：律动入场，引出活动主题。(1分钟)

引导语：鱼宝宝们，我们一起去水里游一游吧。

(二)感知体验：与幼儿一起吹泡泡，引导幼儿将彩色泡泡吹在纸上。(6分钟)

引导语1：在水里游得真快活，我们一起吐泡泡吧！

引导语2：吹出来的泡泡是什么形状的呢？落在纸上又是什么形状的？

(三)模仿探索：观看PPT，引导幼儿想象添画。(5分钟)

引导语1：你觉得这些圆圆的泡泡像什么呢？

引导语2：小美人鱼给泡泡施了个魔法：吧啦吧啦，变！看看泡泡都变成了什么。

引导语3：你想把泡泡变成什么？

引导语4：我们也"吧啦吧啦"施个魔法吧！

(四)自由表现：鼓励幼儿分享欣赏的泡泡画。(2分钟)

引导语：快邀请你的好朋友来看看，你将泡泡变成了哪些有趣的东西！

(五)结束。(1分钟)

引导语：我们一起把泡泡工具送回家吧！

延伸活动

集体教学活动	区域活动	一日生活	家园共育
科学：制作泡泡液 语言："泡泡的旅行"	美工区："美丽的泡泡画" 科学区："彩色的泡泡"	过渡环节：说一说你玩泡泡的故事	亲子制作：亲子制作泡泡液，然后一起吹泡泡，享受亲子时光

二、活动反思

班上的幼儿很好动，对周围的一切都充满新鲜感、好奇感，什么都想尝试一下。因此在活动一开始就为幼儿营造出一种自然、和谐、亲切、轻松的氛围。教师和幼儿一起扮演小鱼，跟随音乐的节拍到水里游一游、吐泡泡。幼儿始终沉浸在兴奋、激动中。教师将收集到的各种信息，运用语言、图像加以梳理，唤起幼儿已有的生活经验。他们的思维立即活跃起来，大胆地想象和创造，为后面的想象添画做了很好的铺垫。

在幼儿自主操作活动中，个别幼儿的作品也具有其独具的魅力。分享环节，教师引导幼儿讲述作品，鼓励他们说出自己的想法，培养了幼儿的语言表达能力。

三、设计导读

3 岁半左右幼儿的美术创造力开始进入象征期，他们尝试利用涂鸦时掌握的简单形状进行表现。圆是小班幼儿掌握的形状之一，其形态与泡泡相似。因此，该活动运用泡泡鲜明的形象特征，借助多领域整合形式，由“小鱼吐泡泡”被美人鱼施魔法变身的形式激趣，感知泡泡的形状、大小及组合的不同，引导幼儿大胆添画，感受创作的乐趣。

活动设计：北京市顺义区宏城幼儿园　颜娟丽

设计导读：北京市顺义区吉祥幼儿园　王利利

“炒”蔬菜

一、活动设计

观测点

1. 艺术：喜欢进行艺术活动并大胆表现。
2. 社会：具有自尊、自信、自主的表现。
3. 学习品质：能够积极主动参与艺术活动。

活动目标

1. 学习品质：积极参与蔬菜拓印活动，体验“炒菜”的乐趣。
2. 经验知识：通过观察、欣赏蔬菜拓印，感受其艺术表现形式的特点。

引导要点

引导幼儿进行蔬菜拓印。

活动准备

1. 经验准备。

(1)教师：了解各种蔬菜的结构及蔬菜印画，熟悉蔬菜拓印的效果。

(2)幼儿：认识常见蔬菜，观察过大人做菜；有拓印经验。

2. 物质准备。

白菜、藕、小油菜、胡萝卜、西蓝花、洋葱、柿子椒等蔬菜，颜料若干，画毡，盘子型的纸若干，擦手帕，欢快的音乐。

活动过程

(一)导入：实物导入，引出活动主题。(1 分钟)

引导语：小朋友们，今天老师带来了一些蔬菜朋友，看看都有谁呀？

(二)感知体验：出示四五种蔬菜的切面，引导幼儿观察、拓印。(5 分钟)

引导语 1：今天我们当回小厨师一起炒蔬菜吧！如果把藕(柿子椒、胡萝卜……)切开，猜猜会是什么样子呢？(横切或纵切)

教师边做边说，将蔬菜切面沾上颜料并印在事先画好的盘子里，适当配合炒菜动作。

引导语 2：老师现在把切好的藕放在盘子里，看，它像什么？

引导语 3：你们还想放点什么？放点柿子椒（胡萝卜……），再放点盐（醋、酱油……），“炒”呀“炒”呀“炒”，好了，蔬菜“炒”好了，快来尝一尝。

（三）模仿探索：用“炒”菜情境鼓励、引导幼儿大胆拓印。（6 分钟）

引导语：小厨师们，接下来你们也来“炒”一盘好吃的菜吧！

（四）自由表现：引导幼儿大胆分享自己的作品。（2 分钟）

引导语 1：“炒”完菜的小朋友可以让别人“尝尝”你的菜。

引导语 2：谁来说一说你都“炒”了什么菜？

（五）结束：自然结束，收拾整理材料。（1 分钟）

引导语：小朋友，我们一起把材料收拾整齐吧！

二、活动反思

本次活动内容很适合小班幼儿。教师能够抓住幼儿的年龄特点和兴趣，通过直观示范，引导幼儿进行观察，并给幼儿大胆表达的机会，激发他们的想象力和创造力，调动幼儿已有的知识经验，使之体验到蔬菜印画的创造快乐。教师能够根据幼儿的发展需要，给予适时的指导和支持。艺术活动是富有个性的活动。在以后的教学中，教师要注意鼓励幼儿用不同的形式来表达自己的感受，能够进一步尊重每一个幼儿的想法和创造，给幼儿更多的自主创作的时间和空间，使他们在艺术方面获得个性化的发展。

三、设计导读

《指南》指出：“幼儿艺术领域学习的关键在于充分创造条件和机会，在大自然和社会文化生活中萌发幼儿对美的感受和体验，丰富其想象力和创造力。”该活动基于 3～4 岁幼儿喜欢玩色和喜欢在游戏中表现熟悉的人物行为的年龄特点，以幼儿熟悉的蔬菜为载体，通过炒蔬菜的游戏形式，引导幼儿感受、探索蔬菜切面的美感。

活动设计：北京市顺义区宏城幼儿园　刘　娜

设计导读：北京市顺义区吉祥幼儿园　王利利

第二节　中班——美术

孔雀开屏

一、活动设计

观测点

1. 艺术：喜欢进行艺术活动并大胆表现。

2. 语言：愿意讲话，并能清楚完整讲述自己所观察到的现象。

3. 学习品质：喜欢参加艺术活动，乐于想象与创造。

活动目标

1. 学习品质：能够大胆想象创作出漂亮、新颖的孔雀开屏画面，并集中注意力完成任务。

2. 知识经验：通过观察孔雀图片，了解孔雀羽毛上花纹的表现手法。

3. 能力：能使用多种颜色，运用手指压画的方法，表现出孔雀羽毛上的花纹。

引导要点

1. 引导幼儿将对孔雀开屏的记忆和想象运用到绘画中。

2. 引导幼儿充分感知手指压画的乐趣，并专注完成绘画。

活动准备

1. 经验准备。

(1)教师：认识孔雀，了解孔雀的相关知识，知道怎样画孔雀羽毛上的花纹，会跳孔雀舞。

(2)幼儿：了解孔雀的基本外形特征，有手指拓印毛毛虫及跳孔雀舞的前期经验。

2. 物质准备。

音乐《金孔雀》、孔雀开屏图片 PPT、水粉纸、画有孔雀各种姿态的轮廓图、水粉颜料若干种颜色(每小组至少 3～5 盘)、擦布、水粉笔每人 1 支、孔雀开屏的手印画 2 张。

活动过程

(一)导入：教师播放音乐《金孔雀》，带领幼儿跳孔雀舞进入场地，并自然引入孔雀开屏的图片。(2 分钟)

引导语 1：小朋友们，让我们听着优美的音乐，一起来跳孔雀舞吧！

引导语 2：你们跳得可真棒！今天，老师给你们带来了很多美丽的孔雀，我们来看一看。

(二)感知体验：师幼共同欣赏孔雀开屏的图片，观察孔雀开屏时羽毛上花纹的特点。(4～5 分钟)

教师出示孔雀开屏的图片，组织幼儿欣赏孔雀开屏时的外形、颜色等，引导幼儿了解观察孔雀羽毛上花纹的特点。

引导语 1：这是一只什么样的孔雀？孔雀尾巴上有什么，像什么？

引导语 2：尾巴上的“小眼睛”都有哪些颜色？这些颜色是怎么组合在一起的？每根羽毛上的花纹都是什么样的？

小结：原来孔雀每根羽毛上的“小眼睛”都是一样的，是 4 种颜色层叠在一起的，而且这 4 种颜色的大小是不一样的。

(三)探索发现：幼儿探索手指压画的乐趣，尝试自己印出孔雀及孔雀羽毛上的花纹。(10 分钟)

1. 教师展示孔雀的手印画，引导幼儿欣赏、讨论，猜测这幅画的方法并尝试进行绘画过程的描述。探索孔雀尾巴上花纹的画法。

引导语：老师这里有小朋友画的孔雀，我们一起来看看。你们猜这幅画是怎么画的，看看羽毛上的花纹有什么特点？花纹是怎么画出来的？你来试一试。

小结：先用大拇指蘸上喜欢的颜料，印在尾巴上；然后用食指蘸上另一种颜色，印在刚刚印好的颜色的下面一点；再用小指蘸上一点不同的颜色，印在刚刚印好的颜色上面一点。一个孔雀羽毛上的“小眼睛”就做好了。

2. 介绍绘画材料。

各种姿势的孔雀轮廓图、水粉纸、水粉笔。

引导语：今天我们要用的材料有画好孔雀的轮廓图，但羽毛上没有漂亮的花纹，需要小朋友用小手给它点画出漂亮的花纹来。老师还给你们提供了空白的水粉纸，想自己画孔雀的小朋友可以选择这样的纸。桌子上准备了一些工具，你们可以根据自己的需要来选择，画出漂亮的孔雀吧。

3. 幼儿分组开始作画。这期间可能会遇到各种问题，教师不要直接解决，鼓励幼儿自己寻找方法解决困难，并专注完成画作。

(四)展示表现：幼儿欣赏创作的作品。(5分钟)

1. 教师引导幼儿将画贴到展板上，幼儿自由欣赏。

2. 鼓励幼儿讲述作画的过程，为什么选择这几个颜色。

引导语：你能告诉我们你是怎么画的吗？小朋友们都能够积极动脑筋，认真完成自己的作品，画出了这多漂亮的孔雀来，快为自己鼓鼓掌吧！

(五)结束：幼儿将作品粘贴到作品墙，课下尝试手指创作更多作品。(1分钟)

引导语：有的小朋友选择了用手印的方法，有的小朋友选择了用手点的方法。一会儿活动区的时候，你们可以再尝试一下刚才你没用过的方式，做出更多美丽的孔雀，陪伴你的小孔雀。

注意事项

1. 在为幼儿准备画纸的时候，最好选择吸水性好、能速干的水粉纸。

2. 水粉颜料黏稠度要适中。

3. 在观察不同姿态的孔雀时可以放一段视频。

延伸活动

集体教学活动	区域活动	一日生活	家园共育
科学：美丽的孔雀 音乐：孔雀舞	益智区：孔雀拼图 美工区：孔雀开屏	过渡环节：作品讲述	亲子制作：孔雀拼贴画 亲子绘画：手指画

二、活动反思

孔雀是幼儿非常喜欢的动物，尤其是孔雀身上漂亮的羽毛，吸引着幼儿的眼球，教师结合幼儿的兴趣开展了本次活动。通过引导幼儿观察孔雀图片，幼儿了解了孔雀的外形特征，尤其是羽毛上花纹的特点；通过欣赏作品和自主尝试，幼儿探索了羽毛上花纹的表现方法；通过提供不同层次的材料，让幼儿能够大胆想象创作出漂亮、新颖的孔雀开屏画面。幼儿自主选择材料，有的选了带有轮廓骨架支持的纸张，有的选择彩色纸张，有的选择白色纸张。幼儿用笔画、用手指印、用手掌印后添画等方式自主大胆表现。这也是本次活动设计的亮点。幼儿在创作中表现的孔雀姿态不同，其中一名幼儿作品中创作了三只孔雀，有看向远方的，有低头寻找食物的，有回头看的。

同时教师也发现有一名幼儿专注于用手掌印了很多次，有重叠，像是一群孔雀，但是没有添画眼睛、脚、和身上的花纹，这就需要教师的个别指导。本活动的观察欣赏环节时间过长，欣赏的图片过多，有重复的内容，需要精简，把更多的时间给幼儿进行探索和创作。

三、设计导读

该活动基于中班幼儿喜欢用美术的形式表达对周围事物认识的年龄特点而设计，引导幼儿通过观察孔雀图片了解孔雀羽毛上的花纹，鼓励幼儿选择多种颜色，运用手指压画的方法，表现出孔雀羽毛上的花纹。第一，教师带领幼儿跟随《金孔雀》的音乐旋律跳孔雀舞进入场地，自然引入孔雀开屏的图片。第二，教师出示孔雀开屏的图片，组织幼儿观察欣赏孔雀开屏时的外形、颜色等，引导幼儿充分感知孔雀羽毛上花纹的特点，丰富幼儿的经验。在此基础上，教师引导幼儿欣赏、讨论、学习探索孔雀花纹的表现方法。对于幼儿创作过程中遇到的各种问题，教师充分相信幼儿，尊重幼儿想法，鼓励幼儿自己寻求解决的方法，使幼儿完成画作。在展示表现环节，教师引导幼儿充分表达、表现，提升幼儿的创作经验，让幼儿在成功体验中获得快乐发展。

活动设计：北京市顺义区龙湾屯中心幼儿园　蔺　永

设计导读：北京市顺义区石园北区幼儿园　孙海英

美丽的菊花

一、活动设计

观测点

1. 艺术：能够在欣赏自然界中美的事物时关注其色彩、形态等特征；喜欢进行艺术活动，并能用多种方式表现自己的所见所想。

2. 科学：能够在探究中认识周围事物和现象。

3. 学习品质：能够积极主动参与艺术活动。

活动目标

1. 学习品质：喜欢欣赏菊花，主动参与菊花的美术创作活动。

2. 知识经验：了解不同菊花在色彩、形态上的突出特点。

3. 能力：能用自己喜欢的美术方式大胆表现色彩、形态各异的菊花。愿意和别人分享交流自己的作品和美感体验。

引导要点

引导幼儿运用自己喜欢的美术方式表现出菊花的形态。

活动准备

1. 经验准备。

(1)教师：了解菊花的历史、文化价值、生长习性，知道不同品种菊花的形态特征。熟悉大班幼儿的美术发展水平。

(2)幼儿：认识一些常见品种的菊花。

2. 物质准备。

(1)水粉笔、丙烯颜料、水粉纸、水彩笔、油画棒、彩色砂纸、刮画纸、刮画笔、纸杯(白色、彩色)、毛根、吸管、筷子、纸条、剪刀、胶棒等。黑色卡纸、菊花盆栽。

(2)菊花 PPT 课件、《雨中的印迹》、背景音乐《故乡的风景》。

活动过程

(一)导入：激发兴趣。(2 分钟)

播放 PPT。(教师与幼儿一起欣赏、照顾菊花的情境)

引导语：看，这是谁？在做什么？

(二)感知体验：幼儿观看 PPT，欣赏菊花。(4～5 分钟)

引导语 1：国庆节时，很多小朋友到公园、鲜花港去观赏菊花了。他们拍了很多美丽的照片，还有许多话想跟大家说说。(教师播放 PPT)

引导语 2：国庆菊主要在什么时候开放呢？有哪些颜色？

引导语 3：金丝菊的颜色也有很多种，它和国庆菊有什么不一样的地方？

引导语 4：(金背大红)这朵花有什么特别之处？

引导语 5：这三种菊花(白毛刺、白松针、雪海)都是白色的，它们有什么不同呢？

小结：刚才我们欣赏了各种各样的菊花，它们的色彩、外形都有各自的特点。有的品种的菊花有多种颜色，有的菊花花瓣是细细的、卷卷的，有的花瓣像松针，有的花朵圆圆的，像白雪一样。

(三)探索发现：幼儿运用自己喜欢的方式表现美丽的菊花。(10 分钟)

引导语：菊花是美丽的。它让秋季的大自然变得绚丽多彩，也让我们生活的环境变得更美了！可是，菊花的生命是短暂的，盛开的时间只有短短的一个月左右。我们怎么才能把这些美丽的菊花留下来呢？

幼儿创作菊花，教师指导。

教师播放菊花 PPT 课件，对幼儿创作中、创作后的不同作品进行拍照。

(1)观察幼儿如何选用各种美术工具和材料来表现菊花。

(2)观察幼儿如何表现菊花的色彩和形态。

(3)观察幼儿在纸张颜色和菊花色彩搭配上的情况。

(4)观察手工制作的幼儿如何综合运用各种材料制作立体菊花。

(四)展示表现：幼儿欣赏创作的作品。(4～5 分钟)

1. 将作品展示在屏幕上，幼儿相互欣赏、讲述自己的作品。

2. 幼儿集体欣赏作品。

(1)请个别幼儿介绍自己的作品。

引导语：大家创作的菊花都非常美丽，谁来分享一下你的作品？

(2)同伴作品推荐。

引导语：刚才小朋友们介绍了自己的作品，谁想来赞美一下别人的作品？

(五)结束。(2 分钟)

引导语：小朋友们，你们用丙烯、油画棒、刮画和手工制作的形式表现了多姿多彩的菊花，把菊花的美丽长久地保留了下来。我们还可以怎样表现菊花呢？以后在活动区中接着尝试一下。

注意事项

幼儿创作表现菊花的方式有很多，教师要根据幼儿的不同需求提供多种材料和工具，也可让幼儿自己收集寻找适宜的材料。

延伸活动

集体教学活动	区域活动	一日生活	家园共育
语言：“菊花朵朵开”	美工区：制作美丽的菊花，创设菊花墙饰	过渡环节：播放各种菊花的图片；到自然角观察、欣赏各种菊花盆栽	家长与幼儿一起到自然界中观察美丽的菊花，了解菊花相关知识

二、活动反思

秋天正好是菊花盛开的季节，教师结合幼儿的生活和国庆节幼儿外出游玩欣赏菊花的经验设计了本次活动。通过活动的开展，幼儿了解了不同菊花在色彩、形态上的特点，并能用油画棒、水粉、刮画、泥塑等工具大胆表现色彩、形态各异的菊花。幼儿的作品不拘一格，各具特色，创作后愿意和别人分享交流自己的作品和美感体验。本次活动的亮点在于充分调动了幼儿的原有经验，尤其在导入环节，教师把幼儿外出赏菊、收集关于菊花的知识做成视频的方式播放，激发了幼儿参与活动的兴趣。同时，创作环境中不但有各种各样菊花的图片，还投放了真实的菊花，这些真实的菊花在品种和色彩上也各不相同，为幼儿观察和创作提供了支持。幼儿的作品再现了菊花的特点。其中一名男孩利用红色和金黄色进行创作，画出了金背大红品种的菊花，有写实的特点。他在分享环节告诉大家，他画的菊花有高有矮，有远有近，各不相同，语言表达也非常连贯，用词准确。本次活动把重点都放在观察比较花瓣上面，缺少带着幼儿观察花叶、花茎环节，有部分幼儿在创作时只表现花朵而忽略花叶，需要教师进行提示。再组织时，可以带着幼儿在按照一定顺序观察的基础上重点观察花瓣的不同，让幼儿对菊花有一个整体的感知，同时渗透观察方法。

三、设计导读

该活动是基于中班幼儿对生活中常见的各种各样菊花的喜爱，引导幼儿用自己喜欢的美术方式去大胆表现色彩、形态各异的菊花而开展的美术教育活动。整个活动充分发挥了现代技术的作用，支持幼儿的创作与表达。首先，教师通过在导入环节播放幼儿平时观察菊花的镜头，激发了幼儿参与活动的兴趣。然后，在感知体验环节，教师以多媒体课件的形式展现了不同品种的菊花，并以提问的形式与幼儿的互动。此环节充分调动幼儿的感官，不仅能让幼儿获得美的熏陶，激发对菊花的喜爱之情，而且让幼儿在倾听与交流中认识不同品种的菊花，了解它们在色彩和形态上的不同特点。在探索发现环节，教师循环播放各种菊花照片，以轻音乐作为幼儿创作的背景音乐，使幼儿可以在宽松、愉悦的氛围中大胆进行美术创作。在活动中，教师积极鼓励幼儿灵活选择美术工具和材料，运用水粉画、砂纸画、刮画和手工制作的形式，创作各种各样的菊花。最后，在展示表现环节，教师通过大屏幕直观展示幼儿的作品。在分享交流作品的过程中，引导幼儿感受色彩、形态和画面布局的美感，提升幼儿创作的经验，感受美术活动的乐趣。

活动设计：北京市顺义区宏城幼儿园　曹海平

设计导读：北京市顺义区石园北区幼儿园　孙海英

漂亮烟花吹出来

一、活动设计

观测点

1. 艺术：喜欢欣赏多种多样的艺术形式和作品；具有初步的艺术表现与创造能力。
2. 学习品质：喜欢参加艺术活动、乐于想象与创造。

活动目标

1. 学习品质：富有想象力，创造性地完成烟花的创作。
2. 知识经验：了解两三种烟花的形态。
3. 能力：能运用吹画的方式将水粉颜料表现烟花的样子。

引导要点

1. 教师引导幼儿观察不同外形、颜色等特点的烟花视频和照片，分享生活经验。
2. 教师提供环境让幼儿用艺术手法自由表达。

活动准备

1. 经验准备。

(1)教师：教师了解吹画的方法，知道烟花的不同形态。

(2)幼儿：幼儿有吹树、吹头发的经验。能较流畅地表达。

2. 物质准备。

水粉颜料、滴管、白纸、彩卡纸、水粉画纸、烟花照片、视频、轻音乐。

活动过程

(一)导入：教师谈话导入主题——烟花。(1 分钟)

教师与幼儿谈话，引入烟花主题。

引导语：上个星期小朋友们说，到了新年你们就要长大一岁了，你们知道新年的时候还有哪些有趣的事情吗？(放烟花)

(二)观察感知：幼儿观察烟花照片和视频。(2～3 分钟)

教师展示烟花照片，引导幼儿观察烟花颜色、形状。

引导语 1：原来小朋友们这么喜欢烟花呀！老师也非常喜欢。放烟花的时候，我还拍了几张照片呢，让我们一起来看一看。

教师出示视频，激发幼儿对烟花的喜爱。

引导语 2：这里还有一段小视频，让我们看一看烟花是什么样子的。

(三)探索发现：教师提供材料，幼儿自由探索怎样吹出烟花。(14 分钟)

教师提供水粉颜料、纸等材料，幼儿自由探索表现烟花。

引导语 1：刚才我们欣赏了这么多好看的烟花，你们想不想也来创作一幅漂亮的烟花呢？

引导语 2：快看，老师给小朋友们准备了水粉颜料、各种各样的纸。大家可以选择不同的材料吹出你喜欢的烟花。

（四）展示表现：教师请幼儿分享作品。（5 分钟）

教师将幼儿的作品拍成照片进行播放，并请幼儿分享制作过程。

引导语 1：你们吹出来的烟花真漂亮！快看看你们的作品在哪呢？

引导语 2：谁来跟大家分享一下你的作品，你是怎么做出来的呀？你的烟花有什么好听的故事吗？

（五）结束：教师总结，结束活动。（2 分钟）

教师总结活动中吹烟花的方法，结束活动。

引导语：你们真是太厉害了，不仅作品好看，还发现吹烟花有很多技巧呢！有转圈吹、喷射地吹，还有扫吹。不仅如此，你们还把自己的作品用讲故事的方式讲给大家听了，快给自己鼓鼓掌吧！回去小朋友们可以想一想，我们还可以用什么方法做出烟花呢？下次我们再来分享。

注意事项

提醒幼儿注意卫生，不要吸气，避免颜料倒流进嘴里。

延伸活动

集体教学活动	区域活动	一日生活	家园共育
艺术：刮蜡画《礼花》 科学：“颜色变魔术”	益智区：“颜色变变变” 美工区：吹画欣赏	过渡环节：幼儿作品讲述；播放各种礼花的视频和图片	亲子欣赏：观赏《春节的烟花》 亲子制作：用吹画、绘画和手工制作等方法创作《美丽的烟花》

二、活动反思

烟花是幼儿过年时特别喜欢观看的事物。烟花炸开后的形态各异，绚丽多彩。结合幼儿的兴趣点，教师设计组织了本次活动。通过欣赏圆形、线形、扇形烟花，幼儿了解到不同烟花的形态，感受到了烟花的美。幼儿运用吹画的方式表现烟花的不同样子，作品富有个性，有自己的故事。本次活动的亮点在于，利用欣赏图片与视频相结合的方式。图片能引导幼儿发现烟花的不同形状，而视频能烘托气氛，许多烟花一起放能更加直观地让幼儿感受到烟花的美。幼儿对吹画方法有一定的前期经验。一名男孩用滴管滴了四滴颜料在一排，然后拿吸管斜着对准颜料左右摆动大力吹气，一下就把颜料吹开，不同颜色融合得非常美。有的幼儿颜料滴得太多，吹的方向过于垂直，颜料吹不动，没有掌握吹画方法。如果再组织本次活动，教师可以让幼儿回顾一下吹画的方法；可以为幼儿提供黑色衬纸，更能突出烟花的特点；还可以提供刮画纸等多种材料，便于幼儿创作不同形状的烟花。

三、设计导读

该活动基于中班幼儿喜欢用绘画的方式大胆表达他们对周围事物的美的认识和感受的特点，引导幼儿运用吹画的方式表现漂亮的烟花。针对中班幼儿具体形象的思维和认知特点，教师采用多媒体课件的形式支持幼儿自主创作。首先，教师用幼儿喜欢的新年趣事话题引入，引发幼儿回忆与想象，激发幼儿的兴趣。然后，教师重点呈现3种不同形态的烟花，通过提问的方式引导幼儿欣赏美感受美，了解烟花在色彩和形态上的不同。在探索发现环节，教师给予幼儿宽松自由的创作环境和时间，提供了水粉、滴管、粗细不同的吸管、水粉画纸等材料，鼓励幼儿大胆想象和创作。在展示表现环节，教师将幼儿的作品拍成照片进行播放，并请幼儿分享创作的过程，使幼儿在提升审美能力的同时，语言也得到了发展。整个活动充分发挥了幼儿的自主性等优秀的学习品质。

活动设计：北京市顺义区馨港幼儿园　王丽娟
设计导读：北京市顺义区石园北区幼儿园　孙海英

有趣的面具

一、活动设计

观测点

1. 艺术：喜欢生活中美的事物；发现美的事物；喜欢进行艺术活动并大胆表现。

2. 学习品质：具有丰富的想象力与创造力。

活动目标

1. 学习品质：愿意用自己喜欢的方式装饰面具，大胆创新。

2. 知识经验：感知面具的特点，并能将创意运用到生活中。

3. 能力：用丰富的材料及多种创意进行面具的装饰。

引导要点

1. 引导幼儿欣赏面具，观察各种面具的装饰材料及方法。

2. 鼓励幼儿用自己收集的材料以粘贴绘画的形式装饰面具。

活动准备

1. 经验准备。

(1)教师：了解面具的基本结构及种类，了解幼儿美术领域发展情况，思考哪些材料适合面具的装饰与制作。

(2)幼儿：见过并戴过面具，了解面具构造；有参加化装舞会的经验；使用过剪刀、壁纸刀、胶棒、双面胶等美术工具。

2. 物质准备。

(1)制作工具：油画棒、剪刀、双面胶、胶棒、蓝丁胶。

(2)美术材料：A4彩纸、黏土、包装纸、面具半成品、毛球、羽毛、亮片。

(3)废旧材料：纸盘纸袋(已将“眼睛”“鼻子”处挖空的半成品)、彩扣、塑料勺、吸管。

(4)自然物：松塔、干果壳、梧桐果。

活动过程

(一)导入：播放化装舞会视频，感知化装舞会盛大欢乐的现场，激发幼儿兴趣。(2～3分钟)

引导语1：小朋友们看看视频中的叔叔阿姨在干什么。

引导语2：化装舞会上的叔叔阿姨是怎样装扮自己的?

引导语3：幼儿园也要举办化装舞会了，咱们也做一个面具吧!

(二)感知体验：引导幼儿欣赏用纸盘、纸袋、硬纸板等材料制作的面具，并观察感知面具的特点。(3分钟)

引导语：这个面具是什么样子的，怎么装饰的?

(三)探索发现：教师边观察幼儿操作情况，边用语言引导，鼓励幼儿自由选择丰富的材料进行创作。(10分钟)

引导语1：化装舞会就要举行了，你想做一个什么样的面具来装扮自己呢?

引导语2：小朋友们说得这么精彩，老师特别期待你们的作品。

引导语3：这里有制作面具的3种材料：纸盘、纸袋、面具白胚。请你们选择一种自己喜欢的材料进行装饰。

(四)展示表现。(5分钟)

引导语1：谁想向大家介绍一下你的面具?用了哪些材料?

引导语2：我发现××小朋友的面具很不一样，你们看看她装饰的有什么特点?

(五)结束：鼓励幼儿戴着自己的面具去表演区进行表演。(1分钟)

引导语：面具做完啦。你们可以穿上漂亮的礼服，带着你们自己制作的面具去参加舞会啦!

注意事项

1. 提醒幼儿有序收放工具和材料。

2. 活动过程中提醒幼儿坐姿端正。

延伸活动

集体教学活动	区域活动	一日生活	家园共育
社会：“快乐的舞会” 音乐：“小猫圆舞曲”	表演区：“化装舞会” 美工区：“我的礼服” 图书区：《快乐的森林舞会》	过渡环节：作品讲述	亲子收集家中的废旧物及自然物制作：我的礼服

二、活动反思

本次活动是结合新年化装舞会进行设计的，活动来源于生活，又回归于生活。通过观察欣赏、语言表达、自主创作的方式，幼儿知道了面具的特点，并选择自己喜欢的方式，运用羽毛、勺子等材料进行面具装饰。教师为幼儿提供了丰富的材料，包括半成品、废旧材料等。幼儿根据自己的需求自主选择也是本次活动的亮点。在创作之前，教师引导幼儿进行了充分的表达。一名幼儿目的非常明确，要制作一个小鸟的面具。在制作过程中，他边做边说："我要制作小鸟的面具，小鸟需要羽毛，要粘上羽毛，没有羽毛小鸟怎么飞起来。"最后他成功完成作品。幼儿完成作品后带着自己制作的面具，自然而然地进入角色游戏中。选择面具白坯、纸袋制作的幼儿在制作完成后都能立即佩戴，但是选择纸盘面具装饰的幼儿没有当时佩戴，而且用手拿着，放在脸的前面。教师再组织时要考虑到让幼儿制作后及时佩戴，提供松紧带等材料支持幼儿制作，让幼儿全都戴上面具，进入化装舞会的情境中。

三、设计导读

该活动以即将举办的新年舞会为契机，基于中班幼儿在美术领域爱动手、爱装饰的特点，引导幼儿利用身边的废旧材料及自然物进行创意装饰面具，并戴上自己制作的面具、参加化装舞会。

首先教师以播放化装舞会视频的形式，引导幼儿感受盛大化装舞会的欢乐现场，激发幼儿的兴趣。然后，在观察感知环节，教师引导幼儿充分欣赏用纸盘、纸袋、硬纸板等制作面具模型，幼儿了解到用不同的材料、不同的方法可以制作不同风格样式的面具。在丰富幼儿经验的基础上，教师提供了油画棒、剪刀、双面胶等各种不同的工具和材料以及丰富多彩的废旧品，支持幼儿天马行空地创作，并用语言引导激励幼儿大胆创新。在展示表现环节，教师引导幼儿发现装饰的特点，提升幼儿的审美体验。最后，幼儿戴上自己制作的面具参加化装舞会，让幼儿亲身感受美术创作的有趣之处！

活动设计：北京市顺义区宏城幼儿园　颜娟丽

设计导读：北京市顺义区石园北区幼儿园　孙海英

第三节　大班——美术

我的梦想

一、活动设计

观测点

1. 语言：愿意讲话并能清楚地讲述一件事情。
2. 艺术：具有初步的艺术表现与创造能力，会用艺术的形式表达感受和想象。
3. 学习品质：能够保持认真专注。

活动目标

1. 学习品质：幼儿能积极主动地参与美术创想活动。
2. 经验知识：能结合自己的需要发挥想象，并用较连贯的语言表达自己的想法。
3. 能力：幼儿能用绘画的方式大胆表现自己的梦想。

引导要点

1. 引导幼儿能用清楚、连贯的语言表达自己的梦想。

2. 引导幼儿用绘画的方式进行大胆表现。

活动准备

1. 经验准备。

(1)教师：通过谈话了解幼儿的梦想及他们对梦想的理解。

(2)幼儿：了解社会中不同的职业；理解梦想的含义；收集关于自己梦想的资料。

2. 物质准备。

关于幼儿梦想的课件，幼儿收集的资料，画笔、垫板、画纸若干，背景音乐《星月神话》。

活动过程

(一)导入：谈话导入。(4分钟)

教师谈话导入，引出活动主题。

引导语：之前我们一起看了《达芬奇想飞》和《猪也会飞》这两本绘本，了解了他们的梦想，也知道了他们为实现自己的梦想而付出的努力。老师知道你们也是有梦想的孩子，那你们的梦想是什么呢？为什么会有这样的梦想呢？

(二)观察感知：幼儿讲述自己的梦想。(5分钟)

引导幼儿分享自己的梦想。

引导语：请你和你的朋友们说一说你的梦想是什么，介绍一下你收集的资料。

(三)探索发现：幼儿画出自己的梦想。(13分钟)

幼儿分享自己的梦想后，用绘画的方式来表现自己的梦想。

引导语：小朋友都有自己的梦想，请把你的梦想画出来。

(四)合作交流：展示作品说说自己的梦想。(7分钟)

展示幼儿作品，引导幼儿用清楚、完整的语言进行作品讲述。

引导语1：你的梦想是什么？为什么？

引导语2：谁能介绍其他小朋友的作品？说一说他的梦想是什么？

引导语3：老师也有想要介绍的作品，请你看一看。

(五)结束：教师小结后结束。(1分钟)

引导语：今天小朋友把自己的梦想用画笔表现出来，也和我们的好朋友介绍了自己的梦想，希望你们坚持自己的梦想，努力去实现。

注意事项

观察感知环节，让每位幼儿都有机会表达。

延伸活动

集体教学活动	区域活动	一日生活	家园共育
社会：各种各样的职业 科学："神奇的太空"	美工区：制作与自己的梦想有关的物品或服饰 图书区：将幼儿的梦想制作成书	过渡环节：谈论"如何实现梦想"	亲子谈论："我们一家人的梦想"；实现梦想的方法

二、活动反思

这个活动来源于绘本《达芬奇想飞》和《猪也会飞》。活动的目标是通过画笔来表现自己的梦想，并且能用连贯的语言表达自己的想法。幼儿能积极地参与到活动中，创作后能积极主动地向同伴介绍自己的作品。大部分幼儿完成了目标。

教学过程中，教师采用了回顾绘本、资料分享的导入方法，激发了幼儿参与活动的兴趣，清晰、直观地呈现了幼儿收集资料的结果。全体幼儿都表达了自己的梦想。这样的导入模式打破了全体幼儿坐在一起欣赏图片的传统学习方式，为每位幼儿创造了表达的机会。本次活动中教师只投放了一些纸张，材料比较单一，下次可以投放一些立体制作的材料，如彩泥、废旧纸盒、大的水粉纸和水粉颜料等，让幼儿能够用更多的美术创作方式进行创作。

三、设计导读

大班幼儿的自由想象与创造欲望正在逐渐强烈，想象创意画比较适合这个年龄段的幼儿整体发展需要，因此教师设计了"我的梦想"这节美术创想活动。为了更好地支持幼儿充分想象、大胆表达表现，教师在活动前引导幼儿有目的、有计划、有准备地进行信息的搜集，对梦想有了初步的理解。这样能够很好地帮助幼儿厘清思路，做到思考在前、想象在后。通过本次活动，幼儿可以充分发挥想象，大胆表现自己的梦想。

活动设计：北京市顺义区金汉绿港幼儿园　王益楠

设计导读：北京市顺义区教育研究和教师研修中心　冯东芳

漂亮的瓶子

一、活动设计

观测点

1. 艺术：喜欢进行艺术装饰活动并大胆表现与创造。
2. 语言：愿意在众人面前讲话并能清楚地表达。
3. 学习品质：能对艺术活动有浓厚的兴趣，有新颖、独特的创造力。

活动目标

1. 学习品质：能够大胆创作，想办法解决问题。
2. 经验知识：尝试用多种材料装饰瓶子，并愿意分享交流。

3. 能力：尝试选择丰富的材料装饰作品，使其美观。

引导要点

1. 愿意和别人分享交流自己喜爱的作品和美感体验。

2. 引导幼儿利用丰富的材料和工具完成自己的创造。

活动准备

1. 经验准备。

(1)教师：了解幼儿装饰活动的水平。

(2)幼儿：知道在进行玻璃瓶子装饰时要注意安全。

2. 物质准备。

各色丙烯颜料、水粉笔、罩衣、棉签、彩色毛线、彩纸、纽扣、彩色吸管、线描笔、吸管、各种干果壳、各种玻璃瓶子、乳胶、剪刀。

活动过程

(一)导入：以魔术游戏形式导入，激发幼儿的学习兴趣，引出装饰瓶子使其变废为宝的活动主题。(4分钟)

引导语1：今天老师给你们表演一个魔术，看看能变出什么。(教师变出4个装饰好的瓶子让幼儿欣赏)

引导语2：你喜欢哪个瓶子？为什么？

(二)感知体验：让幼儿想一想，整理自己的创作思路，明确创作主题(教师第二次变出魔术)。(5分钟)

引导语1：你觉得老师这次变出的瓶子和刚才变出的瓶子有什么不一样？

引导语2：你们想怎样装饰瓶子让它变漂亮？

(三)探索发现：引导幼儿按照自己的想法装饰瓶子。(13～15分钟)

引导语1：现在请你们来当魔术师把这些瓶子装饰漂亮。

引导语2：老师已经准备好了材料，请你们快去把瓶子变漂亮吧。

(四)合作交流：鼓励幼儿分享交流自己的作品。(5～7分钟)

引导语1：创作完成的小朋友可以请老师和其他小朋友欣赏一下你装饰的瓶子。

引导语2：你是怎么让瓶子变漂亮的？都用了哪些材料？

(五)结束：教师小结。(1分钟)

引导语：今天每一名魔术师都很棒，把玻璃瓶变成了漂亮的艺术品。我们可以摆在班里给小朋友们欣赏，也可以带回家给家人看一看。

注意事项

1. 鼓励幼儿大胆使用工具，提示幼儿使用工具时注意安全。

2. 对于那些动作慢的小朋友没有在有限的时间完成作品，分析原因，鼓励他们在活动区的时间里继续完成作品。

延伸活动

集体教学活动	区域活动	一日生活	家园共育
社会："漂亮瓶子的用途" 语言："我是小小魔术师"	美工区：装饰生活中其他的废弃物，如纸筒、轮胎、废旧的椅子等 图书区：将自己装饰瓶子的过程中发生有趣的小故事记录下来，制作成图书	过渡环节：讨论"活动中我们装饰的瓶子可以干什么用？我们还能装饰什么东西？"	讨论：在家里，我们可以和爸爸妈妈一起装饰什么？ 亲子制作：可以和爸爸一起装饰家里的废弃物，变废为宝

二、活动反思

近期幼儿对废物利用的话题产生了兴趣，喜欢用多种多样的材料在废旧的物品上进行艺术创作。废旧瓶子是幼儿生活中十分常见、熟悉的物品，如何在废旧的瓶子上进行艺术创作呢？活动开始时，教师以魔术的形式导入，激发了幼儿装饰瓶子的欲望。在创作环节，幼儿自主选择材料对瓶子进行装饰。有的幼儿还能根据自己的需求主动寻找小伙伴一起装饰瓶子，并有明确的分工。遇到问题时，两个人能一起协商解决。有个小女孩很有想象力和创造力，做了一只吃棒棒糖的小猫，一棵大树上的苹果是用纽扣做的，瓶子最底层还有草地及五颜六色的花朵。女孩观察很仔细，能用适宜的材料装饰瓶子，并能够根据花瓶的结构构思画面。整个活动幼儿参与度很高，大部分幼儿能根据自己的需求选择材料对瓶子进行装饰，基本完成活动目标。个别幼儿在材料使用上不是很熟悉，需要同伴的帮助以及教师的启发。如果重新组织这个活动，可以在创作瓶子前，让幼儿说说他创作瓶子的作用，计划放在哪？送给谁？装饰幼儿园的哪个角落？这样幼儿会更有计划、有目的、有兴趣地装饰自己的瓶子。

三、设计导读

每个幼儿都有热爱美好事物的天性和学习艺术的潜能。《指南》要求，5～6 岁幼儿能用多种工具、材料或不同表现手法表达自己的感受和想象。本次活动中，幼儿通过收集生活中的瓶子、欣赏和感受漂亮的瓶子、充分发挥想象力用多种材料装饰瓶子。幼儿学会用心灵去感受和发现美，用自己的方式去表现和创造美。活动萌发了幼儿对美的感受和体验，丰富了其想象力和创造力。

活动设计：北京市顺义区幸福幼儿园　吕美坤

设计导读：北京市顺义区宏城幼儿园　郭立娜

彩虹装饰

一、活动设计

观测点

1. 艺术：具有初步的艺术表现能力；能用自己的作品装饰、美化生活；喜欢进行艺术装饰活动并大胆表现与创造。

2. 学习品质：能积极参与艺术活动，创造作品具有新颖性、独特性。

活动目标

1. 学习品质：喜欢参与装饰活动。体验大胆个性创作的乐趣。

2. 经验知识：了解彩虹的颜色及不同线条的特点，感受多种色彩搭配组合的美。

3. 能力：能用彩虹的颜色及不同线条进行装饰。

引导要点

1. 引导幼儿感知各种装饰方法的不同效果与美感。

2. 鼓励幼儿大胆创作，可以分工合作完成装饰。

活动准备

1. 经验准备。

(1)教师：了解彩虹形成的原因、颜色、时间，了解生活中可以装饰的物品，了解色块、色条等装饰画特点。

(2)幼儿：欣赏过色彩装饰画；有初步了解彩虹的相关经验(简单知道彩虹形成的原理、颜色、时间)。

2. 物质准备。

水粉颜料、水粉笔；帽子、半袖、围裙、桌布、透明雨伞、雨鞋、雨衣等生活用品；欣赏彩虹的图片、作品展台、音乐《彩虹的约定》。

活动过程

(一)导入：出示彩虹图片，调动幼儿经验。(3分钟)

引导语1：今天老师给你们带来一组特别好看的图片，请小朋友们欣赏一下，看看到底是什么。

引导语2：你们看见什么了？彩虹都有什么颜色的？一共有7种颜色，你们知道彩虹什么时候出来吗？下雨后，太阳光照在小雨滴上，由于光的折射，就出现了美丽的彩虹。

(二)观察感知：欣赏图片，感受色彩搭配的美。(6分钟)

1. 欣赏色条的装饰：衣服。

引导语：在这件衣服上，你看到了什么样子的彩虹，用到了什么样的线条？(折线)我们还可以用哪些线条来装饰呢？这些线条的方向可以怎么变化？

2. 欣赏色条的装饰：盘子中心对称、风车。

引导语1：看看这是什么？这是什么形状的，是怎样装饰的？(环形的、一圈一圈的)

引导语2：出示风车，你找到彩虹色了吗？也可以用彩虹色直接绘画。

(三)探索发现：出示生活物品，激发创作欲望。(4分钟)

引导语1：彩虹色可以把我们生活中很多物品都变得特别漂亮。今天老师带来了一些特殊的创作物品，请你们进行装饰。先让我们来看一看都有哪些物品。

引导语2：谁来说一说你想装饰哪件物品，怎么装饰？说说你的设计想法。

引导语3：下面我们也来用彩虹的颜色装饰这些生活中的物品，让它们变成一件漂亮的作品。开始你们的创作吧。

(四)合作交流：幼儿大胆装饰、创作(播放《彩虹的约定》)。(13 分钟)

教师尽量不打扰幼儿创作，如有需要提供帮助。

绘画完成的幼儿将作品放在“创意空间”展台上合适的位置。

(五)结束：幼儿展示、分享自己作品。(4 分钟)

引导语 1：请小朋友们介绍一下自己设计的作品。

引导语 2：今天我们学会了用彩虹的颜色可以装饰生活中很多物品，而且你们的作品都很漂亮。我们把这些作品摆放到活动室一起欣赏吧！

注意事项

提醒幼儿注意保持画面和自身干净整洁，以及收放工具。

延伸活动

集体教学活动	区域活动	一日生活	家园共育
社会：“装饰我身边的环境”	美工区：彩虹颜色装饰 图书区：自制我的彩虹装饰作品集	过渡环节：作品讲述	亲子制作：彩虹颜色装饰家中废旧材料

二、活动反思

彩虹颜色鲜艳，五彩缤纷，是幼儿十分感兴趣的事物。通过日常观察，幼儿不仅看到了在天空中的彩虹，还发现了生活中的彩虹颜色装饰。为让幼儿了解彩虹的颜色及不同线条的特点，感受多种色彩搭配组合的美，教师开展了此次教学活动。教师为幼儿提供丰富的材料(如帽子、衣服、石头、纸箱、鸡蛋托盘、瓶子等生活用品)，鼓励幼儿在活动中能够大胆进行作品装饰。活动过程中，幼儿通过图片观察，大胆想象、进行创作。通过教师的语言启发，幼儿之间的相互分工合作等环节，大部分幼儿能够用多种装饰方法表现出不同的装饰作品。有位幼儿用彩虹线条装饰 T 恤，把领口、袖口分别用不同颜色线条装饰，又在 T 恤中间用三角形及对称有规律的装饰出倒三角彩虹图案，说明该幼儿有丰富的生活经验并能把经验迁移过来。假设重新组织这一教学活动，教师可以在活动前让幼儿自己收集生活中想装饰用的材料，幼儿在创作中会更有个性、有想法，每个幼儿的作品都会是独一无二的。

三、设计导读

在艺术领域的活动中，应为幼儿提供贴近其生活经验的美术作品，让幼儿通过欣赏、认识作品所表现的事物和主题含义，感受作品的美感，了解作品的表现方法。活动过程中，幼儿可以与他人积极交流，大胆地表达自己的想法。教师投放的水粉颜料、水粉笔和生活中常见的物品(如帽子、半袖、围裙、桌布、透明雨伞、雨鞋、雨衣等)，十分贴近幼儿的生活，能激发幼儿创作的欲望。在最后环节，教师为幼儿提供了充足的展示空间和时间，幼儿通过欣赏他人作品，感受作品中的美，不仅发现了生活中的美并能够用自己的方式表现，而且在创作中语言表达等能力也得到了发展。

活动设计：北京市顺义区龙湾屯中心幼儿园　张　倩

设计导读：北京市顺义区宏城幼儿园　郭立娜

蚂蚁的旅行

一、活动设计

观测点

1. 语言：具有初步的阅读理解能力；能够根据故事的部分情节或图书画面的线索猜想故事情节的发展，或续编、创编故事。

2. 艺术：喜欢进行艺术活动并大胆表现，能用多种工具、材料或不同的表现手法表达自己的感受和想象。

3. 科学：能在探究中认识周围事物和现象；能察觉到动植物的外形特征、习性与生存环境的适应关系。

4. 学习品质：能够积极主动与同伴合作学习。

活动目标

1. 学习品质：喜欢参加故事《小蚂蚁旅行》的美术活动。

2. 经验知识：大胆想象蚂蚁旅行的故事，并能够用自己喜欢的美术方式记录故事。

3. 能力：能用多种工具、材料或不同的表现手法表达自己的感受和想象。

引导要点

引导幼儿向大家讲述自己续编的故事，并用美术创作方式记录下来。

活动准备

1. 经验准备。

(1)教师：了解蚂蚁的种类和生活习性。

(2)幼儿：①幼儿与家长、老师一起寻找、观察蚂蚁，并在自然角饲养蚂蚁，收集有关蚂蚁的资料，(图片、图书、视频)了解蚂蚁的生活习性。②幼儿有外出旅行的经验，班级设置聊天角，幼儿可以聊聊节假日都去过哪里旅行等。

2. 物质准备。

(1)水粉纸、水粉笔、水粉颜料、刮画纸、A3 纸(白色、彩卡)、水彩笔、油画棒、剪刀、胶棒、纸黏土、瓜果壳。

(2)蚂蚁图片、《蚂蚁的旅行》PPT、欢快的纯音乐。

活动过程

(一)导入：教师运用触碰一体机播放 PPT 动画，引出主题激发幼儿参与兴趣。(2 分钟)

观看动画片《蚂蚁的旅行》，帮助幼儿回忆蚂蚁的旅行故事。

引导语：小朋友们，老师知道假期你们去了很多地方旅行，发生了很多有趣的故事。小蚂蚁也去了很多地方，都去了哪里呢?

(二)观察体验：教师鼓励幼儿操作触碰一体机，续编《蚂蚁的旅行》PPT。(6 分钟)

请幼儿讲述自己续编的蚂蚁旅行故事。

引导语 1：它还会去哪里旅行呢？发生什么样的故事？想好的小朋友可以和身边的好朋友说一说。

引导语 2：老师把小朋友想到的地方做成了图片，谁愿意来到屏幕前给小朋友讲一讲你想到的蚂蚁旅行的故事。

(三)探索发现：教师观察幼儿制作情况鼓励幼儿大胆使用绘画(线描画、水粉画、刮画、合作画)、捏泥等多种方式表现续编的故事。(15 分钟)

1. 幼儿自由选择美术工具和材料进行创作。(播放蚂蚁图片激发幼儿的创作灵感)

2. 幼儿大胆想象并创作蚂蚁旅行的故事。

引导语 1：小朋友们说了这么多好听的故事，小蚂蚁肯定很开心。可是地方太多了，小蚂蚁记不住，这该怎么办呢？

引导语 2：今天我们有水粉、彩色卡纸、刮画……小朋友可以根据自己喜欢的去选择。

(四)合作交流：教师引导和鼓励幼儿在大家面前介绍自己的作品，并推荐同伴的作品，说出推荐理由。(6 分钟)

1. 将作品展示在屏幕和展板上，同伴间相互介绍、分享作品。

2. 幼儿集体欣赏作品。(播放幼儿创作过程中的照片)

引导语 1：谁来讲讲自己的画？

引导语 2：你们最想了解谁的作品呢？

(五)结束：教师点评小朋友作品。(1 分钟)

引导语：×××的作品非常有自己的想法，故事情节特别有趣，大家运用了画、粘、刮等多种创作方法，表现了小蚂蚁去旅行的故事。一会儿，我们可以继续在图书区分享。

注意事项

提醒幼儿使用工具时注意安全、创作时注意坐姿和拿笔姿势，养成良好的学习习惯。

延伸活动

集体教学活动	区域活动	一日生活	家园共育
语言："蚂蚁的旅行" 科学："蚂蚁适合去哪里"	益智区："蚂蚁的旅行迷宫" 美工区：剪纸的方式续编故事 图书区：讲述故事《蚂蚁的旅行》	过渡环节： 1. 故事作品讲述 2. 谈话活动："蚂蚁还能去哪儿旅行"	亲子制作：故事书《蚂蚁的旅行》 亲子制作：手工制作立体故事《蚂蚁的旅行》

二、活动反思

假期中幼儿去了不同的地方旅行，班级中的聊天角有了新的话题，即幼儿在一起聊节假日都去过哪里旅行。他们在户外发现小蚂蚁出洞忙碌着，又引发了新的讨论：小蚂蚁都去哪儿了呢？活动中，教师用信息化手段代替往日纸质表格的形式，增加了幼儿参与活动的兴趣，调动了幼儿的积极性。幼儿大胆地表达自己所想，能够与同伴协商共同完成作品，对新材料具有好奇心和创新能力。幼儿利用纸盒儿和纸黏土等材料制作了蚂蚁的旅行，既形象又立体；用线描笔填画蚂蚁的脚，视觉效果非常漂亮……一幕幕生动的故事生成了。幼儿在创编故事时没能完整地表述故事中的六要素。在今后的教学中，教师要强调创编故事中需要注意的事项，还可以在早入园、过渡环节中讲故事、创编故事，丰富幼儿的词汇量，鼓励幼儿大胆地寻找自己需要的材料，并用自己喜欢的方式记录。

三、设计导读

大班幼儿的美术创造能力有了一定的发展，能够逐步认识到事物之间的一些简单的联系。本次活动通过触控一体机进行故事创编，让幼儿动手操作，激发幼儿参与活动的兴趣，使幼儿大胆想象，并用语言表达自己创编的故事，在不断地丰富故事内容的过程中，为后面的大胆创作奠定基础。幼儿能根据自己的想象选择自己需要的材料进行创作，让自主性、动手能力、审美能力得到提升。

活动设计：北京市顺义区宏城幼儿园　冯　婧
设计导读：北京市顺义区宏城幼儿园　郭立娜

第八章　音　乐

第一节　小班——音乐

快乐的小汽车

一、活动设计

观测点

1. 艺术：具有感受与欣赏生活中美好事物的能力；具有初步的艺术表现与创造能力。
2. 学习品质：能积极主动参与音乐游戏。

活动目标

1. 学习品质：喜欢参加音乐游戏，体验小司机开车游戏的快乐。
2. 知识经验：聆听音乐，感知节奏的开始、停顿及快慢的变化。
3. 能力：尝试跟随音乐节奏的变化表现小汽车的动作。

引导要点

1. 聆听音乐，感知音乐节奏变化，在游戏中表达对音乐的独特感受。
2. 在游戏情境中，能随音乐用肢体动作表现车辆动态。

活动准备

1. 经验准备。

(1)教师：丰富幼儿对小汽车的了解(如性能、外观、声音)等，充分熟悉音乐，并思考运用律动游戏表现音乐。

(2)幼儿。熟悉音乐，有过律动游戏经验；有基本的交通规则意识。

2. 物质准备。

音乐《去郊游》《开始和停止》，路场景，红灯，人手一份自制方向盘。

活动过程

(一)导入：开着小汽车伴随音乐入场。(1分钟)

引导语：小司机们，我们一起开着车去玩喽！请小司机开车时注意安全哟！

(二)感知体验：幼儿通过肢体体验进一步感知音乐；完整聆听音乐《开始和停止》，用肢体动作初步感知音乐的旋律变化。(3分钟)

幼儿运用肢体动作初步感知音乐旋律。

引导语：有一首好玩的音乐，我们来听一听。你想怎么玩？

(三)模仿探索：在音乐的伴奏下体验小司机开汽车的游戏。(5分钟)

教师播放音乐《开始和停止》，请小朋友模仿小司机随着音乐的节奏完整体验开汽车的游戏。

引导语：用小耳朵仔细听音乐在哪停了？当听到音乐停顿时，我们就要停下车子，就像我们小司机开车一样，红灯停，绿灯行。小司机们，我们一起听着音乐开车喽！

(四)自由表现：在音乐伴奏下进一步完成情境式游戏内容。(5 分钟)

模仿小司机开车，随着音乐会遇到转弯减速—下坡路减速—上坡路费力等情境，一起玩韵律游戏。

引导语：小司机，看，前面有很多弯路和坡路，要注意安全，出发喽。

(五)结束：玩着“小汽车”游戏，自然结束。(1 分钟)

引导语：在幼儿园甬路上，新安装了很多红绿灯，小司机准备好了吗？出发喽……

延伸活动

集体教学活动	区域活动	一日生活	家园共育
社会：“有趣的交通标志” 科学：交通工具	建筑城：投放各种车辆模型，幼儿在搭建马路、环岛的基础上进行游戏		在实际生活中，引导幼儿了解交通标志，遵守交通规则 亲子制作：交通标志

二、活动反思

小汽车音乐游戏符合小班幼儿的年龄特点。教师鼓励幼儿运用肢体动作对音乐进行感知与表现，符合幼儿的发展需求。幼儿积极主动，并能够大胆地表达表现自己对音乐的理解和感受，快乐地扮演小司机的角色。在音乐游戏中，乐乐能积极地和同伴一起玩“小汽车”游戏，并能认真倾听音乐的提示，很快掌握了游戏的规则，在游戏中能够带动身边的幼儿一起游戏。思思沉浸在独自开小汽车的游戏中，忽略了游戏中对音乐的倾听，可以看出，幼儿对游戏的内容感兴趣，但还没有很好地将游戏与音乐联系起来。教师可以伴随游戏播放 PPT 进行提示，也可以以小司机身份平行游戏，示范与引导幼儿倾听音乐，帮助思思掌握游戏的规则。再次组织活动时，教师要多关注幼儿对音乐的理解和反应，更多关注幼儿的行为表现来调整组织策略，并尽可能满足不同幼儿的发展需求。

三、设计导读

该活动基于小班幼儿在音乐活动中喜欢参与乐于表现的年龄特点，结合小班游戏化的活动形式，创设了以“开汽车”为主题的音乐游戏，引导幼儿感受音乐的开始和停顿。

音乐的选择符合小班幼儿的年龄特点。小班幼儿喜欢节奏鲜明、对比明显的音乐。本次活动选择的音乐中有明显的休止，易于幼儿听辨，从而促进幼儿随音乐进行游戏活动。

小班幼儿喜欢模仿，活动中教师创设了开着小汽车去郊游的游戏情境。幼儿拿着方向盘“变身”小司机，随音乐充分运用肢体模仿小司机开车的各种动态，如行驶、停车、转弯、加减速、上下坡等，并在音乐休止时模仿司机遇到红灯停，音乐响起时模仿司机遇到绿灯行驶。游戏贯穿活动始终，大大激发了幼儿参与活动的兴趣。

活动设计：北京市顺义区港馨幼儿园　孟庆华
设计导读：北京市顺义区西辛幼儿园　崔红梅

小小蛋儿把门开

一、活动设计

观测点

1. 社会：能够在游戏中与同伴友好交往。

2. 艺术：具有初步的艺术表现与创造能力。

3. 学习品质：能积极主动参与音乐游戏。

活动目标

1. 学习品质：喜欢参与音乐游戏，体验小鸡出壳游戏的乐趣。

2. 知识经验：在游戏活动中，感受歌曲的趣味性及活泼欢快的风格。

3. 能力：能随着音乐尝试创编小鸡出壳的不同动作，进行自我表现。

引导要点

1. 引导幼儿能随着音乐做简单的律动进行自我表现。

2. 引导幼儿创编小鸡出壳的不同动作，用肢体动作表达自己的感受和体验。

活动准备

1. 经验准备。

(1)教师：对歌曲《小小蛋儿把门开》进行创编，每一句歌词能有多种不同动作。

(2)幼儿：活动前会唱《小小蛋儿把门开》，观看了小鸡孵化的视频。

2. 物质准备。

一个母鸡妈妈头饰、鸡宝宝翅膀等，音乐《小鸟飞》《小小蛋儿把门开》。

活动过程

(一)导入：引导幼儿听音乐《小鸟飞》做动作入场。(1 分钟)

引导语：小朋友们，今天的天气真好，我们一起去玩儿吧！(播放小鸟飞的音乐，音乐结束后教师示意幼儿坐在椅子上面)

(二)感知体验：观看视频，初步感知，并模仿小鸡出壳时的样子。(2 分钟)

教师先后出示母鸡头饰和鸡蛋实物。

引导语 1：鸡宝宝们好！妈妈给你们带来了一个小礼物。(请幼儿看一看、摸一摸)

引导语 2：看一看我们是怎样从蛋壳里孵出来的。学一学。

(三)模仿探索：尝试用肢体动作表现小鸡出壳的情景。(4 分钟)

1. 回顾视频《小小蛋儿把门开》引导幼儿模仿小鸡出壳的动作。

引导语 1：小鸡是怎么从蛋壳里出来的呢？你来做一做！

2. 鼓励幼儿跟随音乐，尝试表现小鸡出壳的动作。

教师和幼儿一起，跟随音乐表现小鸡出壳。

3. 跟随音乐，提示幼儿能够用自己身体的不同部位模仿小鸡出壳。

引导语 2：小鸡宝宝真棒！想出了很多出壳的方法，有的用头顶，有的用脚踢，有的用小屁股拱。那请你们再想一想，还可以用什么动作来出壳呢？请你来做一做。

(四)自由表现：尝试用不同的肢体动作自由表现小鸡出壳的情景。(7分钟)

1. 跟随音乐自由表现小鸡出壳的动作。

引导语1：我们跟着听音乐来做一做。(播放歌曲前两句：小小蛋儿把门开，开出一只小鸡来)

2. 表现歌曲后两句(毛茸茸、胖乎乎)的动作。

3. 随整首音乐自由表现。

引导语2：刚才我们想出了很多出壳的方法，下面跟着音乐一起做一做吧！(播放整首歌曲：小小蛋儿把门开，开出一只小鸡来。毛茸茸呀胖乎乎，叽叽叽叽叽叽叽叽唱起来)

4. 完整地表现音乐。

引导语3：我的鸡宝宝都出壳啦，每一只都是不一样的宝宝，我们挥动翅膀一起跳个舞吧！(背上小翅膀道具，播放整首歌曲，幼儿个性表达自己的情感体验)

(五)结束：随歌曲《小小蛋儿把门开》结束而结束。(1分钟)

延伸活动

集体教学活动	区域活动	一日生活	家园共育
美术："小小蛋儿把门开" 科学：认识鸡蛋	益智区：蛋拼图 科学区：认识各种蛋	过渡环节：听《小小蛋儿把门开》音乐	亲子表演：把视频发给家长，既可以孩子单独表演，又可以亲子一起表演

二、活动反思

在宽松、和谐、自然、有趣的活动情境中，幼儿能主动参与活动。大多数幼儿能用动作表现歌词，并在游戏情境中大胆表现。默默在活动中始终处于积极参与状态，表现出来的动作生动有趣。晨晨在活动中略显不同，眼睛始终盯着教师和其他小朋友……分析主要原因有：幼儿自身比较内向，不善于表现自己，对音乐的感受和理解还不能大胆地表达。对于这样的幼儿，教师应尽可能地用游戏化的情境激发并鼓励他参与活动，及时肯定他在活动中的表现。如果再组织这节活动，教师可以在游戏化情境创设上适当调整。在模仿小鸡出壳时，可以鼓励幼儿蹲在纸箱里，上面用报纸挡住。在唱到"小小蛋儿把门开"时，幼儿就可以用头将报纸撑开，做小鸡出壳状。这样情境更加真实，幼儿参与活动的主动性会更强。

三、设计导读

该活动基于小班幼儿在艺术领域的年龄特点而设计。活动入场时，教师以小鸟飞的音乐请幼儿入场，幼儿自然落座。活动开始，教师创设鸡妈妈送给鸡宝宝礼物的情境。幼儿观看视频并模仿小鸡出壳，教师引导幼儿探索用不同的动作表现小鸡出壳。教师在活动中对有幼儿的动作进行总结提升。整个活动过程流畅，幼儿在活动中兴趣高涨。

教师在活动中要注意对幼儿兴趣点的把控须到位。在展示表现环节，教师可以引导幼儿用不同的肢体动作自由表现小鸡出壳的情景。幼儿通过参与，主动性增强，乐意参与音乐游戏，在活动中也就能够更加大胆地表现。

可以说，此活动充分体现了创设轻松、和谐的氛围，提供优美的音乐、有趣的游戏等，支持、鼓励幼儿参与音乐活动的要求，让幼儿在游戏中体验了小鸡出壳的乐趣。

活动设计：北京市顺义区幸福幼儿园　冯　静

设计导读：北京市顺义区西辛幼儿园　冯建慧

熊和石头人

一、活动设计

观测点

1. 艺术：能够跟随熟悉的音乐做身体动作，能用声音、动作、姿态模拟自然界的事物和生活情境。

2. 学习品质：能积极主动；参与游戏。

活动目标

1. 学习品质：能大胆地用动作表达自己对音乐的感受，获得愉快的情绪体验。

2. 知识经验：感受音乐的欢快、低沉，较准确地分辨出音乐强弱的变化。

3. 能力：能随音乐强弱用动作表现出动物、石头人的音乐形象。

引导要点

1. 创设游戏情境，帮助幼儿感知音乐的强弱变化。

2. 巧妙运用故事导入，引导幼儿根据音乐情节，大胆用动作表现音乐的强弱变化。

活动准备

1. 经验准备。

(1)教师：带着幼儿玩过"木头人"的游戏。

(2)幼儿：知道熊的习性和特点。

2. 物质准备。

PPT，音乐《快乐的大森林》《熊和石头人》等，地垫，熊的服饰。

活动过程

(一)导入：听《快乐的大森林》的音乐做律动进教室。(1分钟)

(二)感知体验：播放《熊和石头人》的完整音乐，幼儿聆听、感知。(2分钟)

引导语：哇，大森林里真漂亮呀。听，音乐里面谁来了？

(三)模仿探索：通过音乐游戏，探究音乐的强弱给人的情绪变化，幼儿大胆地用相应的动作表达自己对音乐的感受。(8分钟)

1. 创设故事情境，帮助幼儿感知音乐的强弱变化、大胆想象音乐所表现的情节。

教师随音乐讲述故事：一只饥饿的大熊出来了，到森林里面找食物。小动物们怕被大熊发现，一动也不动，变成石头人。大熊左看看、右看看。直到大熊走远了，小动物们高兴地跳起舞来。大熊又来了，小动物们又一动也不动，变成石头人。

引导语1：大熊来了，我们怎么办？（引导幼儿说出：当石头人）

引导语2：谁还有不一样的动作？看看谁是最好看的石头人。（鼓励幼儿表达自己的想法）

2. 播放音乐《熊和石头人》，幼儿感知音乐的强弱变化，随音乐进行表现。

引导语1：我们变出了这么多不一样的石头人。让我们听着音乐，和大熊一起做游戏吧！

引导语2：大熊走来了，小动物可以怎么做？

引导语3：高兴时都可以怎么做？

由配班教师扮演大熊，听音乐玩游戏"熊和石头人"，引导幼儿聆听大熊来时的音乐变化。鼓励幼儿用各种造型表现石头人。请幼儿进行个别或小组展示躲避大熊的方法。

引导语1：仔细听音乐，大熊什么时候走的？大熊走了，我们才能跳舞哟。

引导语2：音乐中，大熊是什么时候来的？我们应该怎么做？

3. 玩音乐游戏第二遍，引导幼儿根据音乐的变化判断熊是否来了。

引导语：听说大熊又来了，我们仔细听。

大熊：哎呀，我的肚子好饿呀。咦，怎么都是石头人？我要把一样的抓走，哈哈，饱餐一顿啦。

引导幼儿讨论大熊来时音乐的强弱变化，感知音乐的渐强减弱，用相应的动作表现出来。

（四）自由表现：幼儿跟随音乐做游戏，体验音乐游戏的乐趣。（3分钟）

引导语1：有三只大熊来了，看谁的小耳朵灵，能变成好看又不一样的石头人。

引导语2：我们好厉害呀，都变成好看的石头人，没有被大熊发现。

（五）结束：幼儿边唱《熊和石头人》边走出教室，游戏自然结束。（1分钟）

引导语：我们在大森林里玩得真开心呀，和大森林再见，我们唱着歌回家喽！

注意事项

1. 提醒幼儿注意听辨音乐，随音乐的明显变化做出相应的反应。

2. 大胆创作、表现石头人的动作。

延伸活动

集体教学活动	区域活动	一日生活	家园共育
语言："三只小熊" 健康："我们都是木头人"	益智区："狗熊一家" 美工区：石头创意画	过渡环节：作品讲述	亲子制作：小动物头饰及服装

二、活动反思

幼儿通过听一听、看一看、说一说、做一做等方式参与活动。教师通过应用多媒体导入，创设大森林的情境，以幼儿扮演小动物的角色去大森里玩游戏情境导入活动，激发幼儿高度参与活动的兴趣。大部分幼儿在活动过程中兴趣浓厚，能够听辨音乐的强弱，随音乐变化做律动，活动目标基本完成。创设故事情节与音乐结合的形式能帮助幼儿理解音乐。幼儿能根据音乐的强弱大胆做动作感知、体验音乐强弱的变化。其中桃子在做石头造型时非常有创意，每次都能随音乐变化做不同的石头人造型，有趴着的，有坐着比爱心的，还有蹲下变成小花的。乐乐在听音乐后的动作表现较少，教师需要丰富其动作经验，并鼓励其大胆表现不一样的石头人造型。在导入环节中，还可以用真实的石头引入，这样更贴近幼儿的生活经验，并与活动联系紧密，更好地引导幼儿理解石头人是一动不动的。

三、设计导读

《指南》提出要创设丰富的教育环境，支持和满足幼儿通过直接感知、实际操作和亲身体验获取经验的需要。因此，教师应以支持者、合作者和引导者的角色，结合多种策略组织此活动。

创设游戏情境，帮助幼儿感知音乐的强弱变化。活动中就采用了游戏的体验法，以游戏贯穿整个活动，让幼儿始终保持浓厚的兴趣去体验探究。创设游戏情境的活动形式，引导幼儿感受音乐的强弱变化，并根据音乐的强弱变化做出相应的动作，大胆进行表现；达成了幼儿在游戏中掌握音乐的强弱，能跟随音乐的强弱做出相应反应与动作的目标，培养了幼儿想象、大胆表现与创作、专注聆听等学习品质与技能等。游戏精神贯穿始终，让幼儿在游戏中，逐渐突破教学重点与难点。

活动设计：北京市顺义区幸福幼儿园　吕美坤

设计导读：北京市顺义区教育研究和教师研修中心　王红超

快乐的小青蛙

一、活动设计

观测点

1. 艺术：具有初步的艺术表现与创造能力；喜欢进行艺术活动并大胆表达表现。

2. 学习品质：能积极主动参与游戏。

活动目标

1. 学习品质：喜欢参与“快乐的小青蛙”打击乐活动，并从中体验到乐器演奏的快乐。

2. 知识经验：聆听音乐旋律，尝试双手在铃鼓上随乐一下一下地演奏。

3. 能力：通过找害虫的游戏情境，用乐器和声势动作表现乐曲中 $\left|\ \underline{\times\times}\ \ \times -\ \right|$ 节奏。

引导要点

1. 教师创设游戏情境，鼓励幼儿聆听音乐并演奏。

2. 教师引导幼儿在游戏情境中随乐演奏敲击。

活动准备

1. 经验准备。

(1)教师：熟悉歌曲《快乐的小青蛙》，对歌曲的结构进行分析。

(2)幼儿：有对青蛙的初步认识，玩过躲猫猫的游戏。

2. 物质准备。

用绳子拴好的铃鼓若干、池塘背景图、稻田图片、音乐《快乐的小青蛙》、音效《电话铃声》。

活动过程

(一)导入：听音乐《快乐的小青蛙》入场。(1～2分钟)

引导语：今天天气真好呀！(出示池塘背景图)青蛙妈妈要带小青蛙宝宝们出门去玩。我们跳呀跳，跳到池塘里，与妈妈玩捉迷藏吧！咦，看见一条小虫子，“啊呜”一口吃掉它。

(二)感知体验：听音乐感知 | ×× × — | 的节奏。(2～3分钟)

1. 用不同的动作表现小青蛙跳跃的动作。

引导语1：小青蛙的小脚可喜欢在荷叶上跳啦！我们的身体是一片小荷叶，你们想让青蛙在身体的什么地方跳啊？

2. 随音乐用不同的动作表现节奏型 | ×× × — |。

引导语2：让我们一起找找青蛙宝宝身上有哪些小乐器！

(三)探索发现：熟悉音乐旋律，尝试双手同时在铃鼓上随乐一下一下地演奏。(5分钟)

1. 随音乐用身体乐器探索节奏型。

2. 幼儿用乐器探索节奏型。

引导语1：小青蛙们看妈妈，我会在荷叶上跳啦！(随音乐敲击铃鼓)

引导语2：池塘里还有很多小虫子呢！你们能捉到吗？看看哪个宝宝能捉到虫子？(放音乐《快乐的小青蛙》)

引导语3：随音乐试试，一下一下地跳着去捉虫子喽！

(四)自由表现：稻田里捉虫子。(3分钟)

1. 上一环节音乐结束，电话铃声响起。(播放电话铃声音)

引导语：刚才农民伯伯说有好多小虫子在他的稻田里，我们赶快去帮忙捉虫子吧！(放音乐《快乐的小青蛙》)

2. 出示9幅稻田图，随音乐节奏游戏。

引导语1：农民伯伯有9块稻田，小虫子到底在哪片稻田里呢？

引导语2：我们再去找一个虫子吃吧！(教师再次带领幼儿随乐律动)

引导语3：咦？这次我们吃到一条什么虫子呢？……原来是毛毛虫。

引导语4：又发现一条虫子，我们快去吃掉它！(教师第三次带领幼儿随乐律动)这次我们究竟会捉到一条什么虫子呢？……原来是蚯蚓。

(蚯蚓谜语：没有眼睛没有脚，走起路来爱扭腰。雨天出门逛一逛，晴天就爱地里钻)

(五)结束：随音乐《快乐的小青蛙》的结束而自然结束。(2分钟)

结束语：小青蛙们真厉害，把稻田里的小虫子都捉走了，农民伯伯非常感谢你们。跟着青蛙妈妈回家喽！(播放音乐《快乐的小青蛙》)

注意事项

在表演区播放音乐《快乐的小青蛙》，供幼儿进行乐器、戏剧表演等。

延伸活动

集体教学活动	区域活动	一日生活	家园共育
音乐：《快乐的小青蛙》	表演区：小青蛙捉虫记	过渡环节：小组情节表演	亲子活动：回家和爸爸妈妈一起表演

二、活动反思

活动通过稻田里捉虫子的游戏情境创设，激发了幼儿的兴趣。甜甜在本次活动中兴趣高涨，从开始的动作模仿环节到最后稻田捉虫都能按节奏拍打铃鼓，而且非常积极。小天在捉虫环节对于节奏的掌握不太准确，所以在捉不到虫子后就失去了兴趣，导致在后面的环节都不爱表现，对铃鼓也不感兴趣。在集体捉虫时，幼儿的兴趣很高，但活动环节只请了两名幼儿单独捉虫，很多幼儿没有参与进来，比较失望。下次再组织活动时，教师可以多创造幼儿参与游戏的机会，让更多的幼儿都参与进来。

三、设计导读

该活动基于小班幼儿在艺术领域的年龄特点，采用游戏的形式，让幼儿感受歌曲欢快的情绪，熟悉音乐旋律。幼儿尝试双手同时在铃鼓上随乐一下一下地演奏，为歌曲伴奏，从而充分体验到节奏乐活动所带来的无穷乐趣。

本次活动的音乐非常欢快，符合小班幼儿喜欢节奏鲜明音乐的年龄特点，逐步激发了幼儿的学习兴趣。教师通过形象化的语言，将活动游戏化，让幼儿体验到乐器活动带来的快乐。

活动设计：北京市顺义区怡馨幼儿园　沈　婷
设计导读：北京市顺义区西辛幼儿园　崔红梅

咚咚和哒哒

一、课程内容

观测点

1. 语言：具有良好的倾听习惯和相应的语言表达能力。
2. 艺术：能够大胆地用自己喜欢的方式进行表现和创造。
3. 学习品质：能积极主动参与音乐游戏。

活动目标

1. 学习品质：喜欢用语音图谱、身体动作等表现节奏型，乐于参与咚咚和哒哒活动。
2. 知识经验：探索用语音图谱、身体动作、乐器等表现 $\underline{\times\times}\ \underline{\times\times}\ \|\times\ \ \times$ 。
3. 能力：熟悉音乐的旋律，能分辨出轻快、沉重的音乐变化体验与同伴演奏的乐趣。

引导要点

1. 引导幼儿乐于参与音乐活动，大胆表现节奏。
2. 提供场地、图谱，支持幼儿参与活动。

活动准备

1. 经验准备。

(1)教师：了解本班幼儿节奏表现的情况。

(2)幼儿：和教师一起玩过节奏游戏，知道声势，以及鼓、响板的使用方法。

2. 物质准备。

图谱、音乐《大象与小鸟》、响板、鼓。

活动过程

(一)导入：欣赏图片进行观察与猜想。(2 分钟)

引导语：老师在草地上发现了很多脚印，猜猜是谁留下的？

教师出示图谱(见图 8-1)，调动幼儿参与活动的兴趣。

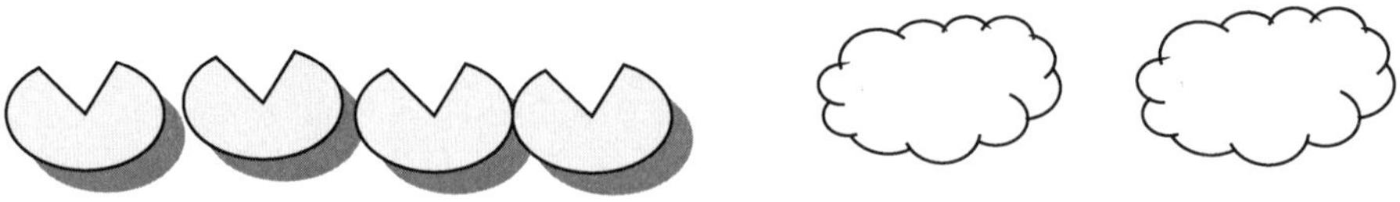

图 8-1　图谱①

(二)观察感知：尝试用不同的动作表现图谱(见图 8-2)。(5 分钟)

图 8-2　图谱②

引导语 1：离小桥不远的地方是小老鼠的家。这天是小老鼠的生日。它邀请小伙伴们来参加它的生日舞会。大象咚咚听到这个消息，赶紧来参加生日会。它走在桥上发出了什么样的声音？请你学一学。还有哪些部位可以发出重重的声音？(随音乐做大象动作)

如跺脚、拍腿。

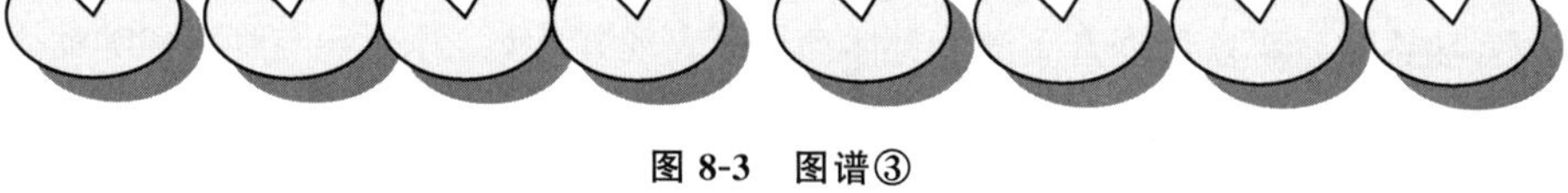

图 8-3　图谱③

引导语 2：不一会儿，小兔哒哒就来追大象咚咚，也赶来参加小老鼠的生日会。它走在桥上发出了什么样的声音？请你学一学。你的身体哪些地方可以发出轻轻的声音？(随音乐做小兔动作)

如点手指、点脚。

(三)探索发现：尝试用简单声势表现两种不同的节奏(见图 8-4)。(5 分钟)

图 8-4　图谱④

引导语：很快小兔哒哒就追上了大象咚咚，一同过桥。这时桥上发出了什么样的声音？谁的脚步轻？谁的脚步重？请你学一学、做一做大象和小兔在桥上同时走路的声音。

(四)自由表现：尝试用乐器表现两种不同节奏(见图 8-5)。(5 分钟)

图 8-5　图谱⑤

1. 幼儿自主选择乐器。

引导语：我们用你喜欢的动作做大象咚咚走路的声音和小兔哒哒走路的声音。

2. 听音乐，用乐器进行演奏。

引导语：你们来听听这个声音是谁来了？(大鼓)你们听听这个声音又是谁来了？

(五)结束：听音乐，自然结束。(3 分钟)

引导语：咚咚和哒哒在你们的帮助下都顺利到达了小老鼠的家。你们太棒了！小老鼠的生日会要开始了，我们出发喽！

注意事项

教师：能够接纳幼儿自主选择角色，允许幼儿多次尝试。

幼儿：在游戏过程中能够大胆用声势和乐器进行演奏，学会听音乐看图谱。

延伸活动

集体教学活动	区域活动	一日生活	家园共育
故事：《小老鼠过生日》	表演区：故事表演《小老鼠过生日》	过渡环节：节奏游戏“请你像我这样做”	亲子活动：请你像我这样做

二、活动反思

幼儿喜欢参与活动，愿意用语言、动作表现出大象和小兔走路的样子——小兔走路又轻又快，大象走路又慢又重。教师能够通过自身的言行吸引幼儿参与活动的兴趣。教师提供的图谱支持了幼儿动作的表达。幼儿能够看着图谱做出相应动作，也可以用语言表达出四分音符和八分音符的不同。王子小朋友非常善于学习小动物的声音，音量的把控非常合适，再加上动作的配合，表现出对音乐的独特理解。她也成了同伴学习和模仿的榜样，同时也启发了同伴。活动最后音乐的加入，更能调动幼儿参与活动的兴趣，可以在教师的提示下较好地表达对音乐的感受。如再次组织，教师需要精简语言，并更多地引导幼儿对音乐的聆听，鼓励幼儿表达对音乐的理解和感受。

三、设计导读

在丰富多彩的审美环境中，采用视听、语音图谱、游戏等多通道感知的方式欣赏音乐，可以满足幼儿“自我认知”“自我表现”和“自我发展”的需要，使幼儿成为音乐活动的主人，让打击乐活动真正地“活”起来，也让幼儿在演奏中获得愉快的体验。

该活动基于小班幼儿在艺术领域喜欢模仿的特点而设计。通过分辨小动物走路声音的活动形式，引导幼儿感受音乐的旋律，能分辨出轻快、沉重的音乐变化，体验同伴合作表演的乐趣。学习用语言、身体动作等表现节奏型，乐于参加活动，探索用乐器演奏 ×× ×× ‖× × ，同时培养幼儿仔细观察、认真聆听、勇敢表达自己的想法的学习品质。

活动设计：北京市顺义区宏城幼儿园　付秀娟

设计导读：北京市顺义区教育研究和教师研修中心　王红超

第二节　中班——音乐

我们是中班的小朋友

一、活动设计

观测点

1. 艺术：喜欢进行艺术活动并大胆表现歌曲的内容、情感；具有初步的艺术表现与创造能力。

2. 学习品质：能积极主动参与音乐游戏。

活动目标

1. 学习品质：积极参加歌唱活动，在活动中获得美感并感受升班的愉悦心情。

2. 知识经验：理解歌词内容，学唱歌曲，掌握附点音符的唱法。

3. 能力：能听前奏，有感情地演唱歌曲。

引导要点

1. 通过图谱理解记忆歌词，有感情地演唱歌曲。

2. 引导幼儿感受附点音符的节奏特点。

活动准备

1. 经验准备。

(1)教师：会熟练弹唱歌曲。

(2)幼儿：知道自己升班了、会跟伴奏唱读歌词。

2. 物质准备。

音乐《我们是中班的小朋友》、钢琴、图谱。

活动过程

(一)导入：教师带着幼儿听音乐进入教室，激发幼儿参与兴趣。进行发声练习。(3～4 分钟)

1 2	3 4	5 —	1 2	3 4	5 —	5 4	3 2	1 —	5 4	3 2	1 —
火车	怎样	叫	呜呜	呜呜	呜	火车	这样	叫	呜呜	呜呜	呜

(二)观察感知：播放歌曲《我们是中班的小朋友》。(1～2 分钟)

引导语：我们升了中班，今天老师给大家带来一首《我们是中班的小朋友》，请你仔细听一听，歌曲里都唱了什么。

(三)探索发现：理解学习歌词内容。(4～5 分钟)

1. 教师提问歌词内容，并出示图谱。

引导语 1：歌曲里都有谁?

引导语 2：小鸟在干什么？太阳公公的表情是什么样的？小朋友是什么样的?

引导语 3：小朋友升入中班了，他们爱学习，他们有礼貌。

2. 教师清唱歌曲。

3. 教师带领幼儿根据图谱有节奏地唱读歌词。(重点练习附点音符节奏)

(四)展示表现：用不同形式演唱歌曲。(11～12 分钟)

在教师带领下，幼儿学唱歌曲。

引导语 1：听前奏，我们一起来唱一唱这首歌。小朋友们在唱歌时，要用好听自然的声音演唱，还要保持正确的、漂亮的坐姿。

教师引出重点“小鸟喳喳叫”附点音符的正确唱法。引导幼儿发现歌曲中其他的附点音符。

引导语 2：你们还发现哪里和“小鸟喳喳叫”的唱法一样？我们来唱一唱。

教师带领幼儿跟随伴奏完整演唱。

引导语 3：我们来完整地唱一遍，注意节奏。

幼儿分组唱，互相评论。

引导语 4：你们唱得真好。看，小百灵给我们送来了小话筒。我们拿着小话筒来比赛吧！

幼儿合唱。

(五)结束：随音乐《我是中班的小朋友》出活动室。(1～2分钟)

引导语：今天我们中一班的小朋友在唱歌的时候，声音特别甜美，节奏很准确，表情也很美，真的特别棒！一会儿我们去教教其他班级的小朋友唱这首歌吧！

注意事项

提醒幼儿注意用好听的声音唱歌及正确坐姿。

延伸活动

集体教学活动	区域活动	一日生活	家园共育
语言：我升中班了 美术：我的新朋友	表演区：唱跳歌曲《我们是中班的小朋友》 美工区：画"我的新班级"	过渡环节：演唱《我们是中班的小朋友》	亲子制作：树叶画《我升中班了》

附录

我们是中班的小朋友

小鸟喳喳叫，
太阳眯眯笑，
小朋友多高兴，
我们开学了。
我们爱学习，
我们有礼貌，
我们是中班的小朋友啦。
我们爱学习，
我们有礼貌，
我们是中班的小朋友啦。

二、活动反思

歌曲《我们是中班的小朋友》比较长，歌词也比较多，对于刚刚升入中班的幼儿来说，有一定的挑战性。所以在音乐活动中，教师运用了多媒体课件，并充分尊重幼儿的想法，出示与歌词相对应的图谱，帮助幼儿记忆理解歌词，让幼儿对歌词保持了更深刻、持久的印象。

教师还采取了分组演唱、集体演唱的形式引导幼儿演唱歌曲。整个活动中，幼儿的注意力很集中，兴趣十分浓厚，参加歌唱活动也很积极，幼儿在活动中感受到了升班的愉悦心情和自豪感。个别幼儿在集体面前演唱时有些胆怯，需要教师在平时的活动中多鼓励、多表扬，提高其自信心。

三、设计导读

该活动是一节中班歌唱活动。《指南》艺术领域"具有初步的艺术表现与创造能力"目标下指出，4～5岁幼儿要能用自然的、音量适中的声音基本准确地唱歌。本次的活动就是根据《指南》精神，结合中班幼儿艺术领域的发展目标而设计的。

1. 活动来源贴近幼儿生活。

9月幼儿刚刚升入中班，是小班小朋友的哥哥姐姐了，大家油然而生了自豪感。因此，本次活动非常贴近幼儿现实生活，激发了幼儿学习歌曲的兴趣，满足了幼儿的需要。

2. 丰富前期经验，为学唱歌曲做好铺垫。

教师是活动的支持者、引导者。本次活动前，教师利用过渡环节播放了歌曲，使幼儿对歌曲有了初步的感知。活动中，教师只是对于幼儿还没有唱准的地方重点指导就可以了。丰富的前期经验，有效地促进了幼儿的学习。

3. 多种材料运用，激发幼儿学习歌曲的兴趣。

中班幼儿以具体形象思维为主。根据这个特点，教师投放歌曲图谱，幼儿能直观地看到歌曲的内容，有效地帮助幼儿熟悉歌词，为学唱歌曲做准备。

幼儿拿起话筒就像小歌唱家一样，有效地促进了幼儿有感情地演唱歌曲。

可以说，在本次活动中，幼儿在轻松、和谐的氛围中，获得了愉悦和美感，大胆用自己喜欢的演唱方式进行了艺术表现。

活动设计：北京市顺义区裕龙二区幼儿园　柳佳晶
设计导读：北京市顺义区西辛幼儿园　崔红梅

库企企

一、活动设计

观测点

1. 艺术：喜欢进行艺术活动并大胆表现；愿意参加歌唱、律动等活动；具有初步的艺术表现和创造能力；能用拍手、脚踏等身体动作敲打节拍和基本节奏。

2. 学习品质：能在音乐游戏中注意力集中。

活动目标

1. 学习品质：乐于参与音乐活动，在节奏游戏中感受快乐。

2. 知识经验：认识 𝄽 ，并能拍出节奏。

3. 能力：通过肢体律动，感应音乐中的特定节奏。

引导要点

1. 引导幼儿感应 × 0 × 0 | × × × 0 | 的特定节奏。

2. 认识 𝄽 ，并能拍出节奏。

活动准备

1. 经验准备。

(1)教师：熟悉音乐并知道十六宫格引导方法。

(2)幼儿：有过郊游及划船的经验。

2. 物质准备。

铃鼓、音乐《库企企》、图谱、白板。

活动过程

(一)故事导入，激发幼儿参与兴趣。(1～2 分钟)

引导语：小女孩和爸爸妈妈去郊游。他们坐着飞机飞到地球最南面，那里叫做南极。那有一种非常有趣的小动物，不怕冷，会说话，还会跳舞。猜猜它是谁？我们看看企鹅发出了什么声音。

(二)感知体验：教师带领幼儿感应固定拍和特定节奏。(4～5 分钟)

全体围坐，教师带领幼儿伴随音乐用肢体动作感应固定拍，并认识休止符。

音乐旋律：膝上感应拍子。

× × × × | × × × × |

× 0 × 0 | × × × 0 |

库 0 库 0 | 库 企 企 0 | 拍出特定节奏。

引导语 1：企鹅发出的是什么声音？请你用手拍出来：× 0 × 0 | × × × 0 |。

教师带领幼儿用拍手的形式拍出企鹅声音。

引导语 2：我们拍膝盖再试一下。

教师带领幼儿用拍膝形式拍出企鹅声音。

引导语 3：你们拍哪里还可以发出企鹅的声音？

教师引导幼儿用不同的肢体动作感应特定节奏。

(三)探索发现：教师通过游戏，帮助幼儿感受特定节奏。(10 分钟)

1. 教师带领幼儿用铃鼓做肢体律动，感应特定节奏。

教师引导幼儿进行游戏。

引导语 1：小朋友们，企鹅是怎么走路的？让我们变成小企鹅吧！(全体围站)

教师哼唱出旋律，走一个八拍。教师拍铃鼓时，企鹅到处走；快速拍时，企鹅相互找朋友。找到朋友后，两人面对面，拍拍自己的手、肩、屁股，拍出小企鹅的声音“库，库，库企企”。

2. 听铃鼓玩游戏，找朋友，两人合作拍拍手、碰胳膊、碰屁股。

引导语 2：请你找到好朋友，拍拍手、拍拍肩、碰屁股。

3. 教师与幼儿伴随音乐做游戏，巩固特定节奏。

音乐旋律：在教室内自由走并感应固定拍。

库库库企企：原地与伙伴拍出特定节奏。(拍拍手、碰胳膊、碰屁股)

引导语 3：我们随音乐玩一次游戏。(提示幼儿伴随着音乐的节奏，边拍身体部位边发出库企企的声音)

引导语 4：请小朋友们回到座位上，再次用手拍出企鹅的声音。

(四)展示表现：全体幼儿模仿并拍出节奏型，教师将节奏型展示在白板上。(教师进行十六宫格讲解，巩固特定节奏)(4～5 分钟)

教师出示十六宫格，和幼儿共同认识“TA”和“EN”。进一步感知休止符。

教师将节奏型写在白板上。请幼儿熟悉掌握并拍念特定节奏并拍念“TA EN TA

EN TA TA TA EN”。

引导语 1：还记得它是谁吗？

教师带领幼儿拍头、肩、腹、大腿四处位置并哼唱旋律。

引导语 2：刚刚我们拍了几处地方？

教师画出拍号并再次拍身体部位哼唱旋律，画出小节线。

引导语 3：刚刚企鹅发出的声音是什么？

教师引导幼儿发出企鹅声音，教师画出节奏线条。

教师带领幼儿复习已知节奏名称“TA”。

引导语 4：一个格子里一个声音，名字是“TA”。

教师引导幼儿认识四分休止符“EN”。

引导语 5：这里有声音吗？哦，原来这只企鹅生病了，生病了很难受，它发出“EN”的声音，我们一起来试一试。

教师引导幼儿进行完整节奏拍念，请幼儿熟悉掌握并巩固拍念“TA EN TA EN TA TA TA EN”。

(五)结束：请幼儿邀请现场教师一同玩游戏。(2～3 分钟)

引导语：请你邀请一位喜欢的老师，一起跟音乐再玩一次这个游戏。

教师引导幼儿随音乐听教师指令玩游戏。

注意事项

提示幼儿在玩铃鼓游戏时，脚下踏出准确的固定拍。

延伸活动

集体教学活动	区域活动	一日生活	家园共育
语言：“小企鹅” 社会：“不怕冷的小企鹅”	表演区：投放音乐《库企企》、企鹅头饰 美工区：企鹅的脚印 图书区：《库企企》作业图谱	过渡环节：听《库企企》音乐做游戏	亲子游戏：发给家长《库企企》音乐，亲子可以在家随音乐玩碰身体各部位的游戏 亲子制作：“企鹅的脚印”

附录

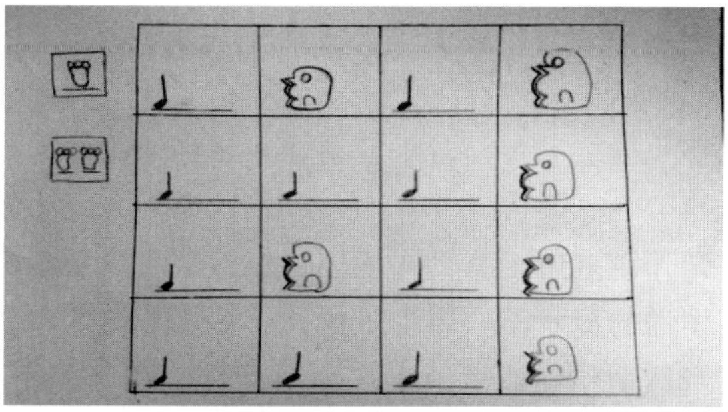

图 8-6　库企企音乐节奏谱

二、活动反思

本节活动由充满童趣的故事导入，大大激发了幼儿参与音乐活动的兴趣。在充满童趣的节奏游戏中让幼儿感受特定的节奏型，是一种潜移默化的方式，幼儿更易于接受。继而在巩固旧知识点的基础上，请幼儿认识 𝄽 ，并与教师一起拍出节奏型。最后通过肢体律动，感应音乐中的特定节奏，进行巩固加深记忆。整个活动设计层层递进，逐一实现活动目标。在突破难点的过程中，涵涵能够在教师的引导下进行完整的节奏拍念。但是还有个别幼儿，未能实现目标，教师还需要在一日生活中通过简单的肢体律动增强幼儿的节奏感。

三、设计导读

本次的活动符合中班幼儿艺术领域的年龄特点。《指南》艺术领域“具有初步的艺术表现与创造能力”目标下指出，4～5岁幼儿要能用拍手、踏脚等身体动作或可敲击的物品敲打节拍和基本节奏。中班幼儿对鲜明而有特点的节奏具有浓厚的兴趣，此乐曲的选择符合中班幼儿的年龄特点。

1. 活动设计围绕目标层层递进。

从简单的肢体动作到铃鼓引领下的肢体律动，从十六宫格的巩固环节到与教师同玩的游戏环节，层层递进，紧紧围绕感知音乐中特定节奏的目标来设计。活动中幼儿逐步感受到音乐的特点，并能够大胆地表达。

2. 活动充分体现幼儿的感知与探索。

活动中，教师运用铃鼓游戏化的方法组织音乐活动，通过情境导入激发幼儿参与兴趣，通过肢体动作感知帮助幼儿熟悉固定拍和特定节奏。活动形式新颖，给予幼儿充分讨论和探索的时间。幼儿拍手、拍肩、碰肩膀、碰屁股，动作多样。教师尊重了幼儿自发的表现和创造，幼儿在活动中主动性强。

活动设计：北京市顺义区馨港幼儿园　石　玉

设计导读：北京市顺义区馨港幼儿园　刘　佳

小雨和花

一、活动设计

观测点

1. 艺术：愿意参加律动活动，感受律动表演的快乐；具有初步的艺术表现与创造能力。

2. 学习品质：能够积极主动参与音乐活动，并具有创造性。

活动目标

1. 学习品质：在结伴游戏中，享受与同伴接触、交流、互动所带来的乐趣。

2. 知识经验：在图谱的提示下，感受乐曲AB两段的旋律和结构。

3. 能力：尝试用身体动作创造性地表现小雨点飘落和敲醒小花的姿态，以及小雨点和小花跳舞、做游戏的动作。

引导要点

1. 引导幼儿感受乐曲 AB 两段的旋律和结构。

2. 引导幼儿用身体动作创造性的表现小雨点和小花。

活动准备

1. 经验准备。

(1)教师：熟悉音乐《小雨和花》，预设相关动作。

(2)幼儿：熟悉音乐《小雨和花》。

2. 物质准备。

图谱，音乐《小雨和花》，小雨点、小花胸饰。

活动过程

(一)导入：激发幼儿参与活动的兴趣。(1 分钟)

引导语：小雨和小花要去参加音乐舞会，但还没有把音乐会上要表演的舞蹈编出来呢，想请小精灵们帮帮它们。

(二)观察感知：教师出示图谱，幼儿完整欣赏音乐，感知音乐的旋律和结构，用动作表现小雨和小花自由舞蹈的姿态。(8～10 分钟)

引导语 1：小雨是怎么落下来的？它落在小花身上，每次敲几下？

引导语 2：小雨可以落在身体的哪些地方？用什么动作表现出来？

引导语 3：小花长高了想跟小雨一起做游戏，用什么动作表现呢？

(三)探索发现：幼儿两两结伴，进行舞蹈创编活动。(5～7 分钟)

引导语 1：小雨和小花想请小精灵们帮帮忙，代替它们去参加舞会。

引导语 2：×老师和×老师这里有魔法卡片，贴到身上，就可以变成小雨和小花了。

引导语 3：试一试小雨给小花浇点水怎么用动作表现(随音乐)；小花长大了(随音乐)；长大后的小花和小雨可以做什么事呢？(跳舞、游戏)它们用什么动作跳舞游戏呢？

(四)展示表现：请幼儿自由结伴，引导幼儿分角色创编出不同的动作，听音乐进行表演。(5～6 分钟)

引导语 1：我们一起再来跳一跳。

引导语 2：小雨和小花成为好朋友，一起做游戏，都能做什么游戏呢？(再次舞蹈)

(五)结束：幼儿听音乐跳舞出活动室。(1 分钟)

引导语：我们把小雨和小花的舞蹈跳给森林里的其他小动物看看吧。(出活动室)

延伸活动

集体教学活动	区域活动	一日生活	家园共育
音乐：《小雨和花》	益智区：小雨和花拼图 美工区：三瓣花、四瓣花的剪纸；幼儿绘画、捏泥表现小雨和花 图书区：创编"小雨和花"的故事 表演区：提供小雨点和小花的头饰、道具，供幼儿表演	过渡环节：《小雨和花》音乐欣赏	亲子制作：小雨和花的自制服装道具 亲子舞蹈：小雨和花

二、活动反思

该音乐活动将小雨和小花拟人化，创设要去参加森林舞会，但是舞蹈动作没有创编好，需要幼儿当小精灵，帮助小雨和小花创编舞蹈动作的故事情境，激发了幼儿兴趣。活动中通过形象的图谱设计，让幼儿感受音乐 AB 段。教师适时追问，激发幼儿主动学习。教师用提问法、动作引导法、示范法等方法，引导幼儿创编出多种不同的舞蹈动作，如幼儿创编出石头、剪刀、布的动作，游泳动作，拉手一起跳舞等动作。最后利用魔法卡片来进行小雨和花的角色扮演，在与同伴游戏时，幼儿自由组合，体验到了合作表演的乐趣。整个过程中，幼儿都能积极参与，聆听音乐。最后如果教师可以请幼儿到前面进行示范，让全体幼儿都能看到创编的动作，进而进行学习，效果会更好。

三、设计导读

该活动基于中班幼儿在艺术领域的年龄特点而设计，通过创编动作的活动形式，引导幼儿感受乐曲 AB 两段的旋律和结构，通过肢体动作创造性表现对音乐的理解与感受。

1. 内容贴近幼儿生活。

活动符合季节特点，小雨和小花的题材是幼儿熟悉的内容，贴近幼儿生活。活动便于幼儿在真实的生活中感受音乐所表达的情绪情感。

2. 目标突出环节清晰。

活动开始前，幼儿情绪饱满，对活动非常有兴趣。在观察感知环节，教师出示图谱，幼儿完整欣赏音乐，感知音乐的旋律和结构，感受小雨点和小花自由舞蹈的情节。教师在环节设计上有特点，有创新之处。

活动过程中教师将图谱利用得非常到位。在活动中图谱是帮助幼儿理解音乐，进行音乐表现的关键。教师能够将小雨、小花放在图谱中，一方面便于教师对幼儿进行启迪，另一方面能够与活动相贴近。

活动设计：北京市顺义区西辛幼儿园　见春静

设计导读：北京市顺义区西辛幼儿园　孙名悦

我来闯关

一、活动设计

观测点

1. 艺术：具有初步的艺术表现与创造能力。
2. 社会：喜欢用艺术方式表达情感，并能与同伴协调配合。
3. 学习品质：能够积极主动参与音乐活动。

活动目标

1. 学习品质：主动参与到艺术活动中，并能在音乐中创造性地进行游戏活动，获得愉快的情绪体验。
2. 知识经验：以音乐的不同变化作为指令开展游戏，练习肢体的协调性、灵活性。
3. 能力：在音乐游戏中感知并表现音乐节奏。

引导要点

1. 引导幼儿对音乐内容大胆进行肢体表现，愿意跟随教师的引导创造新游戏。

2. 鼓励幼儿跟随音乐并快速反应。

活动准备

1. 经验准备。

(1)教师：熟悉音乐。

(2)幼儿：熟悉音乐《七式音阶》；幼儿有初步根据音乐速度的快慢进行创编肢体动作的能力。

2. 物质准备：地垫、音乐《七式音阶》等。

活动过程

(一)导入：伴随音乐《急速停》进入活动室。(2～3 分钟)

教师播放音乐《急速停》，幼儿随着音乐的特点在音乐停止时，自由创编造型，进入场地。

引导语：请小朋友伴随音乐《急速停》进入场地。当音乐停止时，小朋友们动作新颖亮相。

(二)观察体验：幼儿通过肢体体验进一步感知音乐。(3～5 分钟)

1. 教师播放音乐《七式音阶》，幼儿欣赏音乐并运用手势表现音乐节奏。

引导语：音乐中每次出现了几声嗡—啪的声音，它们有什么规律？(每段音乐递增1 次)

2. 出示图形谱，通过手势练习进一步感知音乐变化的特点。

引导语：我们听着音乐，尝试运用手势来表现每次音乐中的节奏的变化。

(三)探索发现：以音乐的不同变化作为指令进行闯关游戏。(10～12 分钟)

1. 第一关：木头人。听到音乐后开始进行游戏，在长音时能保持优美的木头人造型，平稳地控制自己的身体，不摔倒。

引导语：第一关，音乐每一段的开始部分小跑步寻找地垫，出现了嗡—啪的声音，快速找到一个地垫，保持不动。

2. 第二关：单脚木头人。

引导语：现在请听第二关，音乐每一段的开始部分仍然是小跑步，出现了嗡—啪的声音，快速找到一个地垫，单脚站立不摔倒。

(四)合作交流：幼儿创造闯关游戏内容。(3～5 分钟)

第三关：鼓励幼儿尝试与同伴合作。根据音乐的变化，创编游戏的新玩法。

引导语：地垫减少了，这个平衡闯关游戏还可以怎么玩？

(五)结束：回顾闯关游戏后自然结束。(1～2 分钟)

引导语：我们今天伴随着音乐，进行了有趣的闯关游戏，而且还学会了创编游戏内容。相信小朋友在今后的游戏中能创造出更丰富、更有趣的游戏。

延伸活动

集体教学活动	区域活动	一日生活	家园共育
语言：木头人的故事 健康：木头人游戏	益智区：闯关游戏	过渡环节：我参加的闯关游戏	亲子游戏：亲子闯关游戏

二、活动反思

在此次艺术活动中，教师更多的是关注幼儿的表现，注意观察幼儿是否主动参与到艺术活动中，是否能在音乐中创造性的进行游戏活动。从幼儿表现可以看出，活动中幼儿不仅从中获得了愉快的情绪体验，而且能创造性地表现出不同的肢体动作。在活动过程中，教师以音乐的不同变化为指令开展游戏，锻炼了幼儿的肢体的协调性、灵活性。活动亮点在于，利用“闯关”这个幼儿喜闻乐见的环节，逐步增加难度，使幼儿在音乐游戏中感知并表现音乐节奏，充分调动了幼儿的积极性，教师也有更多的时间去关注幼儿，从而和幼儿产生良好的互动。

三、设计导读

1. 基于幼儿兴趣，创设有挑战性游戏。

巧妙生成：音乐游戏“我来闯关”是继音乐欣赏《七式音阶》之后生成出的活动。活动的动机和选题是幼儿非常感兴趣的。本活动通过音乐与平衡游戏的有机结合，让幼儿感受“延长音”的变化特点。特别是每一乐段的“延长音”都比前一乐段多一个，幼儿保持平衡的时间会不断延长，游戏的挑战性会不断增加。

2. 融入游戏场景。

简化重难点：在教学过程中，教师首先引导幼儿利用图谱来理解乐曲的曲式结构特点，发现图谱中每一乐段“延长音”记号“逐一增多”的规律。其次，引导幼儿在一系列闯关游戏中能够准确地表现音乐的内容和特点。再次，鼓励幼儿从参与游戏逐渐过渡到创新游戏内容，较好地解决了重点难点。

3. 为幼儿创造闯关游戏内容。

以闯关游戏的形式激励幼儿主动思考的兴趣，不仅能让幼儿主动思考，还能增加幼儿对活动的兴趣，让幼儿在游戏化音乐活动中得到有效发展。

活动设计：北京市顺义区港馨幼儿园　孟庆华

设计导读：北京市顺义区教育研究和教师研修中心　王红超

第三节　大班——音乐

森林畅想曲

一、活动设计

观测点

1. 艺术：喜欢欣赏多种多样的艺术形式；在欣赏音乐中能用不同的动作表现音乐

内容。

2. 语言：愿意讲话并能清楚地表达；能有序、清楚地讲述一件事情。

3. 学习品质：能够积极主动参与活动，并乐于想象与创造。

活动目标

1. 学习品质：欣赏乐曲《挪威舞曲》，感受并大胆表现乐段的不同，从中获得美的感受。

2. 知识经验：通过欣赏乐曲，辨别音乐中重复、对比及变化明显的乐段。

3. 能力：整体感知乐曲音乐结构，并用动作大胆表现出来。

引导要点

1. 教师通过欣赏音乐，引导幼儿了解音乐 ABA 的结构。

2. 教师通过运用图谱，引导幼儿辨别音乐中重复、对比及变化明显的乐段。

活动准备

1. 经验准备。

(1)教师：仔细分析音乐，能根据音乐绘画出图谱。

(2)幼儿：听过乐曲。

2. 物质准备。

音乐《挪威舞曲》、黑板、树叶王冠、音乐《我爱圆圈圈》等。

活动过程

(一)导入：故事情境引入，初步感知音乐。(2 分钟)

播放《我爱圆圈圈》音乐，律动入场。

引导语 1：听一听音乐里的故事，哪段音乐是树精灵在跳舞？哪段音乐是在做游戏？

引导语 2：请小朋友说一说在哪段音乐里树精灵在跳舞？哪段音乐是在做游戏？为什么？

(二)观察感知：通过图谱感知音乐表现的具体内容。(2 分钟)

引导语 1：听音乐，把他们热闹的样子画下来。(教师和幼儿随乐绘制图谱)

引导语 2：音乐有几段？第一段是树精灵在跳舞，第二段是树精灵在做游戏，第三段树精灵也是在跳舞。

引导语 3：树精灵跳舞的音乐听上去是什么样的感觉？(优美、温柔)

引导语 4：树精灵做游戏的音乐听上去是什么样的感觉？(快乐、好玩)

小结：有慢、有快，真高兴、真有趣。

(三)探索发现：听音乐，尝试用不同的肢体动作表现音乐作品。(12 分钟)

情节引入 1：小树说，去参加舞会时要把自己打扮得很漂亮，在身上长出很多嫩嫩的小叶子，然后去参加舞会的时候才好伸展它的枝条，跳出漂亮的舞蹈。

引导语 1：音乐里小树长叶子和伸展枝条跳舞的感觉有什么不一样？

引导语 2：现在断断的和连连的感觉都找到了，想不想来试一试？

情节引入 2：小树把自己打扮漂亮了，跳出各种好看的舞蹈。它有一个愿望：希望有一天能够到处跑来跑去地做游戏。在森林里有一个精灵之王。只要它一施魔法，树精灵们就可以跑来跑去地活动了。怎么让精灵之王出来呢？我们要说出“精灵之王，快快来，快快来”。

引导语3：在音乐中小树到底什么时候请出精灵之王？看看在这张图上你觉得表示在什么地方？听音乐找一找。

引导语4：哪里是精灵之王？（指出图中位置，打拍子）

引导语5：有一个地方怪怪的。这个黑黑的小圆点在音乐里是什么意思？提醒我们干什么？仔细听音乐。

引导语6：这个黑点是什么意思？（停、句号）到底是什么？我们来感觉一遍。

听辨音乐，感受节奏 × × × × | $\underline{××}$ × $\underline{××}$ × | 0 0 0 0 ‖。

（四）合作交流：在游戏中用自己的方式大胆表现。（13分钟）

引导语：我是精灵之王。在舞会上我要寻找舞蹈跳得最优美的树精灵，然后会摸摸他的头，给他施加魔法，树精灵就可以快乐地游戏了。首先，你们要围成一个圆圈，在听到呼唤精灵之王的音乐时，要大声说出咒语“精灵之王，快快来，快快来”，我就出现了。被我施了魔法的精灵就可以在圆圈中间游戏了。

（五）结束。（1分钟）

引导语：精灵之王最后告诉小朋友们，这个音乐的名字叫《挪威舞曲》，可以表演给和爸爸妈妈看，并和他们一起玩舞会游戏。

注意事项

提醒幼儿注意聆听音乐，大胆表达自己的想法。

延伸活动

集体教学活动	区域活动	一日生活	家园共育
美术：“树精灵舞会” 科学：“幼儿园里的树朋友”	美工区：不同材料制作树朋友 科学区：制作树叶书签	过渡环节：音乐游戏《快乐舞会》	亲子游戏：“森林畅想” 亲子制作：“树叶书签”

附录

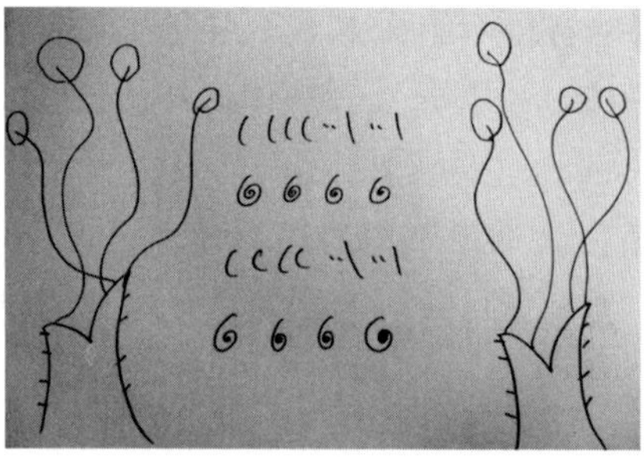

图8-7　图谱

图谱说明：两个A段旋律由两旁大树形象呈现。段落中四句音乐为柳树枝条，随音乐向上生长，每句结束为圆圈树叶形象结束。B段音乐为成长魔法，可请幼儿一起挥动魔法棒，随音乐画出点点和螺旋风暴。3个图示呈现全部乐曲，帮助幼儿直观感受前后两段是同样的音乐，体验ABA结构。

二、活动反思

《3-6岁儿童学习与发展指南》艺术领域目标提出，“喜欢欣赏多种多样的艺术形式和作品”以及“喜欢进行艺术活动并大胆表现”，即对幼儿欣赏、表现音乐提出了要求。《挪威舞曲》是一首十分优美、形象鲜明的乐曲。全曲ABA三段式结构明显，变化清晰。A段旋律轻松快乐，B段旋律更加激情，是一首非常适合大班幼儿欣赏和感知的乐曲。

在整个教学过程中，图谱的运用是亮点。大班幼儿可以借助符号间接地来理解事物。边听音乐边绘画图谱的方式，将形象化的视觉符号与抽象的音乐建立联系，曲式、段落一目了然，便于幼儿理解音乐曲式以及感受音乐表达的情感。

本次活动的不足之处是，教师对幼儿年龄特点没有更好地把握，只关注到幼儿个体的表达表现，而忽视了大班幼儿之间合作表达的形式。如果为幼儿创设合作、创造表现的机会，幼儿的表达会更加丰富，创造性会再次提升，对音乐的理解也会更加深入。

三、设计导读

《指南》指出：“每个幼儿心里都有一颗美的种子。幼儿艺术领域的学习关键在于充分创造条件和机会，在大自然和社会文化生活中萌发幼儿对美的感受和体验，丰富其想象力和创造力，引导幼儿学会用心灵去感受和发现美，用自己的方式去表现和创造美。”

教师根据大班幼儿对鲜明而有特点的节奏、音响和舞蹈律动具有浓厚的兴趣的特点，通过情境性和游戏性的活动形式，设计了本节活动。该活动通过情境性和游戏性的活动形式，引导幼儿感受《挪威舞曲》这支乐曲优美的旋律，达成提高幼儿对音乐的感受力、理解力并能丰富幼儿的想象力的目标，培养幼儿对音乐的鉴赏能力。

活动设计：北京市顺义区幸福幼儿园　张红玉

设计导读：北京市顺义区教育研究和教师研修中心　王红超

金蛇狂舞

一、活动设计

观测点

1. 艺术：能够欣赏多种多样的艺术形式和作品；喜欢进行艺术活动，并能够大胆地表现与创造。

2. 学习品质：能够积极主动参加艺术活动。

活动目标

1. 学习品质：能够主动表达自己的感受，乐于与他人分享。

2. 知识经验：通过多种方式感知乐曲中的曲式结构。

3. 能力：能够用动作大胆地表达音乐情感。

引导要点

1. 教师通过播放乐曲，引导幼儿整体欣赏感知。

2. 教师通过提问，引导幼儿表现乐曲。

活动准备

1. 经验准备。

(1)教师：熟识乐曲，对本班幼儿的经验水平有全面的了解。

(2)幼儿：对歌曲前期的了解，以及对相关乐器的了解和认知；有过欣赏乐曲的经验、过节的经历；观看过舞龙、舞狮的场景。

2. 物质准备。

图谱、唢呐、鼓演奏的《金蛇狂舞》音频、视频，绸带、手巾花、音乐等。

活动过程

(一)导入：教师以谈话的形式导入，激发幼儿参与的兴趣。(2 分钟)

教师通过谈话法，链接幼儿的原有经验。

引导语：欣赏一段视频，说说这里面的音乐给你什么感受。

(二)观察感知：通过欣赏整个乐曲，进行整体的感知体验。(2 分钟)

教师播放整个乐曲，请幼儿进行整体的感知，感受乐曲的活泼、欢快的气氛。

引导语 1：小朋友们仔细听一听这首乐曲，请你说说自己的感受。(表达出乐曲特点)

引导语 2：这首曲子是我们国家特有的传统民族乐曲，它的名字叫《金蛇狂舞》，作者是聂耳。想一想什么时候、什么日子我们会演奏这样的乐曲?

引导语 3：请小朋友看图谱再次欣赏音乐。

(三)探索发现：教师引导幼儿看图谱分段欣赏，了解乐曲的结构，探索每个乐段的特点。(10 分钟)

教师分段播放音乐，请幼儿欣赏感知，发现不同乐段的特点，鼓励幼儿大胆想象。

引导语 1：可以把这首乐曲分成几个部分？每一部分有什么不一样的地方呢？首先我们听第一部分。

引导语 2：听了第一部分你有什么感受?(请你用自己喜欢的图案表示，请你跟着音乐用肢体动作表现出来)

引导语 3：第二部分和第一部分有什么不同?(再用你喜欢的图案标志)请你跟着音乐做一做。

引导语 4：你从第三部分发现了什么?(和第一部分一样，用同样的图案标志)我们再跟着音乐做一做。

引导语 5：这样的乐曲是 ABA 结构。

(四)合作交流：教师引导幼儿用动作、材料、乐器表现对乐曲的感受。(14 分钟)

引导语 1：我们再完整地听一遍《金蛇狂舞》，可以跟着音乐跳一跳。

引导语 2：这里有手巾花、红绸和乐器，小朋友们可以选择自己喜欢的材料，一起表演。

(五)结束：回顾整个乐曲的感受，一起退场。(1 分钟)

回顾整首乐曲，并鼓励幼儿表现、哼唱等。

引导语：这首乐曲有几段？看老师的手势，来一起做一做。

注意事项

提醒幼儿注意收放工具以及坐姿。

延伸活动

集体教学活动	区域活动	一日生活	家园共育
音乐：《金蛇狂舞》 舞蹈：《金蛇狂舞》	表演区：乐器演奏 表演区：“小小艺术家” 图书区：作品故事讲述	过渡环节：作品欣赏与肢体感知	亲子参与：废旧报纸的再利用，创设表演区材料

二、活动反思

“金蛇狂舞”是一节大班音乐欣赏活动。活动通过欣赏歌曲，让幼儿体验了新的曲风。活动中，该幼儿被中国传统的民间乐器所吸引，活动氛围较好。由于歌曲的曲式结构是幼儿不易掌握的，于是教师采用了图谱教学法，使幼儿理解音乐形象，分辨乐曲结构，帮助幼儿感受和表现音乐。通过此次活动，幼儿能够主动地表达自己对音乐的感受，并用动作的形式表现出来，和他人分享。大部分幼儿能够根据音乐，自己创编动作，用肢体语言表达出对歌曲的感受和热爱，因此活动目标基本实现。

不足之处：在第一遍播放音乐时，虽然幼儿具备了一定的音乐活动经验，能够安静地聆听，但缺少对歌曲的大胆表达。在今后的活动中，教师也要探索不同的引导方法，既培养幼儿的常规，又能大胆地释放幼儿的天性。

三、设计导读

教师根据大班幼儿对鲜明而有特点的节奏、乐器演奏具有浓厚的兴趣的特点，通过结合过年的气氛和游戏性的活动形式，设计了本节活动。

《金蛇狂舞》是一首具有浓郁民族风格的乐曲，体现了喜庆、热闹的节日气氛。许多传统的节庆活动中都会播放这首经典乐曲。旋律具有鲜明的节奏特点，乐曲以明亮上扬的音调不断呈现出欢乐、昂扬、奔放的情绪，这首乐曲是 A—B—A 结构，特别是 B 段音乐具有明显的对话性的曲式结构特点，变化清晰，适合大班幼儿欣赏。

本次欣赏活动，教师采用了 5 种策略促进幼儿主动学习：①情绪渲染法。教师创设了宽松、自主的精神氛围，通过语言、动作、表情、神态等感染等幼儿，激发了幼儿主动学习的愿望。②材料吸引法。图谱、唢呐、鼓演奏的《金蛇狂舞》音频、视频、绸带、手巾花、音乐等。③角色扮演法。赋予音乐是树精灵的角色，激发幼儿在轻松的氛围当中对音乐的理解，以及感受音乐带来的美感和乐趣。④问题引入法。活动中，教师有目的地提问，引导幼儿用不同的乐器进行演奏。⑤鼓励肯定法。促进幼儿主动学习。整个活动中，教师尊重幼儿，为幼儿创设了充分的时间和空间，突出了“幼儿在前，教师在后”的理念。

大班幼儿的学习方式是合作化共同学习。本次活动采用探索发现：听音乐、尝试用不同的肢体动作表现音乐作品，符合幼儿的学习方式。

节奏是音乐的基础，旋律是音乐的灵魂，描述是对音乐的表达。情境游戏有效地促进打击乐游戏化，把握了幼儿的核心经验，激发了幼儿参与音乐活动的积极性，提高了音乐教学活动的质量，达到教学的真正目的，让幼儿习得一种感受美、发现美、表现美的能力。

活动设计：北京市顺义区金汉绿港幼儿园　贾艳艳

设计导读：北京市顺义区教育研究和教师研修中心　王红超

彩带舞

一、活动设计

观测点

1. 艺术：具有初步的艺术表现与创造能力。

2. 社会：能够与同伴一起游戏并友好相处。

3. 学习品质：乐于主动交往与合作。

活动目标

1. 学习品质：能够积极主动地与同伴合作共同创编彩带舞。

2. 知识经验：能够根据音乐的性质创编适合的彩带舞动作。

3. 能力：能够跟随音乐节奏愉快起舞，学习踏跳步。

引导要点

1. 教师通过播放音乐，引导幼儿喜欢参加舞蹈创编活动，初步体验同伴交流与合作带来的乐趣。

2. 教师通过出示图谱，引导幼儿初步尝试为乐曲《彩带舞》创编简单的舞蹈动作，学习踏跳步。

3. 教师通过提问，鼓励幼儿能大胆地用动作表现乐曲欢快的情绪。

活动准备

1. 经验准备。

(1)教师：了解音乐的结构、音乐的性质，根据音乐的性质创编出多种舞蹈动作；了解对于本首音乐幼儿有哪些前期经验，了解每个幼儿在律动方面的能力。

(2)幼儿。过渡环节欣赏乐曲；了解了乐曲结构；户外自由探索了彩带的多种玩法。

2. 物质准备。

节选音乐《快乐一天开始了》《彩带舞》(《彩带舞》是从《森林狂想曲》的，图谱，照相机，电脑，手腕花，彩带等。

活动过程

幼儿随着音乐《快乐的一天开始了》律动进教室，激发幼儿参与活动的兴趣。

(一)导入：谈话导入，激发幼儿参与活动的兴趣。(1分钟)

引导语：周五就要庆新年了。小朋友说想用户外玩的彩带跳舞。今天我们就用彩带来创编舞蹈动作，并表演给爸爸妈妈看。

(二)观察感知：回忆歌曲的结构，初步尝试创编简单的彩带舞。(4 分钟)

1. 教师出示图谱，并播放乐曲《彩带舞》，幼儿用自己喜欢的方式为歌曲伴奏。

引导语：我们再来听一遍乐曲，你们可以用什么方式来表现图谱中的西瓜、樱桃和鸭梨？

2. 幼儿尝试用彩带创编几个简单的动作，表达歌曲欢快的情绪。

引导语：说一说你有什么感受。乐曲分为几部分？如果用彩带来舞蹈，你想用什么动作来表现乐曲欢快的情绪？

(三)探索发现：幼儿自主合作创编舞蹈《彩带舞》。(16 分钟)

1. 第一次合作探索舞蹈动作。

请幼儿自愿分成小组，合作创编各部分的舞蹈动作。

引导语：请你们自愿组成樱桃组、西瓜组、鸭梨组，共同合作来创编你们那部分的舞蹈吧。

2. 幼儿初步展示创编的舞蹈动作，学习踏跳步。

引导语 1：哪组愿意展示一下你们创编的舞蹈动作？(教师邀请动作新颖，有一起合作的，出现踏跳步的或有队形变化的幼儿进行展示)

引导语 2：我们发现小朋友出现了一个新的舞步，请他们来教教我们怎么跳吧。

引导语 3：原来这个舞步有一个好听的名字，叫作踏跳步。

3. 第二次合作创编舞蹈动作。

引导语：刚刚小朋友创编出了合作的动作和新的踏跳步，接下来我们小组继续创编，看看你们还能创编出哪些不同的动作和舞步。

教师观察幼儿，并用相机记录幼儿的舞蹈动作。

(四)合作交流：幼儿分小组进行大胆展示与交流。(5 分钟)

1. 个别小组展示，其他组幼儿模仿、学习。

引导语 1：哪组的小舞蹈家愿意先展示一下你们创编的《彩带舞》？请其他组的小朋友认真欣赏，看看你喜欢他们做的哪个动作？为什么？

引导语 2：让我们一起来学学他们编的动作吧。

2. 请幼儿观看视频，能用动作、表情表现乐曲欢快的情绪。

引导语：刚才小朋友创编的时候，老师还给你们录了像。我们来一起看看哪位小舞蹈家上电视表演了。请你说说她是怎么表演的。

3. 教师引导幼儿找出适合欢快情绪的舞蹈动作。

引导语：谁还记得《彩带舞》音乐给我们带来了什么样的感受？刚才我们一起欣赏了那么多小舞蹈家创编的动作，你觉得怎样跳更能表现出欢快的情绪呢？

4. 幼儿随音乐完整表演《彩带舞》。

引导语：刚才小朋友们都说了，在跳彩带舞的时候，动作幅度要大一些、频率要快一些、舞步要跳跃些、表情要开心些等。下面我们就一起听音乐来完整地表演《彩带舞》吧。

（五）结束。（1 分钟）

引导语：今天，小朋友都很开心，通过相互交流、合作为《彩带舞》创编了很多舞蹈动作，而且学会了踏跳步；知道表演欢快情绪的舞蹈时要选择跳跃的舞步，动作要舒展、频率要快一些。回去以后我们可以到表演区继续创编更多的动作及队形。

延伸活动

集体教学活动	区域活动	一日生活	家园共育
（1）《彩带舞》第二课时，进一步引导幼儿根据音乐的性质选择更加适宜的舞蹈动作 （2）《彩带舞》第三课时，幼儿自主地创编自己喜欢的舞蹈队形	表演区：进一步创编舞蹈动作，尝试动作和队形的变化 美工区：制作自己喜欢的彩带；利用废旧材料制作表演服装、服饰等	（1）在表演区的墙上展示幼儿创编的动作，以便幼儿相互学习 （2）在过渡环节，可以播放一些幼儿在表演区表演的视频，激发幼儿创编的兴趣，同时幼儿间能相互学习 （3）播放幼儿收集的各种关于《彩带舞》的舞蹈视频，丰富幼儿的动作经验	（1）和幼儿一起收集各种关于《彩带舞》的视频 （2）将幼儿在家表演的《彩带舞》录下来，在表演区或过渡环节播放，可以激发幼儿创编的兴趣以及向同伴学习的热情

附录

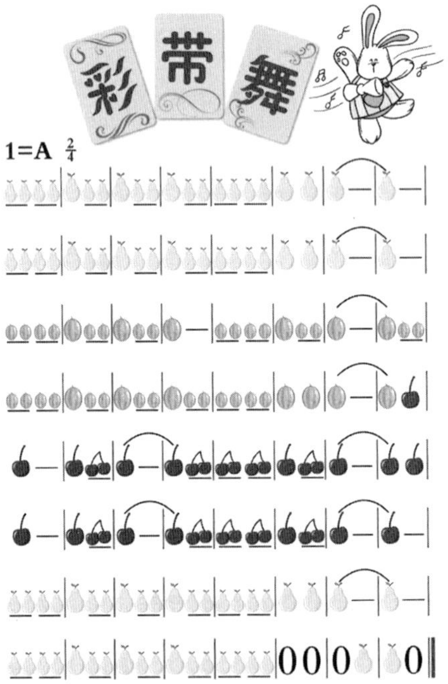

二、活动反思

本次活动教师以新年即将到来，用彩带创编舞蹈表演来导入，充分调动起大班幼儿参与活动的兴趣。《金蛇狂舞》是一首民族管弦乐曲，乐曲的旋律昂扬，热情洋溢，锣鼓铿锵有力，渲染了节日的欢腾气氛，适合大班幼儿在新年来临前欣赏。活动中幼儿参与兴趣浓厚，通过以不同形式反复欣赏乐曲。幼儿对其曲式逐渐熟悉，并在此基础之上进行动作创编。在创编过程中，幼儿能够大胆以动作表达对乐曲情感的理解，并且节奏比较准确，因此活动目标基本实现。

三、设计导读

教师根据《指南》要求，以大班幼儿能用律动或简单的舞蹈动作表现自己的情绪为目标，结合大班合作化共同学习的学习特点设计了本次活动。

1. 活动来源贴近幼儿生活。

彩带的材料在户外和表演区中都有投放，平时幼儿对彩带也非常感兴趣，能用彩带做各种动作。

2. 音乐的选择比较适宜。

这首《彩带舞》的音乐节选自《森林狂想曲》。整首音乐节奏明快，旋律跳跃，给人以欢快、清新之感，符合大班幼儿的年龄特点。教师在设计活动时对音乐进行了节选，形成了 A—B—C—A 的曲式。每个部分两个乐句，这样的音乐结构设计，便于幼儿创编动作。

3. 活动突出幼儿的主动性。

本次韵律活动，教师采用了 7 种策略促进幼儿主动学习：①情绪渲染法。教师创设宽松、自主的精神氛围，通过语言、动作、表情、神态等感染幼儿，激发幼儿主动学习的愿望。②材料吸引法。如彩带、手腕花、图谱、视频等。③任务驱动法。导入环节提出任务，要创编舞蹈，新年表演给家长看。④角色扮演法。赋予幼儿小舞蹈家的角色，激发幼儿创编及表演的欲望。⑤问题引入法。活动中，教师有目的地提问，引导幼儿创编不同的动作等。⑥合作探究法。分组创编舞蹈动作。⑦鼓励肯定法。促进幼儿主动学习。整个活动中，教师尊重幼儿，为幼儿创设了充分的时间和空间，突出幼儿在前，教师在后的理念。

4. 活动体现大班幼儿学习方式。

大班幼儿的学习方式是合作化共同学习。本次活动采用分组合作创编的形式，符合幼儿的学习方式。

5. 活动环节层次清晰，层层递进。

第一是导入。通过简短的谈话导入，激发幼儿参与活动的兴趣。第二是观察体验。提供图谱，引导幼儿回忆音乐的结构，初步能随音乐用不同的方式表示，尝试用彩带创编出舞蹈的各种动作。第三是探索发现。本环节给幼儿充分自主的时间，探索用彩带创编简单的舞蹈。第四是合作交流。通过给每个小组提供平等的展示机会，激发幼儿大胆表现的欲望，同伴间相互学习。第五是回顾。幼儿发挥想象力创编出了多种的舞蹈动作，最后以再次表演的方式回顾了创编的舞蹈动作。

6. 活动注重幼儿学习品质的培养。

在整个活动中，导入环节提出一个创编舞蹈给爸爸妈妈看的小任务，提高了幼儿的任务意识。在整个活动中，幼儿勇于接受创编舞蹈的挑战，能与同伴合作解决问题等，学习品质得到了充分发展。

活动设计：北京市顺义区西辛幼儿园　崔红梅

设计导读：北京市顺义区西辛幼儿园　杨丽群

炒萝卜

一、活动设计

观测点

1. 艺术：喜欢进行艺术活动，并具有初步的艺术表现与创造能力。

2. 社会：能与同伴友好相处，并合作完成任务。

3. 学习品质：能够积极主动参加艺术活动，乐于探究与尝试。

活动目标

1. 学习品质：能够选择自己喜欢的乐器演奏，感受和同伴合作伴奏的乐趣。

2. 知识经验：根据乐段的音乐特点，能用打棒、铃鼓、响板、鼓、串铃等乐器为乐曲伴奏。

3. 能力：能够根据乐段的特点创编图谱，依据乐器音色选择适合的乐器为歌曲伴奏。

引导要点

1. 教师利用节奏卡引导幼儿按音乐节奏设计图谱。

2. 教师引导幼儿根据乐器音色选择乐器为歌曲伴奏。

活动准备

1. 经验准备。

(1)教师：熟识乐曲，对本班幼儿的经验水平全面了解。

(2)幼儿：欣赏过《炒萝卜》的音乐，有看图谱演奏经历，使用过打棒、铃鼓、响板、鼓、串铃，了解乐器的基本特点。

2. 物质准备。

音乐《炒萝卜》《幸福拍手歌》，小动物节奏卡，乐器卡，打棒、铃鼓、响板、鼓、串铃等打击乐器，笔，画纸，3 块黑板，磁力扣。

活动过程

(一)导入：通过音频导入，激发幼儿的兴趣。(2 分钟)

听音乐《幸福拍手歌》做律动进教室，引导幼儿大胆做动作。

(二)观察感知：教师播放音乐，出示图谱，引导幼儿感知音乐节奏。(3 分钟)

播放音乐《炒萝卜》，幼儿看图谱进行声势伴奏。

引导语 1：这首歌曲的名字是什么？让我们一起用身体小乐器伴奏吧！

引导语 2：小动物也想当厨师演奏这首歌曲，让我们一起来帮助它们设计图谱吧！

(三)探索发现：教师引导幼儿用动物节奏卡创编设计图谱。(9 分钟)

1. 教师出示节奏卡，幼儿分组设计图谱。

引导语 1：我们分为 1 组、2 组、3 组，每组由 5 个人组成。每组设计一句图谱，看看哪组能设计出不一样又好听的图谱，哪组设计完成后可以分享给大家听！

2. 分组设计图谱，幼儿用身体小乐器尝试演奏，并调整图谱。

引导语 1：××组，你们用身体声势的演奏还需要调整哪里，为什么？

引导语 2：图谱调整好了，看图谱合拍的演奏。

引导语 3：1 组设计得非常好听，2 组和 3 组也来分享一下你们的图谱吧。

(四)合作交流：引导幼儿根据乐器的音色，进行大胆配器设计。(15 分钟)

1. 让幼儿感知各种乐器的声音，找出合适的乐器。

引导语 1：请你们拿乐器来演奏歌曲。每组小厨师们选择自己喜欢的小动物，给图谱设计配器方案。看看每个小动物适合什么样的乐器演奏。

2. 引导幼儿按乐器音色为乐曲伴奏，设计配器方案。

引导语 2：你们都设计好了，我们拿乐器一起来演奏吧！

引导语 3：你们觉得伴奏怎么样，有什么感觉？为什么？怎么调整？

3. 幼儿根据调整后的方案为音乐伴奏。

引导语 4：我们把调整好的配器方案，一起来演奏试试。

引导语 5：其他组也来分享一下你们的配器方案吧。

(五)结束：教师鼓励幼儿看图谱，展示合作创作的音乐，为歌曲《炒萝卜》伴奏。(1 分钟)

引导语：小厨师们，请认真看图谱、听音乐，我们一起演奏吧！

注意事项

鼓励幼儿大胆地尝试探索，引导幼儿在伴奏时注意合作配合。

延伸活动

集体教学活动	区域活动	一日生活	家园共育
音乐仿编歌曲：《炒萝卜》	表演区：演奏歌曲《炒萝卜》	过渡环节：玩“节奏游戏”	和家长一起玩节奏游戏，创编歌词

附录

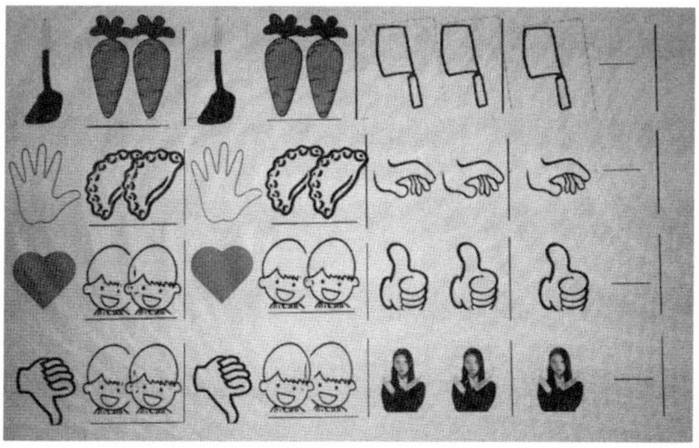

第一张图谱出现在活动中的观察感知阶段。幼儿通过看图谱进行声势伴奏，巩固音乐的节奏。

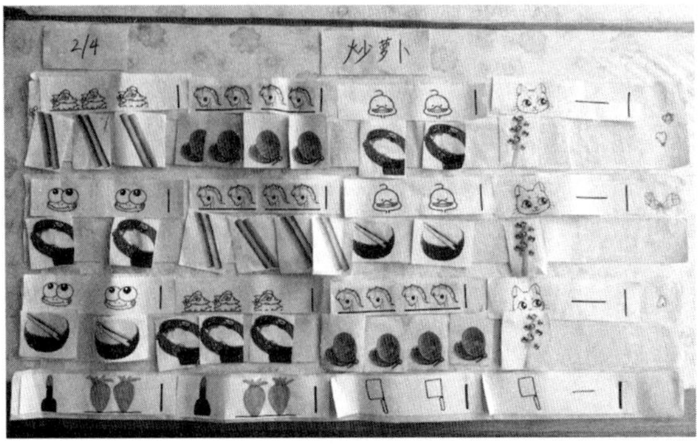

第二张图谱出现在探索发现阶段。幼儿通过小组合作进行设计与调整，完成对音乐《炒萝卜》新的伴奏。

二、活动反思

《炒萝卜》是一首结构简单，句式对仗，节奏明显，趣味性强的儿歌，非常容易被幼儿所接受。此次活动能让幼儿感受到节奏乐的有趣，同时通过创编活动发展其自主性和自尊自信的品质。

整个活动主要分成 3 个环节：感受音乐→创编节奏→乐器演奏。幼儿在整个过程中兴趣浓厚，3 个环节层层深入。通过丰富的欣赏和感知，幼儿逐渐掌握了儿歌的节奏，最终能够选择合适的乐器，创编并敲打出准确的节奏。

活动也存在着一些不足之处：活动过程中，幼儿通过 5 个人一组合作的方式进行节奏创编，但在创编的过程中每组都只有一两个幼儿参与进来，而其他幼儿只是旁观。因此，教师应该注意调整策略，给每个幼儿自主创编的机会。

三、设计导读

此活动结合大班幼儿合作化共同学习的特点进行设计。

1. 活动来源贴近幼儿生活。

在做饭的情境中掌握轮流演奏和初步指挥伴奏等技能。幼儿在玩中学，学中探究，十分投入和享受。

(1)音乐游戏“炒萝卜”作为提高幼儿在听觉、视觉、肢体运动及语言表达的能力的依托，使幼儿在活动中获得艺术体验的美感与快乐。

(2)多领域融合。活动中充分发展了幼儿的语言领域的聆听与表达，歌谣里的词汇内容丰富、生动活泼。幼儿将歌谣里的蔬菜替换成自己知道的蔬菜名称，并有节奏地说唱出来，也是平日里幼儿非常喜欢的创编形式。

2. 音乐的选择适宜。

音乐《炒萝卜》的节奏鲜明，结构整齐。教师在设计活动时，第一课时完整欣赏音乐，并引导幼儿创编动作，从而稳定节奏；第二课时引导幼儿创编整首乐曲节奏，并进行配器方案设计，最终进行打击乐伴奏活动。

3. 策略巧，激发幼儿参与活动的主动性。

本次韵律活动，教师采用多种策略促进幼儿主动学习。教师创设宽松、自主的精神氛围，通过语言、动作、表情、神态等感染幼儿，激发幼儿主动学习的愿望。教师还运用游戏化的教育理念，将复杂难懂的节奏符号，用幼儿熟悉的小动物来代替，方便幼儿理解。由于赋予幼儿小厨师的角色，幼儿很快便进入游戏情境。在节奏创编环节，每个幼儿都认真专注。探究中，教师每一个提问都力求语言开放，引导幼儿自主进行节奏创编、设计配器方案，并自己解决问题。幼儿分组进行节奏创编，并设计配器方案。在遇到问题时，幼儿自己进行调试并再次尝试，直到成功。教师作为活动的支持者、引导者、合作者，用环境、指导语支架幼儿主动学习过程。

4. 准确把握年龄特点，充分体现大班幼儿学习的特点。

大班幼儿的学习方式是合作化共同学习。本次活动采用多种学习方式，如集中熟悉节奏，分组进行节奏创编和配器方案设计，再集中进行展示，既有小组合作，又有个性化展示。活动形式符合孩子们的主动学习方式。

5. 活动环节层次清晰，层层递进。

第一是导入。通过简短的谈话导入，激发了幼儿参与活动的兴趣。第二是观察体验。教师提供图谱，引导幼儿复习《炒萝卜》的节奏型，初步能随音乐用不同的身体声势表示。第三是探索发现。幼儿能分组选择节奏卡为创编歌曲；创编后幼儿自己播放音乐，并对不适宜的节奏型进行调整，再次尝试；最后分享交流时每组将自己创编的歌曲听音乐进行展示，并分享在创编过程中遇到的困难及解决办法。第四是合作交流。乐器探索部分，幼儿能设计配器方案，自选乐器进行伴奏，并能合作表现歌曲。通过给每个小组提供平等的展示机会，激发了幼儿大胆表现的欲望，促进了同伴间相互学习。第五是回顾。幼儿能用合奏的方式为歌曲进行伴奏，调试后并进行合作表现歌曲。

6. 活动注重幼儿学习品质的培养。

整个活动体现了幼儿的积极主动、认真专注、不怕困难，勇于探究和尝试等学习品质。活动以幼儿为主体，教师为支持者、引导者、参与者，与幼儿共同学习。

活动设计：北京市顺义区后沙峪第一幼儿园　万　雪

设计导读：北京市顺义区教育研究和教师研修中心　王红超

小乌鸦爱妈妈

一、活动设计

观测点

1. 艺术：具有初步的艺术表现与创造能力。
2. 社会：能够对父母及其他爱自己的人表示尊重。
3. 学习品质：能够积极主动参加艺术活动，乐于相互配合。

活动目标

1. 学习品质：积极参与《小乌鸦爱妈妈》的歌唱活动，通过相互配合体验歌唱带来的快乐。
2. 知识经验：能用基本准确的节奏、音调演唱歌曲《小乌鸦爱妈妈》。
3. 能力：能理解妈妈的辛苦，并有感情地演唱歌曲《小乌鸦爱妈妈》。

引导要点

1. 教师通过范唱、学唱歌曲，引导幼儿能用基本准确的节奏和音调演唱歌曲。

2. 教师通过运用图片、不同的演唱形式，引导幼儿能理解歌词的内容，并有感情地演唱歌曲。

活动准备

1. 经验准备。

(1)教师：知道乌鸦反哺的故事，分析歌曲并能有感情演唱歌曲。

(2)幼儿：听过乌鸦反哺的故事，过渡环节时听过歌曲，了解简单的演唱形式。

2. 物质准备。

音乐《小乌鸦爱妈妈》，进行曲音乐、PPT 课件、电脑等。

活动过程

听进行曲，拍节奏 XX XX | X X | X— | X— ‖ 走队形进活动室。

(一)导入：谜语导入，激发幼儿兴趣。(3 分钟)

1. 师生问好。

12 34 | 5 — | 54 32 | 1 — ‖

小朋 友们 好， ×老师您 好。

2. 发声练习：C—F 调进行断音和连音的发声练习。

12 34 | 5 — | 54 32 | 1 — ‖

小猫 怎样 叫， 喵喵 喵喵 喵。

小狗 怎样 叫， 汪汪 汪汪 汪。

青蛙 怎样 叫， 呱呱 呱呱 呱。

小鸭 怎样 叫， 嘎嘎 嘎嘎 嘎。

3. 谜语导入，引出歌曲。

引导语 1：说谜语，猜猜它是什么动物。谜面是：东墙站个黑大汉，身上背着两把扇，走一走来扇一扇，哇啦哇啦乱叫唤。

引导语 2：歌曲的名字叫《小乌鸦爱妈妈》。

(二)观察感知：欣赏歌曲，感知歌曲内容。(5 分钟)

1. 播放歌曲，初步了解歌曲内容。

引导语：请小朋友仔细听，听后说一说歌里都唱了什么。

2. 教师范唱歌曲，幼儿进一步了解歌词

引导语：老师为你们演唱这首歌曲，请你们听听歌里还唱到什么。

(三)探索发现：学唱歌曲并有感情演唱。(15 分钟)

1. 看图片，按节奏说歌词。

引导语：我们来完整地看看图片中都唱到了什么。你们还记得刚刚进活动室的时候，我们拍了什么节奏？

我们用 XX XX | X X | X— | X— ‖ 的节奏说一遍歌词吧。

2. 幼儿随琴演唱歌曲。

(1)幼儿随琴尝试演唱歌曲。

引导语 1：乌鸦妈妈怎么了？小乌鸦是怎么做的？我们也来帮它一起找虫子吧。如果我们能试着把歌曲完整地唱出来，就能帮助小乌鸦找到更多的虫子了。

引导语 2：我们一起跟琴试着唱唱吧。

(2)幼儿自主发现演唱中的问题，并解决问题。

引导语 1：刚刚在唱的时候，你们觉得哪里还唱不好或者还不会唱，需要老师帮助？

引导语 2：我们跟琴用自然的声音完整地演唱一遍歌曲吧。

3. 体会小乌鸦对妈妈的情感，有感情地演唱歌曲。

引导语 1：唱完这首歌有什么感受？为什么？

引导语 2：我们怎么唱就能把这种感受表现出来呢？

引导语 3：原来第一段的时候要用断音唱法，表现出小乌鸦回家的急切心情。第二段，乌鸦妈妈老了，小乌鸦有些伤心，用稍微弱一点的声音，用连音方法演唱。第三段，赞扬小乌鸦的懂事、可爱，声音略强，连音唱法。

引导语 4：请小朋友们有感情地来唱一唱小乌鸦对妈妈的爱。

(四)合作交流：能用不同的演唱形式演唱歌曲，感受妈妈的爱。(5 分钟)

1. 用不同的演唱形式演唱歌曲。

引导语：除了刚刚的齐唱，还可以用什么形式演唱这首歌？

2. 体会妈妈的辛苦，表达对妈妈的爱。

引导语：乌鸦妈妈把小乌鸦养育大，小乌鸦知道要反哺。我们的妈妈为我们做了什么？我们应该怎样做呢？

(五)结束：教师梳理总结。(1 分钟)

引导语：小朋友们今天特别棒，不仅学会了《小乌鸦爱妈妈》这首歌，还知道了我们的妈妈每天都很辛苦。我们要自己的事情自己做，还可以帮助妈妈做一些事情，表达对妈妈的爱。回去后，可以把这首歌唱给我们的妈妈听。

幼儿唱着《小乌鸦爱妈妈》离开活动室。

注意事项

提醒幼儿歌唱时的坐姿，用自然的声音演唱。

延伸活动

集体教学活动	区域活动	一日生活	家园共育
语言：乌鸦反哺	益智区："乌鸦找虫子"(加减运算) 美工区：绘画《爱妈妈》 图书区：创编故事《小乌鸦爱妈妈》 表演区：歌唱、舞蹈或故事表演《小乌鸦爱妈妈》 积木区：搭建鸟巢	过渡环节： (1)播放歌曲 (2)播放《小乌鸦爱妈妈》的舞蹈视频 (3)聊聊我们的妈妈，理解妈妈的辛苦	(1)幼儿为妈妈表演歌曲《小乌鸦爱妈妈》 (2)为妈妈做一件力所能及的事

二、活动反思

《小乌鸦爱妈妈》是一首叙事性较强的儿童歌曲。歌曲的旋律欢快且温柔，朴实且富有童趣。

活动中，教师首先通过图谱为活动降低了一定的难度。大部分幼儿能在教师的引导下将歌词与图谱对应起来，很快记住歌词，进行完整的演唱。通过引导幼儿自主发现演唱过程中存在的难点，寻找解决难点的方法，介入歌唱技巧：第一段要用断音唱法，表现出小乌鸦回家的急切心情；第二段用连音唱法，表现小乌鸦对妈妈年老了的伤心情绪；第三段用连音唱法，赞扬小乌鸦的懂事、可爱。这样，幼儿逐步掌握了歌唱技巧，更加有感情地表达歌曲内容。

《小乌鸦爱妈妈》不仅是一首很好的音乐教学曲目，而且是一个很好的德育教学内容。因此，在歌唱的同时，教师引导幼儿通过讨论乌鸦反哺的故事，联系到自己妈妈的辛苦，并表达自己对妈妈的爱。

不足之处：为使幼儿逐步达成目标，教师通过多种方式引导幼儿，会忽略幼儿歌唱的姿态。幼儿大部分时间是坐着演唱，不利于歌唱气息的发出以及歌曲情感的表达，应调整为幼儿站姿演唱。

三、设计导读

该活动源于班级开展的三八妇女节主题系列教育活动，并结合《指南》社会和艺术领域的目标、大班幼儿的年龄特点与学习方式，以及幼儿的兴趣与需要而设计。

活动开始：在听音乐进活动室的环节，将歌曲的节奏渗透其中，幼儿在不知不觉中学会了歌曲的节奏，为能够用准确的节奏演唱歌曲做了铺垫。

发声练习，采用连音和断音的形式进行，为歌曲处理做了铺垫。幼儿在演唱第一段的时候就采用了断音的唱法，在第三段赞扬小乌鸦的时候用到了连音的唱法。

感知环节：幼儿带着问题欣赏歌曲，听完后说出歌词；教师采用现代化信息技术，幼儿说到哪句，就翻出相应的图片。这种形式不仅使幼儿熟悉歌词，同时激发了幼儿主动学习的欲望。

探索环节：第一，由于在过渡环节幼儿都欣赏过歌曲，很多幼儿能唱出歌曲，但是在唱的时候节奏、歌词或音调上还不是很准，因此结合大班幼儿要发现问题、解决问题的目标，请幼儿演唱后发现还有哪些地方需要改进，从而使幼儿能用准确的音调和节奏演唱歌曲。第二，在幼儿学会歌曲的基础上，进行歌曲处理。通过讨论、对比等形式，幼儿在分析歌曲情绪的基础上，探索运用不同的力度、速度和发声方法来有感情地演唱歌曲。

交流环节：给幼儿创设了展示的机会。通过不同的演唱形式巩固幼儿能有感情地演唱歌曲，同时这种形式的运用也大大激发了幼儿的学习兴趣。

回顾环节：教师围绕活动目标进行了梳理和提升，同时引导幼儿爱自己的妈妈，并鼓励幼儿为妈妈做力所能及的事，对幼儿进行爱的教育。

总之，这节活动通过歌唱的形式使幼儿能够用自然的声音，基本准确的音调和节奏有感情地演唱歌曲，同时在活动过程中充分尊重幼儿的自主性，培养幼儿解决问题的学习品质。

活动设计：北京市顺义区港馨幼儿园　张陈燕
设计导读：北京市顺义区西辛幼儿园　崔红梅

勤劳人和懒惰人

一、活动设计

观测点

1. 艺术：具有初步的艺术表现与创造力。
2. 社会：能与同伴友好相处，乐于合作。
3. 学习品质：能够积极主动参加艺术活动，乐于想象和创造。

活动目标

1. 学习品质：积极参与《勤劳人和懒惰人》创编歌词活动，体验创编带来的乐趣。
2. 知识经验：能根据《勤劳人和懒惰人》的歌词结构，改编勤劳人的歌词。
3. 能力：能将改编的歌词与音乐对应，用自然的声音演唱出来。

引导要点

1. 教师通过谈话引导幼儿产生对改编歌词的兴趣。
2. 教师通过运用歌词条，引导幼儿了解歌词的结构，改编新的歌词。

活动准备

1. 经验准备。

(1)教师：熟悉歌曲的语词结构，有改编歌词的经验。

(2)幼儿：学唱过歌曲，有为歌曲改编歌词的经验，能用简单的图示表现自己想表达的内容的经验。

2. 物质准备。

(1)歌曲《勤劳人和懒惰人》《快乐的一天开始了》。

(2)教师、家长与幼儿收集的各种勤劳人物劳动的图片。

(3)图片：厨师、厨房、炒菜、煮饭、蒸馒头。

(4)创编歌词条、彩笔、小框、黑板、磁力口等。

活动过程

听音乐进活动室：幼儿随《快乐的一天开始了》的音乐，边唱边做动作进教室。

(一)导入：谈话导入，激发幼儿参与活动的兴趣。(2 分钟)

1. 发声练习：用连音和断音唱法进行师幼、幼幼问好。

2. 谈话导入。

引导语 1：你的家里谁最勤劳，他们都做些什么呢？

引导语 2：我们学过一首关于勤快人的歌，是什么歌？

(二)观察感知：回忆歌词的结构，初步尝试改编歌词。(3 分钟)

1. 幼儿随音乐演唱歌曲，回忆歌曲内容。

引导语：随着音乐一起唱一唱这首《勤劳人和懒惰人》。歌曲里唱到有些什么人？

正在哪里劳动？做了什么？

2. 出示歌词条，幼儿初步尝试改编歌词。

引导语 1：勤劳人在厨房还可以做什么？试着唱一唱。

引导语 2：你们还知道哪些勤劳人呢？他们在哪儿劳动，都做了什么？

引导语 3：试着把刚刚编的勤劳人歌曲唱出来。

(三)探索发现：幼儿分组合作改歌词。(12 分钟)

出示改编歌词条，幼儿分组探索改编歌词。

引导语 1：请你们 6 个人一组，一起合作编一首新的歌。

引导语 2：老师为小音乐家们也准备了歌词条，把你们编的歌词用喜欢的方式记录在歌词条中，并试着唱一唱。

引导语 3：在你们创作的时候，老师会放一首音乐。音乐停止后，把你们编的歌词贴到黑板上。我们唱一唱你们编的歌曲。

(四)合作交流：幼儿分小组交流和演唱改编歌词。(10 分钟)

引导语 1：哪组愿意唱一唱你们编的《勤劳人》？你们在改编的过程中遇到了什么困难，怎么解决的？

引导语 2：今天我们唱了那么多的勤劳人。老师知道小朋友们也都是勤劳人，你们还会做些什么？

(五)结束。(2 分钟)

引导语：今天小音乐家们一起合作改编出很多勤劳人的歌词，而且知道了改编歌词的时候要与音乐对应，唱起来才好听。希望从今天开始，小音乐家们要学会尊重别人的劳动成果，自己的事情自己做，还可以帮爸爸妈妈做一些事情，做一个勤劳的人。

延伸活动

集体教学活动	区域活动	一日生活	家园共育
语言：勤劳的人起得早 社会：在家我也爱劳动	表演区：歌曲表演或打击乐《勤劳人和懒惰人》 图书区：《勤劳的人起得早》故事讲述 自制图书：《勤劳人》	过渡环节：小小值日生	亲子活动：我帮妈妈做事情

附录

说明： 第一行是原歌词以图片的形式展示。

第二行是以农民伯伯种地为线索创编歌词，以绘画的形式展示。

第三行、第四行寻找不同线索创编歌词，以绘画的形式展示。

二、活动反思

歌曲《勤劳人和懒惰人》是幼儿非常喜欢的一首歌曲。第一段描述了勤劳人在厨房辛勤劳动的情景，第二段描述了懒惰人在厨房睡觉的情景。这两段歌词对比强烈，在上次活动学唱歌曲的基础上，幼儿尝试对歌曲内容进行大胆创编和表达。

在创编的过程中，教师首先带幼儿回顾了歌曲，然后以出示图片的方式，让幼儿清晰地了解歌曲的结构，说出“谁？在哪儿？做什么？”，为创编做准备。然后通过一次集体创编，巩固幼儿对结构的把握，最后进行分组探索创编。通过这样过程清晰，步骤明确，循序渐进，层层深入的创编流程，幼儿逐步从看图唱歌词到能够创编歌词，达成活动目标。

活动前期准备充分，有效地拓宽了幼儿的思维。但是幼儿在语言表达方面还要加强，特别是词汇量不够丰富，还需要在日常活动中继续丰富。

三、设计导读

该活动基于大班幼儿在艺术领域、社会领域的目标以及大班幼儿的年龄特点、学习方式等，引导幼儿感受歌曲的基本句式，尝试结合生活经验创编勤劳人歌词，学习到改编歌词时要注意歌词与音乐的对应，从而体验歌唱和创编带来的乐趣。

1. 活动突出幼儿自主性。

本次活动中，教师给了幼儿充分的时间和空间，如幼儿自主了解歌词的基本句式，自主选择合作伙伴进行创编，自主进行想象和创造，创编歌词，充分体现了幼儿的自主性。

2. 活动形式体现大班幼儿学习方式。

大班幼儿的学习方式是合作化共同学习。本次活动采用幼儿自愿分组合作创编勤劳人歌词的形式，符合幼儿的学习方式。

3. 活动层次清晰，层层递进。

创编歌词的过程层层递进。教师先是请幼儿感知歌词中“谁、在哪儿、做什么”的基本句式，然后请幼儿先创编歌曲的后边部分：勤劳人在厨房还可以做什么，最后再创编还有哪些勤劳人、在哪里、做什么。

4. 关注个体差异，投放有层次材料。

在投放的材料上，教师关注幼儿个体差异，投放有层次的歌词条。在幼儿创编歌词时，有的给出人物、地点，需要创编做什么的；有的只给出地点，幼儿创编谁和做什么的；还有的提供了空白的歌词条。这样的设计使不同能力的幼儿都能在自己原有的基础上得到发展，获得成功的喜悦。

5. 活动体现整体性原则。

虽然本次活动是一节音乐领域的活动，但是在活动中，幼儿通过了解歌词句式，进行改编歌词，发展了幼儿语言领域的仿编能力。与此同时，幼儿通过改编出的不同职业的劳动内容，更加了解不同的职业，从而尊重各行各业的劳动者以及他们的劳动成果。幼儿学会了自己的事情自己做，完成了社会领域目标，活动充分体现了领域间的整合。

6. 注重幼儿学习品质的培养。

《指南》明确指出，要重视幼儿的学习品质。通过此次活动，幼儿的自主性、合作性得到了发展，认真专注、敢于尝试、乐于创造的学习品质也得到了发展。

活动设计：北京市顺义区裕龙二区幼儿园　邵丽娅

设计导读：北京市顺义区西辛幼儿园　崔红梅

后　记

回望对案例的梳理与检验、改进与提升、视频录制与审阅过程，本书的每一位参与人——园长、教师、北京师范大学的研究生以及顺义区教委学前科、教师研究和教师研修中心的工作人员，在成书成册过程中已经形成了一个“以促进与支持‘幼儿有意义的学习过程’为初心与终端”的命运共同体，并在凝聚共识、分布领导、个人实践、集体反思的行动路径中，展开了实实在在、真真切切的案例研究工作，最终才有了这本对研究与提升园长课程领导力、园长教师领导力、教师尤其是新教师专业胜任力与内生学习力、区域教育质量有直接指引意义的优秀案例成果集。

案例成果集是基于《3-6 岁儿童学习与发展指南》中有关学习品质的内容，展开并深入解读指向操作的课程实践智慧。即通过对《3-6 岁儿童学习与发展指南》中“充分尊重和保护幼儿的好奇心和学习兴趣，帮助幼儿逐步养成积极主动、认真专注、不怕困难、敢于探究和尝试、乐于想象和创造等良好学习品质”的解读，进一步剖析出积极学习品质的结构和积极学习品质的养成路径，再审视国内外最新的幼儿教育理念和学前教育课程模式，结合幼儿身心发展特点和独特的学习方式，针对大、中、小班幼儿不同的年龄特征，分别设计了“五段式”教师教学路径与幼儿学习路径。

以“五段式”路径展开的集体教育活动，在开始前，就要关注教师的物质准备、经验准备和幼儿的经验准备，并特别强调教师的经验准备。只有教师成为“有准备的教师”，才能在了解幼儿的基础上有效“支持幼儿有意义的学习过程”。在活动过程中，通过层层递进、螺旋上升的五步路径，以隐藏目标与意图的“引导语”成为幼儿的“引导者”，引导幼儿逐步养成积极的学习品质、逐步构建关键的知识经验、逐步提升能力。在活动结束后，“五段式”案例重视幼儿将活动中获得的知识经验持续延伸到一日生活的各个环节中，让幼儿学会学习并快乐学习。

这本案例集是多方力量的智慧结晶。我们期望通过这本案例集，能够最大限度地指引实践，并提供直接资源。具体来说，我们有以下几个期望：

一是期望本书能够指引幼儿园教育教学改革走出“简单小学化”误区和“表面游戏化”误区。书中的“五段式”案例符合幼儿学习方式、契合幼儿学习特点、适宜幼儿发展的需求，为幼儿园教育教学走出“简单小学化”误区和“表面游戏化”误区提供了最直接的课程与教学设计的操作范本。

二是期望本书能够指引幼儿园园长提升以课程为本的课程领导力和教师领导力。以幼儿园课程的领导力和课程为抓手，提升教师质量的教师领导力是幼儿园园长领导力的核心体现。本书既能让幼儿园园长带领教师展开课程实践，又能推动广大一线幼儿园园长以“五段式”综合主题活动为切入点，在帮助新教师在提升集体教育活动设计与实施能力的同时，成为提升新教师岗位胜任力和内生学习力的引领者、支架者、协同者。

三是期望本书能够指引幼儿园新教师切实提升以课程为本的岗位胜任力和内生学习力。集体教育活动是我国幼儿园课程与教学的典型活动样态之一。要想掌握好集体教育活动的设计、组织与实施，就需要幼儿园教师具备相应的岗位胜任力。尤其对新入职的幼儿园教师来说，本书能够直接、有效、快速地为他们提供可以提升集体教育活动设计与实施能力的课程资源，让新教师在胜任岗位过程中有获得感，并进一步激发内在的学习力。

四是期望本书能够指引以UDK教研模式促进区域教育质量的整体提升。U(大学)—D(区域)—K(幼儿园)教研模式可以协同高校专家团队顶层指引、区域协调推进、幼儿园基地实践探索三大教研主体，将理论层面的研究者与实践层面的行动者凝结在一起，对于提升区域整体的教育质量有根本变革意义。

期望幼儿园园长、教师特别是新教师能够在本书的指引下，了解、熟悉、掌握幼儿有意义的学习过程的集体教育活动的设计思路与实施过程，并切实提升组织实施体现幼儿有意义的学习过程的集体教育活动的岗位胜任能力。如果能达成这些期望，对于我们整个研究团队而言，将是最大的期盼与鼓舞。

本书的成型要感谢围绕UDK教研模式形成的协同共生体中的每一位成员。它是UDK联动效应背景下集体力量的智慧结晶。这本书的发端是北京师范大学与顺义区合作的“园长专业领导力和新教师专业成长一体化”项目。在合作项目开展的五年中，双方切实推动了旨在“构建适宜中国国情的幼儿园教师培训模型迈向发展适宜性的幼儿园新教师培训样态”的基于UDK合作和PLC园本教研共同体建设。参与项目的11所幼儿园园长经过五年的团体奋斗，在了解各自园所的发展方向、幼儿有效学习的需求和教师专业成长的基础上编写了本书。

具体来说，本书成型过程经历了六个阶段。

第一阶段是顶层设计阶段。第一步是凝聚共识。我带领研究团队提供了综合主题活动的模板，就“走出简单小学化”“避免表面游戏化”的幼儿园集体活动与北京顺义区教育研究和教师研修中心，以及参与项目的各基地园，凝聚了共识。第二步是提供标准。我带领研究团队提供了综合主题活动小、中、大班的全部课例示范，为之后各基地园分别展开对于综合主题课程模型的模仿提供标准。第三步是分别指导。我和团队成员对参与项目的基地园园长及教师统一进行了有关综合主题活动的培训。通过讲解综合主题活动“是什么”“为什么”“如何做”，帮助参与项目的各基地园增强了对综合主题活动课程模型的理解。第四步是分布领导。参与项目的各基地园园长和教师在模型理解的基础上，分别展开对于综合主题课程模型的模仿。

第二阶段是优秀案例收集阶段。第一步是初步尝试，形成案例集雏形。自2017年初，顺义区“园长专业领导力和新教师专业成长一体化”项目已形成了初步成果，各基地园基于我的研究团队提供的“五段式”综合主题活动课程模型进行模仿后，依据课例模板并结合各园实际进行改编。第二步是修订汇总，形成案例集修订版。学前科前一任科长陈民强、教育研究和教师研修中心冯军主任牵头，由学前科前一任副科长单小红做整体设计和工作安排，以五大领域七大学科为架构，由教育研究和教师研修中心八位教研员祁静、杨朔、王颖、李美麒、刘海燕、王晓鸿、冯东芳、王红超，分别负责一个领域的案例把关指导，各基地园业务负责人阮子东、白菊、闫洁、邓贺、霍东娜、孙娜、孙海英、孟庆华，将本园相关案例按月份逐月上交给所属领域教研员，由教研员分别指导修改后，按月由教研员将教案分别上交给单小红汇总。第三步是分别再指导，形成案例集再修订版。在各实验园对综合主题课程模型模仿并初步改编的基础上，我和我的团队成员分组对各实验园进行了下园指导，通过指导综合主题活动“如何做”，帮助各实验园的教师及园长加深对综合主题课程模型的理解；在理解的基础上，帮助各园展开对综合主题课程模型的练习，并依据练习对修订版案例再修订。经过一年的时间，各基地园在凝聚共识→模型理解→模型模仿→案例改编→实践→教研员指导→修订→研究团队再指导→再次实践与修改的过程中，梳理了上下两个学期、小中大班相关案例共计 98 个。第四步是责任到园，集齐所有预设案例。2018 年初，经组织安排，陈民强和单小红同志调离学前科，冯永建调任学前科任科长。经过学前科科员田甜、教育研究和教师研修中心教研员李美麒对案例的梳理，由冯永建科长带领对案例进行整体分析和评价。第一阶段的案例按照原定小、中、大班→上下学期共 9 个月份→7 个学科的预设，还有近一半的案例未完成。另外，基于顺义区幼儿园新教师及女教师多的现状，我们共同商定将健康领域分为自护和体育两个部分，便于教师在实践中应用，并促进幼儿健康快乐成长。因此，案例集的体量最终为 117 个。

基于以上梳理，接下来的案例收集工作仍由教研员分领域牵头指导修改，最终案例汇总及相关任务的制定工作由田甜负责。此阶段的案例收集工作以任务分配的形式进行。基于上一阶段 98 个案例的汇总和分析，我们根据各园擅长领域，将各案例书写工作分配至各园，并明确领域、年龄班。截至 2018 年 9 月，共计 117 个案例收集完毕。

第三阶段是检验教案适切性阶段。第一步，区内自查。在收集完所有案例之后，顺义区教委学前科内部首先进行了第一轮查阅，发现这些案例仍存在较多问题，如格式不统一、质量参差不齐等。第二步，区内与研究团队联合检查。此阶段成立由教研员、基地园园长、基地园业务干部、研究团队研究生组成工作小组，与基地园相对接，以现场上课并录课的形式修改案例。这一过程中，一节活动由三位教师同时开展，教研员、园长及业务干部分别负责一位教师的案例活动观摩，然后三人共同探讨案例的内容并最终定稿。在案例定稿后，一人撰写此案例的导读，并对此案例做简要介绍。

第四阶段是案例文本改进和提升阶段。经历了上一阶段的梳理和商讨后，案例质量有了更进一步的提升。但是由于工作量大、时间紧，一些细节问题还需要做进一步完善，因此，案例进入精进及提升阶段。本阶段成立由优秀业务干部和基地园骨干教师组成的工作组，对案例的格式、细节及关键问题做了集中修订和完善。

第五阶段是结合视频确定综合主题案例集。由于工作调动，由孟庆华接替田甜负责整个案例集的任务安排及汇总工作。第一步，反思活动。在顺义区教育研究和教师研修中心搭建的区级平台上，我和我的研究团队帮助各实验园进行对综合主题活动课程模型的反思，主要反思综合主题活动“是什么”“为什么”以及“如何做”。第二步，根据反思集中修订，由学前科全体职员与基地园的业务园长采用分领域边看视频，边审阅案例的方式，集中完成案例的修订工作。每人负责一个领域一个学段的案例修改工作，补写活动目标、活动反思，并对应活动录像。

第六阶段是综合主题案例集最后核改阶段。在进入最后核改前，我和研究团队已经帮助基地园从研究文本到依据文本开展活动，又从活动回归文本，提供了几轮的修订意见。但是为了规范成果，所有依据综合主题活动课程模型改编的案例集又交于我的研究团队进行核改，最终使本书得以问世。

感谢每一阶段每位参与者的付出与努力。感谢园长作为“火车头”，带动教师在教案文本与活动之间不断循环往复，步步升级。感谢教师作为“追随者”，在园长带动下，在案例文本与活动之间不断持续探索、磨炼精进。特别感谢我的团队在成书前、过程中、成书后提供的专业支持与引领。再次对所有参与人员表示感谢！

“蒙以养正，圣功也。”探索学前教育实践之真谛，任重而道远，需要我们一起持续而渐进地努力。

霍力岩

2020 年 5 月 29 日

于北京

附 录

参与项目人员及单位列表*

单位/类别	主要任务	核心成员
北京师范大学	顶层设计 全程指导 最后把关	霍力岩教授、胡恒波、刘睿文、黄双、龙正渝、谷虹、何森、张静漪、张艺、张昭、哈雨薇、李思妍、王暄、曹琛霞、安凤佳、李柃霏、冀晗、姚聪瑞、提茗、贺暕琳、孙少康、陈昕璐
顺义区教育委员会学前教育科	组织领导 全程把关	冯永建(科长)、田甜、杨朔、孙娜、徐溪瑶、朱彤、孟庆华、李伟双、关金凤、孙东立、张福建
顺义区教育研究和教师研修中心	全程把关	冯军(主任)、王晓鸿(副主任)、祁静、王颖、李美麒、刘海燕、冯东芳、王红超、阿森羽
顺义区基地园园长、业务干部	分布领导 统筹协调 参与案例改编、培育等	张玲、冯永建、杨海君、郭立娜、杨丽群、吴冬梅、李桂芹、李玉秀、耿兵、郭立春、王立君、王利利、单小红、叶春清、高军荣、肖亚利、魏征、邓贺、胡金波、孙海英、陈亚利、孙名悦、谭超、马福新、白菊、闫洁、石玉、霍东娜、蔺永
顺义区基地园教师	个人实践 参与案例模仿、改编、培育等	顺义区基地园一线教师，具体名单见活动案例
顺义区基地园及支持园所	为案例模仿改编、实践探索提供人员、物质、场域支持等	幸福幼儿园、港馨幼儿园、石园北区幼儿园、宏城幼儿园、西辛幼儿园、金汉绿港幼儿园、后沙峪第一幼儿园、东兴幼儿园、馨港幼儿园、裕龙二区幼儿园、龙湾屯中心幼儿园、怡馨幼儿园、建南幼儿园

* 项目推进过程中部分人员所在单位有调整，不再一一说明。